西風
東漸

中日攝取西方文化的比較研究

于桂芬　著

臺灣商務印書館發行

導　論

　　15、16世紀，伴隨著「地理大發現」和工業革命的過程，西歐殖民主義者開始了大規模的航海探險和殖民擴張，它徹底打破了古代農業社會人類文明區域分割、孤立發展的狀態，使世界各區域文明間的交往聯繫成為可能，也由此揭開了東西方文明衝突融合的序幕。世界歷史上這場空前的「大轉折」、「大過渡」和「大變局」，對人類文明的發展演進過程產生了極其深遠的影響：一方面，資本主義工業文明「使一切國家的生產和消費都成為世界性的了。……過去那種地方的和民族的閉關自守和自給自足狀態已經消逝，現在代之而起的已經是各個民族各方面互相往來和各方面互相依賴了。物質的生產如此，精神的生產也是如此」。[①]另一方面，「資產階級既然把一切生產工具迅速改進，並且使交通工具極其便利，於是就把一切民族甚至最野蠻的都捲入文明的漩渦裡了」。[②]資產階級憑借著「堅船利炮」，按著自己的面貌，用恐怖的手段改造著舊的世界秩序。

　　面對西方資本主義工業文明咄咄逼人的挑戰，當時包括中日兩國在內的東方諸國要想避免民族危亡的厄運，就必須迅速採用先進的資本主義生產方式，實現現代化。但從世界歷史上看，在西方資本主義工業文明已極度發達的形勢下，歷史已不允許這些國家自生現代資本主義工業文明，而只能通過學習、

① 　《馬克思恩格斯全集》第4卷，第469－470頁。
② 　同上，第470頁。

攝取的手段，即「通過與本國文明完全異質的、作為外來文明的西方文明的輸入，使脫離本國傳統主義的精神為廣大群眾所接受和支持」，[③]進而實現現代化。而在學習和攝取西方文明之前，東方國家必須首先調整、改變傳統世界觀，對西方資本主義工業文明進行科學的、客觀的估價，形成新的世界觀，一切才能順利地進行。但在歷史發展過程中，非西方國家新的近代世界觀的形成和攝取西方工業文明的進程往往不是一帆風順的，而且各有異同，許多民族常常是經過長期反覆的認識，甚至是幾代人的艱苦探索，才對資本主義工業文明勃興以來激變的世界文明格局有了清楚的認識，才改變了對西方資本主義工業文明的排斥態度，結果在時間上錯過了實現現代化的最佳時機。由此可見，拋棄農業時代狹隘的傳統世界觀，樹立全新的近代世界觀，大膽攝取西方工業文明，並進行細緻的消化咀嚼，使之在本土生成現代文明之根，是東方國家走出中世紀，邁向現代工業社會最為關鍵的歷史課題。

本書擬在上述認識的基礎上，對16世紀至20世紀中日兩國攝取西方資本主義工業文明的歷史發展進程作一宏觀比較研究，並借此對中日兩國早期現代化的成敗得失做出進一步的探討和解釋。

應該承認，自1898年戊戌變法失敗對康有為、梁啟超等維新志士研究反思日本明治維新何以成功、中國維新變法何以失敗的原由開始，到改革開放後學術界興起的中日現代化比較研究的浪潮，百年來中國學術界和政治家、思想家一直沒有中斷對中日現代化不同命運的歷史探索，並已經取得了一批頗具深度的研究成果。但是，隨著人類認識水平的不斷提高和時代之

---

③　羅榮渠編：《現代化理論與歷史經驗的再探討》，上海譯文出版社1993年版，第119－120頁。

劇烈變遷，史學主體之於史學客體的認識和闡釋非但不會終結，反而會更加深化，如同人類之於真理的認識和闡釋不會終結一樣。作為一個研究時段長達400多年，貫通東西，兼及中日兩國政治、經濟、外交、文化、社會各個領域的複雜性研究課題——中日現代化比較研究，目前所達到的深度和廣度都是遠遠不夠的，仍需要做大量深入細緻的研究工作，以為當代中國的現代化建設提供有益的歷史借鑒。為此，筆者在平日研究的基礎上，擬從以下3個方面對中日兩國攝取西方文明這一複雜的歷史課題做進一步的深入研究。

首先，注意研究揭示中日兩日攝取西方資本主義工業文明的動態縱向發展進程

在學術界以往的研究過程中，人們往往把注意力集中在「明治維新與洋務運動」、「明治維新與戊戌變法」等具體的「事件比較」問題上，而忽略了對中日兩國攝取西方文化縱向發展過程的「長時段」宏觀研究審視，這就使得我們的研究長期停留在「只見樹木，不見森林」的狀態上，難以窺見兩國攝取西方文化動態發展演進的規律，總結其得失教訓。鑒此，筆者在本書中力求變「事件比較研究」為「過程比較研究」，將兩國攝取西方文化的歷史進程分為6個時期加以比較研究考察，並注意揭示各時期之間發展演進的內在聯繫：

(1)「拉丁文明」時代

此時期主要是指從16世紀上半葉葡萄牙、西班牙等西方殖民侵略者來到遠東，到17世紀中葉中日兩國採取「鎖國閉關」政策前的百餘年的時間。從比較角度看，中國接觸西方略早於日本。1517年8月，當葡萄牙人冒充滿剌加貢使，以朝貢為名始通中國時，日本人尚未與西方發生直接聯繫。直到1543年，

3名葡萄牙人乘船抵達日本鹿兒島縣南之種子島時，才揭開了日西關係史的序幕。當時的中國是西方殖民主義者貿易和傳教的主要目標，在與西方的接觸上處於更有利的位置，這決定了此時期兩國攝取西方文化不同的演進軌跡。

這一時期在西學東傳進程中扮演關鍵性角色的是耶穌會傳教士。比較觀之，來華耶穌會士中的絕大多數都是博學多識之士，他們為了在封建文明高度發達的中國贏得信徒，主要接近封建士大夫，採取「學術傳教」方式，大力譯刊西書。而在日本，由於戰國時代的諸侯紛爭，均渴望得到槍炮和貿易利潤，故耶穌會士主要接近的是地方諸侯大名，沒有採取「學術傳教」策略。這導致傳入中日兩國的西方文化有很大不同。在中國，通過耶穌會士譯刊的120多種科學書籍，西方數學、物理學、天文學、地理學、武器軍火製造技術等開始傳入中國，構成了這一時期輸入中國西學的核心內容。相比之下，這一時期進入日本列島的西方文化多是鐵炮、望遠鏡、鐘錶、世界地圖等實用品。在這一意義上，可以說此時期中國攝取西學在層次上要高於日本。但從西方文化對兩國歷史發展過程的影響看，兩國的情形都有很大的不同。日本此時期所輸入的西方文化雖然不如中國高深，但其對日本社會的影響卻十分深遠。主要表現在：槍炮技術的傳入，改變了日本傳統的短兵相接的近距離戰術，加速了日本由戰亂割據走向統一的歷史進程。而世界地理知識的輸入，則改變了日本人傳統狹隘的「三國世界觀」，令其視野大開，為日本進一步攝取西方文化準備了條件。而在中國，入傳的西學僅在李之藻、徐光啟等極少數醉心西學的開明士大夫中得到理解和認同，絕大多數封建士子仍以天朝上國自居，視西學為無用之「奇技淫巧」，可有可無之物，社會影響甚微。

(2)「鎖國閉關」時代

　　所謂「鎖國閉關」時代，主要是指從17世紀中葉德川幕府發布「鎖國令」，嚴禁日本人與海外往來，取締天主教，確立鎖國體制開始，到19世紀中葉中英鴉片戰爭爆發長達200多年的時間。在這段時間裡，德川幕府和清政府先後採取了嚴格的對外限制政策，對中西、日西關係產生了極大的影響。由於中日「閉關鎖國」政策產生於相同的歷史背景之下，又皆以對外封閉限制為宗旨，因而，學術界通常將二者相提並論，統視為封建統治者為維護其腐朽統治所採取的消極被動的自衛措施。而筆者則認為中日「鎖國閉關」政策存在著極大的不同，主要表現在：「鎖國閉關」政策產生的思想基礎不同；「鎖國閉關」體制下兩國的對外認識防衛機制不同；「鎖國閉關」時代兩國對西學的態度不同。

　　從比較角度看，「鎖國閉關」時代中日兩國的「西學觀」和攝取西學的政策已產生了很大的不同。日本在「鎖國時代」，其西學政策演變以1720年德川吉宗「洋書解禁」為標誌，經歷了兩個階段的變化：第一階段是鎖國時代前期（1633－1720年）。1633年，在德川幕府頒布的「鎖國令」中曾明確規定除荷蘭文的醫藥、航海等書籍之外，不准輸入其他歐洲學術文化，這標誌著西學大規模輸入日本的「拉丁文明」時代的結束。但鎖國並非常人理解的那樣密不透風，幕府雖然斷絕了與歐美國家的往來，但卻保留了與荷蘭的關係。在幕府的直接控制下，通過長崎這個貿易窗口，西洋現代文明如同涓涓細流，源源不斷地流入日本。荷蘭駐日商館還必須向幕府提供「荷蘭風說書」，匯報世界上發生的重大事件，這使得幕府在閉鎖的環境裡，仍可由長崎一孔瞭望世界，在世界風雲變幻異常、民族危機日漸嚴重的情況下，保持了清醒的頭腦。第二階

段是蘭學勃興時期（1720－1853年）。1720年，八代將軍德川吉宗下令禁書中除與基督教有關係的部分外，允許其他洋書輸入，為日本大規模攝取西方文化準備了條件。1811年，幕府還設立了「蕃書調所」，主譯西書。這樣，日本雖然仍處於鎖國體制下，但在官方的直接支持下，蘭學卻得到很大發展。在日本蘭學家的努力下，蘭學很快就從醫學領域擴大到天文學、地理學、理化學、博物學等方面，由此日本進入了大規模攝取西方文化的歷史階段。

而在閉關時代的中國，隨著清政府對外限制措施的日益嚴密繁苛，中國吸收西學愈加艱難。尤其是在1720年，因「教儀」問題，清廷與羅馬教皇發生爭執，由此導致「禁教」政策的出臺，由於耶穌會士是傳布西學的最主要媒介體，「西教」被禁，西學也就隨之失去了它的寄生體，由此標誌著自明朝開始的西學東傳局面的結束，西學在中國的傳播基本上處於空白狀態，這與日本主學的勃興形成了鮮明的對照。

(3)「開國」時代

「開國」是地理大發現、西力東侵和工業革命以來東方國家歷史上一個特定的歷史概念，意指一個國家放棄「鎖國閉關」政策，實現對外開放的歷史進程。在中日兩國歷史上，所謂「開國」時代，主要是指19世紀40年代至60年代20餘年的時間。這一時期雖然為時短暫，但在中日兩國走出中世紀，邁向現代工業社會的歷史轉折進程中卻顯得格外重要。

1840年，英國「東方遠征軍」為維護可恥的鴉片貿易，發動了侵略中國的鴉片戰爭。戰爭以清政府的慘敗而告終，清政府固守多年的「閉關」體制也被迫宣告結束。以林則徐、魏源、徐繼畬為代表的官僚士大夫有感於戰爭慘敗，開始放下天朝虛驕的架子，睜眼看世界，掀起了一股強勁的「世界史地研

究熱潮」，同時開始仿造洋炮、洋船，攝取以「堅船利炮」為主要內容的西方文化。但值得注意的是，鴉片戰爭後清朝官僚士大夫的「華夷觀念」並未崩潰，戰後產生的危機意識也就難以持久。隨著1849年「反進城鬥爭」的勝利，清政府中的「攘夷派」又掀起了盲目排外的攘夷運動，遂使鴉片戰爭後中國社會萌生的微弱的開放氣氛蕩然無存，直至第二次鴉片戰爭爆發，攘夷排外傾向仍有增無減。

鴉片戰爭雖然發生在中國，卻對日本產生了強烈的震撼效應，加速了日本攝取西方文化的進程。1853年，美國海軍准將柏利率「黑船」叩開日本大門，逼迫日本簽訂了《日美親善條約》，結束鎖國狀態，走向開國。在「開國」時代，日本幕府一面派遣使團出使歐美各國，一面組織留學生赴西洋留學，以親身了解和體驗西方文化。同時，還大力攝取洋炮、洋船、火車、電報、西服等西方文化，並表現出極大的主動性。可見，學術界將日本德川幕府與19世紀中葉的清政府統視為頑固、保守、排外的封建勢力的代表，是不符合歷史的本來面目的。

(4)維新自強運動時期

從19世紀60年代到該世紀末葉，是中日兩國攝取西方文化，實現現代化最具決定性意義的歷史時期。從60年代起，在鎮壓太平天國起義過程中崛起的地主階級洋務派，以「中體西用」為旗幟，率先發起以攝取西方近代軍事技術為核心內容的現代化運動。稍後，日本列島上發生了亞洲近代史上最具影響力的大事——明治維新。由於二者都是以學習西方為手段，試圖達到富國強兵之目的，因而，學術界對這兩大歷史事件的比較研究最為充分。筆者認為，在攝取西方文化問題上，中國的洋務運動和日本的明治維新具有諸多根本不同：

其一，在吸取西方文明問題上，日本明治維新採取的是政

治、經濟、文化等各方面同時並舉，多層次的攝取方法。不僅採用西方資本主義物廣文明，而且積極仿效歐洲資本主義政治制度。雖然從歷史上看，日本學習西方文化並不徹底，但畢竟形成了一個全方位攝取外來文明的機制，從而推動了日本資本主義現代化的發展進程。與此相比，中國的洋務派在吸取西方近代文化過程中僅僅停留在物質技術層面，對西方的政治制度和文化價值體系絲毫沒有興趣。戊戌變法時重點又落在政治方面，始終缺乏一個系統全面攝取西方文化的綱領和具體操作計畫。

其二，兩國追求西方文化的態度有明顯的不同。國內學者武安隆發現：從明治初年開始，日本對外來文化在情緒上呈周期性變化，「大約每20年左右，『熱情吸收期』與『冷漠抵觸期』便要交替出現一次」。④ 從19世紀60年代末到80年代後期，在日本歷史上一般稱作「文明開化時期」，是近代後第一個「熱情吸收期」，其特點表現爲對西方資本主義文明的狂熱追求，出現了瘋狂的「留學熱」、「旅歐熱」、「西方熱」、「食牛肉熱」等對「歐風」的狂熱追求，甚至出現了與歐美優秀的白種人通婚的「人種改良論」和「廢日語論」等極端的提法。在「文明開化」的狂潮中，西方近代文化潮水般地湧入日本列島。但從19世紀80年代末到20世紀初，出現了對「歐化熱」的反彈──國粹主義、國家主義和民族主義。直到20世紀20年代，才又出現了新的「熱情吸收期」。通過這樣的「熱冷交替」，日本民族得以在「歐化熱」和「國粹熱」之間保持必要的張力，進而實現對外來西洋文化的消化。

與此相比，19世紀60年代登上歷史舞台的中國洋務派，

④　吳廷璆主編：《日本近代化研究》，商務印書館1997年版，第493頁。

雖然承認西方近代文明高於中國，但仍認定洋人在「文武制度」和「禮義綱常」領域內遠遠不及華夏，認為只要能將「外人之長技」學習到手，便會達到富國強兵的目的。即使是在19世紀末葉崛起的資產階級維新派，他們雖然將「西人之長技」的範圍由「西器」擴充到「西政」，但仍不惜筆墨論證西方文化之本源乃在中國，大倡「西學中源說」，沒有出現日本明治維新後由熱到冷的態度轉化過程。

(5)兩次世界大戰之間

從20世紀20年代起到40年代，是中日兩國攝取西方文化具特色的歷史時期。這一時期，日本已成為世界上主要的資本主義強國，而相繼統治中國的北洋軍閥和蔣介石政權比清政府終究多了些現代色彩。因此，在這一時期，日中兩國國內已不再就吸取西洋近代物質文明問題進行爭論，而爭論主要是圍繞著「本土精神文化」和「西洋外來思想文化」之間的衝突、融合等問題展開。

在日本，除了30年代之前10餘年間曾出現過短暫的「熱情吸收西洋文明期」之外，從30年代初直到1945年戰敗投降，均赴於「冷漠抵觸期」。尤其是「九一八」事變爆發後，隨著侵略戰爭的不斷升級，日本軍國主義者開始大力排斥西方民主制度和文化。認為「明治維新以來，接觸了新的歐洲文化，並急於採用模仿，結果使崇拜歐洲之弊風彌漫全國，對於國體之尊嚴及皇國古來之文化產生錯誤的價值認識」。[5] 要求不斷清除歐洲文化的影響，恢復日本的傳統文化。而在同時期的中國，出現了繼五四新文化運動以來的又一次「中西文化大論爭」。論爭的一方為陶希聖、薩孟武、何炳松等十位教授為代表的「中國本位文化派」；一方為狂熱的「全盤西化論」

---

⑤　《現代史資料》第5卷，米斯茲書房1964年版，第129頁。

派，以陳序經爲代表。此外還有一部分游離於兩派之間的「折衷論者」，以胡適爲代表。從中國近代文化演進的歷史軌跡看，這場爭論實際上是「本位文化」受到「客位文化」嚴重衝擊而引起的「重整反應」，台灣學者殷海光稱之爲「本土運動」，[6]這場論爭實質上探討的是在中西文化衝突中如何重建中國文化的問題。這既與「九一八」事變以來嚴重的民族危機有著密切聯繫，同時也是對19世紀中葉以來中國攝取西方文化過程的一次理論展面的總結。

(6)戰後時代

無論從哪種意義上講，1945年8月中國抗戰勝利和日本戰敗投降，都是兩國現代歷史上具有劃時代意義的大事，在兩國攝取西方文化問題上也是如此。

很多日本學者把因日本戰敗和美軍占領而造成的開放與1853年柏利「黑船叩關」造成的「第一次開國」相比照，稱之爲「第二次開國」。在美軍占領的狀態下，盟軍總司令部對日本進行了政治民主化和經濟民主化的改革。美式的議會民主制、教育制度、文化藝術、科學技術、經營管理被輸入日本列島，形成了明治維新以來第3個攝取西方文化的「狂熱期」。縱觀日本戰後經濟騰飛的歷史軌跡，可以發現，日本正是在「戰敗國」和「被占領國」這一嚴峻的國際形勢的壓力面前，通過民主化改革，大力攝取西方文化，並巧妙地利用冷戰條件下特殊的國際環境，成功地實現了經濟飛躍。

而對於新生的中華人民共和國來說，來自國際環境的挑戰則遠比日本更爲嚴峻。帝國主義對中國的長期封鎖以及50、60年代之交中蘇關係的破裂，妨礙了中國對西方資本主義世界的認識，使中國在攝取、利用資本主義工業文明成果以實現社會

---

⑥　殷海光：《中國文化的展望》上冊，香港文星書店，第184頁。

主義現代化方面，走過了一條漫長曲折的道路。

其次，注意深入總結中日兩國攝取西方文化的成功經驗和歷史教訓

從16世紀上半葉中日與西方世界開始正規頻繁接觸，到戰後時代，兩國攝取西方文化的進程歷時400餘年，時間跨度長，空間範圍廣，對這樣一個龐大的歷史課題進行宏觀比較研究，其難度是顯而易見的。因而，在全面敘述以上6個時期兩國攝取西方文化具體過程的同時，亦應注意深入總結兩國攝取西方文化的成功經驗和歷史教訓，以獲取有益的現實啓示。

筆者認爲，總結中日兩國攝取西方文化的歷史經驗和教訓，不應泛泛而論，而應進行具體的分析比較。就總體而言，日本攝取西方文化比較成功的時期有：(1)「拉丁文明」時代——揭開了日西關係史的序幕，使日本列島「彌漫著前所未有的開放氣氛」，「日本人擴大了視野」。⑦(2)「鎖國」時代——鎖國雖然一度抑制了西方文化的傳人，但卻保證了日本列島長達200餘年的和平，得以集中消化此前攝取的漢學。同時，「鎖國」時代後期蘭學的勃興更使西學得以漸進式傳入，使日本人傳統世界觀發生根本性變化。(3)「開國」時代——吸取中國在鴉片戰爭中慘敗的教訓，開始遣使西洋，大膽攝取西方文化。(4)戰後，日本在盟軍占領的背景下被強制進行政治、經濟民主化改革，開始全面攝取歐美現代文明，順利地引進先進技術，經過消化改造，然後發展起來，形成了獨具日本特色的攝取外來文化的模式——「和洋折衷化」。

而從明治維新到第二次世界大戰結束前，日本攝取西方文

⑦　家永三郎：《日本文化史》，商務印書館1992年版，第131－135頁。

化可以說是教訓多於經驗。從表面上看，日本舉國上下狂熱地吸收歐美現代文明，以西洋現代化模式改造日本，使日本社會在短時間內發生了巨大變化。但如果冷靜地觀察分析這些「巨變」，就會發現此時期日本攝取西洋文化的總體方略是失敗的。早在民國年間，胡適就已看出，日本統治者中「最有遠見者也只能看到與理解西方文明的某些表相。他們處心積慮要保存自己的民族遺產，加強國家與皇朝對人民的控制，因而小心翼翼地保護日本傳統的大量成分，使之不致受到新文明的觸染。……孕育著火山爆發的深重危險」。這種「東洋精神，西洋技術」的現代化模式排斥了西方的精神特質，造成日本戰前現代化的畸形發展，結果給日本帶來了1945年的災難，導致日本現代化發生嚴重的中斷。應該說，這是19世紀中葉以來日本攝取外來文化，實現現代化進程中最為慘痛的歷史教訓。

而在中國歷史上，明季以徐光啓、李之藻為代表的開明士大夫與耶穌會士合作譯書，率先揭開中國攝取西方文化的序幕，使中國在「拉丁文明」時代接觸到的西洋文化品位較高，其首創之功功不可沒。但遺憾的是，隨著南京教案的發生，中西文化衝突漸趨激化，使西學東傳的勢頭衰減直至中斷。在19世紀中葉的「開國」時代，中國曾湧現出林則徐、魏源、徐繼畬等一批「開眼看世界」的偉大思想先鋒人物，撰寫出一批管窺西洋世界，探討禦侮自強的精品之作，但遺憾的是，這股進步浪潮也並未持續下去，《海國圖志》、《瀛環志略》等世紀名著在華夏大地倍受冷落，相反卻在東鄰日本大受青睞，坊市翻刻，不脛而走。中國的「精英文化」在本土受挫，在異國卻大放異彩，這是中國現代化的悲劇。到洋務運動時期，洋務派攝取外來文化只是停留在「器物」文明層面，始終未能突破封建主義的桎梏。

綜合觀之，從16世紀到19世紀，在中國早期現代化的歷史進程中，中國朝野人士，尤其是封建士大夫，在傳統的世界觀影響下，一直深深地陶醉於「天朝意識」的傳統觀念之中，陷於「中國中心論」難以自拔，直接阻礙了西方先進文化的輸入，延誤了中國現代化的歷史行程。應該說這是最值得總結的歷史教訓。

再次，注意結合文明結構理論和文明傳播理論，對中日兩國攝取西方文明的發展演變過程做深層次的理性思考

在人類文明發展史上，任何一種文明的起源、發展和演化都離不開一定的時間和空間。因而，當我們試圖通過世界文明結構理論和文明傳播理論，以深化中日攝取西方文化史的比較研究時，必須首先對世界學術界有關區域文明研究的主要學派及觀點做一簡要的回顧。

從20世紀初至今，世界上很多文化人類學家、民族學家、歷史學家都殫精竭慮地致力於人類文明空間分布的結構和規律研究，提出了「文化層」、「文化叢」、「文化區」、「文明圈」、「文化模式」等概念，其中，「文化圈」（又稱「文明圈」）理論影響最大。

「文化圈」這一概念，首先是由德奧歷史學派的代表人物、德國學者格雷布內爾和奧地利學者施密特提出的。格雷布內爾是德國著名人類學家，文化傳播論者。他於1911年出版了其代表作《民族學方法論》一書，開創了德奧歷史學派。他一生最具學術影響的觀點是提出了「文化圈」和「文化層」理論。他認為具有相似物質文化和精神文化的民族之間，彼此有著歷史的聯繫，同屬於一個「文化圈」。「圈」的重疊便構成「文化層」，它體現了文明的縱向發展軌跡。在對世界上主要

「文化圈」進行具體的個案分析的基礎上，他斷言：「文化圈」在全世界的傳播，其根本原因是人類文明具有共同的歷史文化發展規律。主要表現為，文化最初只產生於少數幾個地區，為少數幾個優秀民族所創造。世界其他地區類似的文化都是從這些民族的文化傳播過來的。一部人類文明史，實際上就是「文化圈」移動、結合的歷史。

施密特在學術上繼承了格雷布內爾的「文化圈」理論，宣傳文化「一次發生論」和「傳播論」，在更大範圍內擴展了「文化圈」概念的內涵。他所闡述的文化圈是一個地理空間上的概念，同時也包括物質文化以及社會風俗、倫理道德、宗教等人類各種文化範疇，是指「功能上相互關聯的各種文化特廣構成的有機體」。[8]綜上所述，我們可以發現，在德奧歷史學派那裡，所謂「文化圈」是指具有相同文化因素的區別，是一定數量的物質文化和精神文化因素，以程度不等的聚結形式在地球上廣泛傳播的結果。

「文化圈」理論形成後，曾在西方文化人類學界產生轟動效應。但因其理論體系基本上是為了復原歷史而構造出來的，主觀主義色彩極其濃厚，遭到學術界的激烈批評，後逐漸走向衰落。

繼德奧歷史學派「文化圈」理論之後，以德國歷史哲學家史賓格勒和英國歷史學家湯恩比為代表的「文化形態學說」影響最大。這兩位著名學者在著作中使用的最基本概念是「文化」和「文明」。1917年12月，史賓格勒出版了其成名之作《西方的沒落》，在書中作者把世界上的各種文化視為有機體，它們都要經過一個起源、生長。衰落與解體的過程。史氏的最傑出

---

⑧　司馬云杰：《文化社會學》，山東人民出版社1986年版，第245－246頁。

貢獻在於把世界的各種文化分爲8種，即埃及文化、巴比倫文化、印度文化、中國文化、古典文化、馬雅文化、伊斯蘭文化和西歐文化。他認爲，當一種文化到達全盛時期，便衰退爲文明，文明是一種衰亡的結局。除了西方文化外，其他7種文化都已衰亡，作爲最後一種的西方文化也正處於衰亡的階段。全書雖然充溢著作者對人類文明前途的悲觀預測，但其對人類文明空間分布的觀點卻對學術界產生了巨大影響，開創了一種以「文化」（文明）爲研究單位的新的世界史編纂模式。

1934年，當代英國史學大師湯恩比在其宏篇巨著《歷史研究》中，將史賓格勒的上述觀點做了進一步的發揮。他將世界文明按區域分爲西方文明、拜占庭文明、印度文明、中國文明等21種文明進行研究。後來又把文明的數量擴大到37個。在湯氏看來，「西方文明畢竟只不過是它這一類文明中的21個代表之一」。⑨ 從而打破了歐洲學界的「西歐中心論」，拓展了史學研究的範圍，在世界史壇掀起了一股「區域文明」研究的風潮。受其影響，很多史學家的研究視角開始從民族國家體系轉向區域文明體系，誕生了像布勞岱爾《菲利普二世時代的地中海世界》和斯托揚諾維奇《巴爾幹文明研究》等一批代表作，開闢了世界史壇的新紀元。

「文化圈」（文明圈）理論的提出，對於我們比較研究中日兩國攝取西方文化的過程及規律應該說具有很多有益的啓示。

(1)關於研究視野

與傳統的史學方法不同，「文明圈」理論首先爲人們提供了在更爲廣闊的空間內觀察問題的宏觀視野。1934年，湯恩比

---

⑨ 湯恩比：《歷史研究》下冊，上海人民出版社1986年版，第375頁。

在《歷史研究》的序論裡就曾指出：歷史研究中可以自行說明問題的範圍是文明，以往人們研究歷史都是以一個民族、一個國家爲基本的研究單位，這樣的研究無法解釋人類歷史上的文明問題。要研究文明問題，歷史研究的範圍就應大大擴展。從文明角度看，民族、國家只是一個局部，對局部的研究無法說明整體，只有整體才是一種可以自行說明的研究範圍。因此，他得出結論：「歷史研究可以自行說明問題的範圍既不是一個民族國家，也不是另一個極端的人類全體，而是我們稱之爲社會的某一群人類（文明）。」「法國、德國、英國的歷史如果不放在更廣闊的歐洲體系或西歐體系之中，是不能得到認識和理解的；印度尼西亞的歷史如果不放在東南亞的歷史體系中，同樣也得不出科學的結論」。

　　以此思想爲統轄，筆者認爲，包括中國、日本、朝鮮在內的東亞世界，在漫長的歷史發展過程中相互碰撞、交匯和融合，已形成了一個獨具特質的「東亞文化圈」。在文化上，東亞世界深受中國傳統儒家文化的影響，儒家思想在相當長的時間裡成爲日本和朝鮮占統治地位的官方政治文化思想。從19世紀中葉起，在歐美資本主義列強東侵的壓力下，東亞各國先後被迫結束「閉關鎖國」狀態，開始了以攝取西方工業文明爲核心內容的現代化運動。但從歷史結果看，中、日、朝三國的現代化命運是迥然不同的，分析其成敗緣由，已成爲學術界久談不衰的研究課題。筆者認爲，要想對中日兩國現代化不同命運做出有說服力的學術闡釋，當然應該對各國攝取西方文化的現代化進程做深入細緻的「國別個案」研究，但目前更重要的應是跳出「國別史」的框架，把中日兩國的現代化問題放到整個東亞歷史的大體系當中，對不同的社會層面攝取西方文化的理念、心態、措施、典型運動等用比較史學、計量史學、系統論

等方法進行宏觀比較研究，這樣才能深化歷史認識，對中日兩國現代化不同命運問題做出深層次的闡釋。在這一意義上，「文明圈」理論爲我們以更開闊的視野來分析研究中日攝取西方文化問題，提供了有力的理論借鑒。

(2)關於文明結構層次

在人類文明的發展演進過程中，由於自然環境的差異和生產力發展的快慢，各區域文明體系內部的發展是不平衡的，必然會出現「中心文明」和「邊緣文明」問題。

在眾多的文化學和經濟學研究著述中，雖然有些學者時常提及「中央與末梢」、「核心與外圍」、「中心與外圍」、「核心與邊陲」等概念，但是卻很少有學者從文明結構角度對「中心文明」和「邊緣文明」的概念及其結構性特徵進行科學詳盡的論證。眞正從文明內在結構的宏觀視角來闡釋文明「中心─邊緣」特性的，應首推美國文化人類學家C. 弗斯勒和中國學者盛邦和。

在弗斯勒那裡，「文化中心」（即中心文明）是指「一個文化區特有的文化特廣最集中的部分。每一文化區域都有一個中心，這個文化中心是動態的，具有輻射出去的文化力量，文化區的文化特徵，就是由該中心向外傳播的」。而「邊緣文化」（即邊緣文明）則是指「處於遠離高度文明中心的邊緣區域的文化，它來自文明中心，但當後者發展出更新或更高的文化時，它仍然沒有變化，因此，它一般含有落後文化的意思」[10]應該說，這是目前學術界對「中心文明」與「邊緣文明」最爲簡明準確的定義，它奠定了文明結構的理論基礎。

盛邦和則在《內核與外緣──中日文化論》一書中提出了文化區「內核─外緣」的構造假說。他認爲：文化區按其大小

---

[10] 轉引自：《文化學辭典》。

可分為「圈」、「群」、「體」，或稱文化大區、中區、小區3種類型。事實證明，地區文化無論大、中、小區以及近代以來出現的宏觀的「世界文化總區」，都呈現「內核—外緣」二重構造。這主要是因為文化具有輻射性和受容性，同時，一個地區內幾個文化群體之間存在著文化為度的差異，處在中心地區的強力度文化就是「文化核」，環繞在「核」周圍的文化，就成為「文化邊緣」。「內核文化」與「邊緣文化」有著顯著的區別，主要表現在：(a)古老文化與晚近文化的區別；(b)單一文化與複合文化的區別；(c)輻射文化與受容文化的區別；(d)原型文化與型變文化的區別。[11]

從上述理論出發，筆者認為：包括中、日、朝在內的東亞文明結構最突出的特點是，在漫長的封建農業時代，中國長期雄踞東亞世界的「中心文明」地位。眾所周知，中華古典文明發源於黃河流域，其文明呈放射狀散播周邊各族、各國，成為東亞文明的核心，而日、朝等國則屬於「邊緣文明」。在封建時代，中華「主體文明」對周邊「邊緣文明」影響極大，這主要表現為：在思想上，儒家思想在相當長的時間裡成為東北亞多數國家占統治地位的文化觀念。漢字對於東亞諸國的影響也很大。在這一意義上，有的學者甚至把東亞文明視為「儒教文化圈」或「漢字文化圈」。而在政治上，東亞諸國長期與中國封建王朝保持著封建宗藩關係，聯繫極為密切。到了近代，隨著人類文明開始一體化的進程，西方列強憑借堅船利炮紛紛東侵，給東亞諸國帶來嚴峻挑戰，在迎接挑戰的過程中，中國失去了東亞世界的文明中心地位，而日本則通過明治維新，「脫亞入歐」，實現資本主義現代化，始居霸主地位。至此，東亞

[11]　參見盛邦和：《內核與外緣——中日文化論》，學林出版社1988年版。

文明結構發生了根本性的變化。

　　東亞世界這一獨特的文明結構，對中日兩國攝取西方文化產生了極大影響。從歷史上看，當發展程度較低的文明與發展程度較高的文明相接觸時，兩個文明一方是主動者，另一方是被動者，會產生「文明涵化」現象。關於「文明涵化」的定義，學術界尚無定見，在這裡筆者認為，「文明涵化」是指「當一個群體或社會與一個更為強大的社會接觸的時候，弱小的群體常常被迫從支配者群體那裡獲得文化要素，在社會之間處於支配—從屬關係條件下廣泛借取的過程。」[12] 簡言之，就是落後文明受先進文明的影響，不斷「文明開化」的過程。作為東亞文明體系內的「中心文明」的古代中國因長期與外部世界相隔離，加之其文化長期高於周邊其他各國文化的發展水平，從而產生了一種畸形的文化優越意識，其基本特徵是蔑視外來文化，對外來文化拒不採納。而對於「邊緣文明」的日本則依靠攝取中國古典文明實現了由野蠻步入文明的跳躍式發展，鑄就了日本民族主動攝取外來文化的性格，這雖然使「日本人容易醉心於成為外國文明的模仿者」，[13] 但卻為日本近代學習西方、攝取外來文化，實現現代化準備了思想條件。

　　(3)關於文化傳播理論

　　人類文明史上各異文化間的「文化攝取」現象，在某種意義上也可以說是「文化傳播」問題。自19世紀下半葉英國文化人類學家泰勒在《原始文化》一書中首次提出並使用「傳播」一詞研究文化現象開始，「傳播」一詞逐漸為眾多的社會學家、文化人類學家、民族學家和歷史學家所普遍使用，但多數學者只是把傳播理論用於原始文化或古典文化傳播問題的研

⑫　G. 恩伯：《文化的變異》，遼寧人民出版社1988年版，第565頁。
⑬　吉田茂：《激蕩的百年史》，世界知識出版社1980年版，第13頁。

究，很少用於近代文化傳播研究，這實為一樁學術憾事。事實上，與古代社會相比，由地理大發現、工業革命開啟的近代社會最顯著的特點是，世界文明體系內各異文化間的交流空前頻繁，文明的衝突和融合成為時代發展的主旋律。因此，以傳播理論來透視近代以來各異文化間傳播、攝取的實際進程，對於我們深入理解近代世界文明發展演進的軌跡，是大有裨益的。在本書中，筆者借助傳播理論，結合中日兩國攝取西方文化的具體進程，著重從以下3個方面提出自己的見解：

其一，關於文化傳播路向：近年來，學術界在研究文化傳播現象時，一般將其視為一個互動的傳播過程，但是卻很少注意到文化傳播的「路向」問題。實際上，文化傳播作為「一個群體向另一個社會借取文化要素並把它們溶進自己的文化之中的過程」，[14] 往往表現出明顯的方向性，這種「路向」問題對於文化主體攝取外來文化往往會產生較大影響。筆者認為「文化傳播路向」的具體軌跡主要表現為3種情況：(a)「外向性輻射狀」文化傳播路向；(b)「內向性吸收攝取型」文化傳播路向；(c)「多向交互作用型」文化傳播路向。從歷史上看，中國屬於「外向性輻射狀」，而日本則屬於「內向性吸收攝取型」。

其二，關於文化傳播媒介：在人類歷史上，各區域文化間的文化傳播方式主要有兩種類型：一類是和平的方式，其主要媒介為貿易通商、跨文化通婚、遣使訪問、留學、宗教傳播等等。其中，貿易通商是區域文化間物質文化傳播交流的主要途徑，而傳教、留學等則是各區域文化間「精神文化現象」的碰撞。另一類是以暴力征服為特徵的戰爭形式。1846年，馬克思、恩格斯在〈德意志意識形態〉一文中曾經指出：「征服這

⑭　同注 ⑫，第535頁。

件事看起來好像是同這種歷史觀完全矛盾的。到目前爲止，暴力、戰爭、掠奪、搶劫等等被看作是歷史的動力。……戰爭本身還是一種經常的交往形式」，⑮ 肯定了戰爭在各民族國家和各文化類型接觸交往過程中所起到的作用。實際上，馬克思、恩格斯上述的分析也可以分爲兩種情況：一是「高勢能文化」對「低勢能文化」的戰爭征服；二是文化落後但卻生氣勃勃的「低勢能文化」的野蠻征服者對「高勢能文化」的征服。「勢能」是物理學術語，系指物質系統由於各物體位置之間存在高低差別而具有的能量。在各區域文化之間也存在著勢能之分。文明程度較高的區域文化可稱爲「高勢能文化」，反之，則稱爲「低勢能文化」。了解、掌握這兩種文化傳播的媒介，對於我們深入研究理解東西文化衝突融合大背景下中日兩國攝取西方文化的歷史過程是有益的。

　　其三，關於文化傳播選擇論：在人類文明史上，文化傳播通常是一個選擇性的過程，其選擇模式通常有兩種情形：一種是主體文化對與自己不相容的外來文化加以排斥和選擇。另一種是文化傳播過程中「選擇的層次性」。對此，英國史學家湯恩比在其巨著《歷史研究》中曾分析指出：「某一個文明在向外擴散或發射光輝的時候，外族文化首先要受到它的經濟因素的影響；其次是政治因素；第三才是文化因素。」⑯ 後來，有些學者將湯氏的上述宏論稱之爲「文化穿透律」，對此頗有微詞。⑰ 筆者在此無意論證「文化穿透律」嚴謹與否，只是認爲湯氏的上述觀點實際上已經意識到文化傳播的層次選擇性特徵，足資借鑒。以「文化選擇論」視角透視中日攝取西方文化

⑮　《馬克思恩格斯全集》第3卷，第26頁。

⑯　同注⑨，第462頁。

⑰　許蘇民：《文化哲學》，上海人民出版社1990年版，第289頁。

的過程，我們會發現許多值得特殊研究的現象，如：19世紀中葉以來，中國對西方文化的認識經歷了「器物上感覺不足」、「制度上感覺不足」、「文化上感覺不足」[18] 等3個階段的演進，其選擇具有「單層次」特徵，而明治維新以來日本對西方文化則是立體的、多層次的、全方位的攝取，與中國表現出極大的不同，這對兩國現代化過程顯然具有重大影響。

　　以上就是筆者在對16世紀以來中日兩國攝取西方文化進行系統比較研究過程中所萌生的幾點認識和思考，缺點和紕漏肯定很多，但稍感自慰的是，拙作畢竟對400餘年中日攝取西方文化這一「巨型」歷史研究課題作了初步的整理爬梳，在占有一些新的歷史資料的基礎上提出了自己的粗淺看法，尚待學術界同仁及廣大讀者批評指正，以便將此項研究進一步推向深入。

---

[18]　梁啓超：〈五十年中國進化概論〉，《飲冰室合集‧文集》第14冊，中華書局1988年版，第39頁。

目　　錄

第 一 章

西學東漸的發軔

一、東西文明的相遇

　　古人的視野是狹隘的。在漫長的古代社會，由於生產力水平低下和交通工具的落後，人類的視野被局限於「日出而作，日入而息」的狹小天地，對外部世界缺乏必要的了解和認識。

　　公元540年左右，在歐洲人繪製的「寰宇圖」中，「世界被繪成一頂帳蓬，是一個有圓形蓋子的長方形箱子，人類住在箱子的陸地部分，大海包圍著陸地，日出和日落繞著北方的大山進行。圖下面繪有地中海、紅海和波斯灣的海灣，蓋子外面是廣闊的天空。世界是一個平面，如果船員們航行到太遠的海上，就會從世界的邊緣掉下去」[①]而在明代耶穌會士東來之前，中國人的地理觀念一直是「天圓地方」，歷代統治階級都認為中國居世界中央，占地至廣，大海環繞，旁無大國。中國人對世界地理的認識範圍「大約東至日本、菲律賓，西抵南歐洲和北非東岸，南到印度尼西亞。在這以外的地區多依稀恍惚，不甚明確，往往以海洋表示」[②]

---

① 　于有彬：《探險與世界》，四川人民出版社1984年版，第68－69頁。

② 　盧良志：《中國地圖史》，第176－177頁。

狹隘的視野直接影響了東西方民族間的相互認識，使其誤解重重。當時西方在中國人的心目中，是個「羔生土中，國人築牆圍之，臍與地連，割之則死；但走馬擊鼓以駭之，驚鳴臍絕，便逐水草」③的游牧部落。而中國在西方人的腦海裡，則是用小米餵一種形似蜘蛛的昆蟲，餵到第五年再從昆蟲脹裂的肚裡取出絲來的蠶桑民族。④而偏居東亞大陸邊緣海島的日本人，由於自古以來很少與外國交往，認為世界上只有日本、支那和印度三國，根本沒有意識到西方民族的存在。上述看法在今人看來似乎荒唐可笑，但對於坐井觀天、視野狹隘的古人來說，卻是對此深信不疑的。

古代社會人類生活彼此隔絕封閉的特性，決定了人類文明產生的多元性。那時，只有各民族相對平行的歷史，而沒有一部統一的人類歷史。在相對閉塞隔絕的情況下，人類文明發展演進的速度十分緩慢。很多人類學家發現，如果其他地理因素相同，那麼，人類取得進步的關鍵就在於各民族之間的可接近性和相互影響。「人類的歷史證明，一個社會集團，其文化的進步往往取決於它是否有機會吸取鄰近社會集團的經驗。一個社會集團所有的種種發現可以傳給其他社會集團；彼此之間的交流愈多樣化，相互學習的機會也就愈多。大體上，文化最原始的部落也就是那些長期與世隔絕的部落，因而，它們不能從鄰近部落所取得的文化成就中獲得好處。」⑤但縱觀人類農業文明時代，受自然環境和生產力水平的制約，這種不同文明間

---

③ 段公路：《北戶錄》。
④ 蕭致治等：《鴉片戰爭前中西關係紀事》，湖北人民出版社1986年版，第7頁。
⑤ 〔美〕斯塔夫里阿諾斯：《全球通史》下冊，上海社會科學院出版社，第6—7頁。

的文化傳播、交流和借鑒，往往是在一定地域範圍內進行的，它使得歐洲的基督教文明、亞洲的儒教文明、伊斯蘭文明等地域性文明難以進行直接的交流和對話。於是便在相對閉鎖的環境裡，形成了各具特色的區域性文化。

從歷史上看，真正打破東西方文明間相互隔離和遙遙相望局面的重大事件是15、16世紀勃興的世界性的航海探險運動。15世紀，東西方先後出現了大規模的航海探險活動。從1405年到1433年28年的時間裡，明政府在嚴禁民船出遠海，下令將原有海船「悉改爲平頭船」，使之無法遠航的同時，卻又派鄭和率船隊七次出使西洋，且最遠竟到達非洲東海岸。鄭和的船隊堪稱是當時世界上最先進、最龐大的船隊，船隊中的海船大者「長四十四丈四尺，闊一十八丈」，「篷帆錨舵，非二三百人莫能舉動」。[6]國家在厲行海禁的同時，卻又有如此浩大遣使之舉。有人認爲，之所以會出現這種矛盾現象，主要是因爲「明初遣使純粹是出於統治者政治上的需要，而絕不是對社會經濟發展要求的適應。所以，皇家雖能派人泛海，百姓卻被嚴禁出洋。幾次遣使，包括被宣傳得簡直有些過分的『三保太監下西洋』在內，都並沒有也不可能改變當時封閉社會的性質」。[7]正因爲鄭和下西洋是明成祖個人意志的產物，所以當朱棣駕崩後，中國遠航船隊下西洋的「盛事」，便立即被作爲「費錢糧數千萬，軍民死且萬計」的弊政而被廢除。可見，在當時的歷史背景下，中國人發現世界、溝通東西方文明的條件尚不成熟。

就在鄭和船隊在海面上消失後的第十個年頭，即1543年，

⑥　鞏珍：《西洋番國志》，中華書局1961年版，第12頁。
⑦　鐘叔河：《走向世界——近代中國知識分子考察西方的歷史》，中華書局1985年版，第19－20頁。

土耳其人攻占了君士坦丁堡，控制了地中海東端的土地。因土耳其人信奉伊斯蘭教，常與歐洲大陸的基督教徒發生衝突，使得歐洲商人沿經海通往東方的商路被堵塞，急需探求新航路。而此時的歐洲大陸經過文藝復興的洗禮，誕生了新的人文主義思想和人類應該了解並駕馭大自然的觀念，加上馬可波羅對東方財富神奇的誇張描述，所有這些因素交織在一起，推動歐洲人走上了航海探險、尋找新航路的道路。在這一過程中，葡萄牙、西班牙等國充當了急先鋒。

1492年，義大利人哥倫布橫渡大西洋，發現了美洲大陸。1497年，葡萄牙人達·伽馬繞過非洲好望角，抵達印度。1519年，葡萄牙人麥哲倫完成了環球航海，第一次以航海實踐證明了地球的形狀。歐洲航海家上述這一系列的航海探險活動，使人類終於克服了自然力的層層阻隔，開始踏上文明一體化的漫漫征程。這正如西方學者讓·斐那400多年前所言：「對於我們航海家的勇敢，大洋被橫渡了，新島嶼被發現了，印度的一些僻遠隱蔽的地方揭露出來了。西方大洲，即所謂新世界，為我們祖先所不知的，現已大部明瞭了。在所有這些方面，以及在有關天文學方面，柏拉圖、亞里斯多德和古哲學家們都曾獲得進步，而托勒密更大有增益。然而假使這些人當中有一位今天重來的話，他會發現地理已改變得認不出來了。我們時代的航海家給我們一個新地球。」[8]正是在這一意義上，今天有許多學者將1500年作為人類近代歷史的開端，因為從那時起，東西方文明步入了經常性的交流和接觸的新時代。

西風東漸——中日攝取西方文化的比較研究

---

[8]　貝爾納：《歷史上的科學》，科學出版社1981年版，第230頁。

二、最初的接觸

　　在地理大發現、海外探險的熱潮中，最早與中國和日本發生直接關係，揭開中西、日西關係史序幕的是位於伊比里亞半島的葡萄牙。

　　據西人史料記載，大約在明正德八、九年時（1513或1514年），已有葡萄牙商人乘船到達廣東海面。因明廷廣東當局禁止上岸，這些遠道而來的葡商「皆得售出其貨，獲大利而歸」。[⑨] 1515年，葡萄牙麻六甲總督佐治・達爾伯克喀又派遣在葡萄牙艦隊任職的義大利人裴勒斯特羅搭乘馬來人商船來中國，將所攜帶貨物出售一空，獲大利而歸。

　　兩次來華的獲利，極大地激發了殖民者的貪慾。總督達爾伯克喀決定派啡瑙・安拉德率領4艘葡萄牙商船、4艘馬來亞船，滿載各種商品來華，並派藥劑師皮來資以葡萄牙國王大使的名義，與中國商談建立正式關係問題。船隊於1517年6月17日出發，經過近2個月的航行，於8月15日來到中國，停泊於廣東屯門。後經交涉，被批准駛達廣州。關於葡萄牙船隊駛入廣州時的情況，明人張燮在《東西洋考》中有一段記載：「佛郎機素不通中國，正德十二年，駕大舶，突至廣州澳口，銃聲如雷，以進貢為名。」[⑩]

　　當時廣東僉事、署海道顧應祥接待了這些頭纏白布，高鼻深目的遠方來客。他令啡瑙・安拉德退泊屯門，而將「貢使」皮來資等7人安排在廣州懷遠驛住下，等候進京朝貢，但因《大明會典》素無「佛郎機」入貢的記載，未允所請。後來，

[⑨]　亨利玉爾：《古代中國聞見錄》，第1卷，第180頁。
[⑩]　張燮：《東西洋考》卷五。

皮來資通過其翻譯火者亞三，買通了地方官吏和明武宗寵信的宦官江彬，皮來資一行得以冒充滿剌加（麻六甲）「貢使」於明正德十五年（1520年）奉旨入京，頗得明武宗的恩寵。

但不久，滿剌加乞援使者來到北京，陳述了葡萄牙人攻滅滿剌加國的罪行，並請求援助滿剌加復國。這樣，皮來資和火者亞三詐稱滿剌加貢使的陰謀不攻自破。恰在此後不久，荒淫暴虐的明武宗於正德十六年二月（1521年3月）賀崩，明世宗繼位，改元嘉靖。明世宗誅滅了宦官江彬的勢力，並把冒充滿剌加貢使的皮來資和火者亞三檻送廣東，投入獄舍。同時致書葡王，要求放棄其所侵奪的滿剌加土地，但未獲回音。

葡萄牙殖民侵略者不但未理睬明朝政府的抗議，相反卻在廣東東莞南頭附近的屯門島，「蓋房樹柵，恃火銃自固」[11]，並直言不諱地表示，「不願遵守中國國王的命令，而要和中國開戰，殺戮和洗劫那個地方」。[12] 他們在廣東沿海地帶「掠賣良民」，「剿劫行旅，至掠小兒為食」[13]。葡萄牙殖民者的這些暴行，不僅激起了廣東沿海人民的憤怒，也引起了明朝政府的不安，決心派兵驅逐盤踞屯門的葡萄牙殖民者。

1521年，廣州總督派海道副使汪鋐統率官軍，討伐葡萄牙殖民者，從而爆發了中葡「屯門之戰」。關於戰鬥的經過，《殊域周咨錄》有較為詳細的記載：

「……海道憲師汪鋐率兵至，（葡人）猶據險逆戰，以銃擊敗我軍。初，佛郎機番船用挾板，長十丈，闊三尺（丈？），兩旁架櫓四十餘枝，周圍置銃三十四個，船底

---

[11] 同上。
[12] 姜秉正：《澳門問題始末》，法律出版社1992年版，第46頁。
[13] 戴裔煊：《〈明史·佛郎機傳〉箋證》，中國社會科學出版社1984年版，第7頁。

尖，兩面平，不畏風浪，人立之處，用板捍蔽，不畏矢口。每船二百人撑駕，櫓多人眾，雖無風可以疾走。各銑舉發，彈落如雨，所向無敵，號蜈蚣船。其銃管用銅鑄造，大者一千餘斤，中者五百餘斤，小者一百五十斤⋯⋯銃彈內用鐵，外用鉛，大者八斤。其火藥製法與中國異，其銃一舉放，遠可去百餘丈，木石犯之皆碎。有東莞縣白沙巡檢何儒，前因委抽分，曾到佛郎機船，見有中國人楊三、戴明等，年久住在彼國，備知造船鑄銃及製火藥之法，鋐令何儒密遣人到彼，以賣酒米爲由，潛與楊三等通話，諭令向化，重加賞賚，彼遂樂從，約定其夜何儒密駕小船，接引到岸，研審是實，遂令如式製造。鋐舉兵驅逐，亦用此銃取捷，奪獲伊銃大小二十餘管。」[14]

從上面這段文字記述著，中葡屯門之戰在早期中西關係史上占有重要的地位。一方面，它是中國軍民對歐洲殖民者第一次迎頭痛擊，揭開了中國反抗歐洲殖民侵略的序幕；另一方面，屯門之戰也開了中國人學習西方先進文化的先河。在戰鬥過程中，汪鋐在被葡人的「精利大炮」打敗後，能移審時度勢，放下「天朝大國」的架子，主動向敵人學習，招來葡人船上通曉製造的工匠，迅速造出新式火銃，使明軍戰鬥爲大大加強，最終取得了反侵略鬥爭的勝利。

汪鋐，字宣之，又號誠齋，安徽婺源人，從正德六年起，歷任按察司僉事、按察司副使、按察司按察使等職。嘉靖元年，他親自指揮部下鑄造佛郎機銃，勝利地驅逐了葡萄牙強盜。嘉靖八年（1529年），已擢升右都御使的汪鋐，建議按照佛郎機的形式鑄造銃炮300門，叫做「大將軍」，分發各邊鎮。嘉靖九年，他又上疏力倡用佛郎機銃鞏固西北邊防，認爲佛郎

[14] 嚴從簡：《殊域周咨錄》卷九。

機銃威力無比,「小如二十斤以下,遠可六百步者,則用之墩臺,每墩一銃,以三人守之;大如七十斤以上,遠可五六里者,則用之城堡,每堡三銃,以十人守之。五里一墩,十里一堡,大小相依,遠近相應,星列棋布,無有空闕,賊將無所容足,可以收不戰之功。」[15]

明政府接受了汪鋐的建議,大量仿製佛郎機炮,裝備各邊鎮防守部隊。「到嘉靖十五年（1536年）,明政府光發給陝西三邊的仿製的銅鐵佛郎機炮就達二千五百尊」。[16] 這足以看出,在中國與西方「最初接觸」的過程中,中國官兵並不特別守舊封閉,而是大膽攝取,掀起了一個以仿造火炮爲主要內容的學習西方文化的高潮。雖然這一高潮爲時短暫,但卻值得我們認眞分析、研究。

據日本史料記載,日本與西方國家最早的接觸發生在中葡接觸後的26年,即始於1543年（天文十二年）的葡萄牙船漂至日本種子島的事件。

1543年8月25日,一艘載有百餘人的葡萄牙船漂到日本薩南種子島西村小浦,令日本人吃驚的是,從船上走下來的「海上來客」相貌奇特,語言不通,從未見過。幸好船客中有位自稱是中國儒生五峰的人,通過筆談,日本人得知船上深目高鼻者爲「西南蠻種」,實際上就是葡萄牙人。

在日本和葡萄牙人這次接觸中,最具深遠歷史意義的事件是「鐵炮」（步槍）的傳入,對於此事,日本方面有比較詳盡的記載,南浦文之的《鐵炮記》中寫道:

「隅州之南有一島,該島距隅州一十八里,名曰種子島。……天文癸卯秋八月二十五日丁酉,有一大船來到種

---

⑮　同注 ⑬,第24頁。
⑯　劉旭:《中國古代火炮史》,上海人民出版社1989年版,第232頁。

子島的小浦，不知是來自何國。船客百餘人，其形不類，其言語不通，見者都認爲奇怪。內有兩人手中攜一物，長二三尺，其體中通外直，以重爲質。其中雖常通，其底要密塞，其傍有一穴，是通火之路，其形象無物可比。其爲用也，妙藥裝入其中加添以小塊鉛，……用手把它放在身邊，用眼瞄準，火便從一穴孔中放出，莫有不擊中者。其發也，如掣電光；其鳴也，如驚電之轟，聞者莫不掩耳。……種子島領主時堯，不計其價之昂貴，買西洋鐵炮二尊，珍藏在家中。」[17]

中央公論社的《日本的歷史》對此記述也很生動詳盡：

「船上『西南蠻種』中有牟良叔舍、喜利志多佗孟太兩位首領。他們手中老是拿著兩件東西，這兩件東西長二三尺，內部空心，外表筆直，顯得很沉重。它的內部經常通著，底部需要密塞。旁有一孔，係通火的路。它的形狀無物可比。使用方法是將妙藥放入其中，添以小鉛彈，先在山邊設置一小白點，然後將它拿起，擺正姿勢瞄準，從一孔放火，立刻打中。發射時發出電光，聲音如雷，聞者掩耳……銀山可以破碎，鐵壁可以打通。」[18]

這來自遠洋外世界的新式武器，引起了日本人強烈的好奇心，種子島領主時堯不惜重金購得，視之如珍寶。由此，以日葡首次接觸爲契機，「鐵炮」傳入日本。這種「鐵炮」實際上是一種步槍，當時尚需從銃口放入彈丸，然後方能施放。

「鐵炮」傳入時，正值日本歷史上的戰國時代，很多諸侯大名爭先恐後地製造、使用這種新式武器，不過數年，這種新

---

[17] 王輯五譯：《1600年以前的日本》，商務印書館1983年版，第77頁。

[18] 中央公論社：《日本的歷史》第12卷，第18—19頁。

式武器及其製造方法便傳遍日本。繼槍傳入之後，1550年，「佛郎機」大炮也傳入日本，被肥後的大友氏所掌握。1558年，大友氏又使用「西洋炮」在丹生島擊敗島津軍，由此，西式大炮威名大震，在日本列島傳布的速度更快。

從上面的敘述可以看出，中日兩國與西方國家拉開「最初接觸」的第一幕時，火槍和大炮都扮演了重要角色。英國歷史學家S. G.薩索姆曾對這一情形有進一段精彩的描述：

「1543年葡萄牙人航行到日本，給日本人帶來了火槍。據說當時引起日本人極大的興趣，他們懷著感激的心情虔誠地迎接葡萄牙人。我認為這並非虛構誇張，而正好說明了16世紀初期日本文明的特徵。說明了當時日本文明與中國和印度的文明已有明顯的差別。據說印度人和中國人初次見到葡萄牙人時，對他們所攜的武器並不十分感興趣，而且他們把葡萄牙人視為野蠻人。」[19]

應該說，薩索姆先生的分析並不完全正確，他對此時期日本民族強烈的功利現實的拿來主義價值觀的分析是確切的，但他顯然對中西接觸第一幕中以汪鋐為代表的明朝將領，通過「師夷長技」，最終打敗葡萄牙侵略者這段歷史疏於了解，而得出了中西接觸之初明人即蔑現洋人火槍火炮的錯誤結論。

三、耶穌會士的東來

從16世紀中葉起，緊步葡萄牙殖民者後塵來到中日兩國的是天主教耶穌會傳教士，他們來東方的主要目的是「做耶穌的

---

⑲　鶴山和子：《好奇心與日本人》，西安交通大學出版社1983年版，第107頁。

勇兵，替他上陣作戰」，來征討這「崇拜偶像」[20]的國度，進行一場精神戰爭。

耶穌會是西班牙貴族伊格納蒂·羅耀拉於1534年在巴黎郊外蒙馬特爾山上成立的。1540年由羅馬教皇批准。當時歐洲正處於宗教改革運動之後，新教勢力勃興，作為舊教衛道者的耶穌會，圖謀恢復已失的勢力，採取「失之歐洲，補之東方」的策略，紛紛前往東方傳教。

耶穌會士與一般修道士不同，其組織、訓練極為嚴格，凡入會做修士者，須先懺悔其生平過惡，並接受兩年祈禱及苦行的訓練，甘受貧苦，謹從教規。「對耶穌會士來說，不僅僅他們的意志，而且連理智，直至道德上的審慎都應為『服從』這個最重要的品德做出犧牲。」「軍事服從不可與耶穌會之服從相提並論，因為後者更為廣泛。它始終是對人的完全征服。它要求犧牲個人意志，取消自己的判斷。」[21]在此之後，還須「再受大學教育五年，更從事教會中各種服務五六年，至年二十八至三十歲時，又受神學之訓練四年至六年。此後始得為正式修士，分發各地傳教。且耶穌會士獨重學問，諸如天文、曆法、地理、數學，以及倫理、哲學、方技、製造等類，無不為求貫徹，是以會中多博洽特出之士。」[22]天主教耶穌會在歐洲雖然是反對宗教改革的保守落後勢力，具有反動性，但因東方尚處於封建社會，沒發生人文主義思想解放潮流，因而，耶穌會士所掌握並帶來的各種科學知識仍可對包括中日兩國在內的

---

[20] 裴化行：《利瑪竇司鐸和當代中國社會》，東方學藝社1944年版，第1冊，第2頁。

[21] 埃德蒙·帕里斯：《耶穌會士秘史》，中國社會科學出版社1990年版，第27頁。

[22] 張維華：《明清之際中西關係簡史》，齊魯書社1987年版，第114頁。

東方國家的社會發展起著一定的積極的、進步的作用。

　　從歷史上看，16世紀天主教傳入日本稍早於中國。1549年，受羅馬教皇派遣，耶穌會士方濟各·沙勿略風塵僕僕地來到日本鹿兒島，受到山口的大內義隆和府內的大友義鎮等大名的保護，揭開了基督教在日本傳播的序幕。

　　方濟各·沙勿略是耶穌會發起人之一，1531年被派往東方傳教。1542年，他到達了印度的果阿城，在這裡他聽說從麻六甲地方去中國經商的人很多，就來到了麻六甲。1547年，他遇見了因殺人罪逃到麻六甲的日本薩摩武士彌次郎，得知去日本傳教極有希望，便將他送到印度果阿接受宗教教育。後來，**彌次郎受洗，成為日本最早的基督教徒**。1549年（天文十八年）8月15日，沙勿略偕彌次郎等6人乘中國帆船抵達鹿兒島。

　　在日本傳教的過程中，沙勿略發現：「每當日本人進行激烈辯論時，他們總是訴之於中國權威。這很符合如下的事實，即在涉及宗教崇拜的問題以及關係到行政方面的事情上，他們也乞靈於中國人的智慧。因而情況是，他們通常總是聲稱，如果基督教確實是真正的宗教，那麼聰明的中國人肯定會知道並且接受它。」㉓這對沙勿略的刺激很大，他決心去中國傳教，借以使日本人信服。

　　1551年12月，沙勿略回到果阿，**繼續做去中國傳教的準備**。他在1552年1月29日，曾致書友人，信中詳細敘談了自己日本之行中對中國人的感受：

　　　「在日本，我曾見中國人，他們白面亦如日人，有求知之熱願；他們明悟之透澈廣博勝過日本人。中國土地肥饒，在許多出產中，絲為主要之出品；國中多大城都市，

―――――――――――――――

㉓　利瑪竇、金尼閣：《利瑪竇中國札記》上冊，中華書局1983年版，第127—128頁。

凡高廳大廈，均用石建成者。中國人對我言，彼國中有許多不同之民族，殊異之宗教；依我所聞所想，在中國有猶太人及回教人，恐未嘗無教友焉。」

接著他充滿自信地預測道：

「我期望本年（1552年）可到中國，若福音在中國一經播種，必有豐富之收穫。若中國人眞心歸化，日本人拋棄自中國傳去之異說，自不難也。……我有大希望天主洞開中國之門戶，不特使吾耶穌會進入，且又令別種修會前往；俾中國成爲一眾傳教士傳教之公地，而引導眾人得救靈魂也。」[24]

明世宗嘉靖三十一年（1552年）四月，沙勿略來到廣東臺山縣屬的上川島，想要進入中國內地傳教。當時，倭寇正在騷擾中國海岸，明政府對中國海岸採取嚴密封鎖政策，沙勿略根本無法在中國沿海登陸。他曾設法與當地中國商人聯絡，希望他們能夠把他帶到廣東，但費了不少周折都被拒絕。他還花錢雇用一條小船，想秘密進入廣東。但許多人都勸他不要這樣做，因爲船上人爲避官府耳目，有把他扔在荒島上的危險，即使僥幸登上中國大陸，若被廣東官員發現，會把他送進監獄，也難以實現傳教的目的。住在用樹枝和稻草胡亂搭成的茅屋里，沙勿略萬分憂慮，不久，他染上了熱病，於12月3日死在上川島上，進入中國傳教的企圖宣告失敗。但以沙勿略的來訪爲標誌，揭開了天主教在中日兩國傳播的序幕。

由於中日兩國不同的文化傳統以及16、17世紀兩國特殊的時代背景，天主教在兩國的傳播過程，表現出許多不同的特徵：

---

[24] 徐宗澤：《中國天主教傳教史概論》，上海土山灣印書館1938年版，第165－166頁。

首先，天主教在日本傳播發展的速度較快，而在中國則相對遲緩。

天主教傳入日本時，正值日本歷史上地方諸大名分裂征伐的戰國時代。當時，各地方大名力增強實力，擴充軍備，紛紛與傳教士建立聯繫。因此，繼沙勿略之後來日本傳教的伽果（B. Gago, 1515 — 1583年）、阿爾加賽瓦（P. Acaceva, 1523 — 1585年）、弗洛伊斯（L. Frois, 1512 — 1597年）等耶穌會士，都受地方大名的保護，傳教事業發展極快。

據史料記載，天文二十年（1551年），豐后島主大友宗麟給諾羅尼亞總督寫信，請派教士，請開貿易。[25]

永祿四、五年（1561、1562年）間，薩摩島主島津貴久兩次致信葡屬印度總督庫道勞斯，信中對耶穌會傳教士所表現出來的堅忍、虔誠精神推崇備至，請求其派傳教士來薩摩，以「使我獲互市之利」。[26]

永祿十年（1567年），大友宗麟又致信逗留中國的耶穌會司教卡魯內伊勞，請求葡船每年捎來200斤優質硝石。[27] 次年，又致信卡魯內伊勞，對贈送大炮一事表示感謝，並保證對其領地內的葡萄牙人及耶穌會傳教士、教民均給予禮遇和關懷。[28] 由此可見，以島津氏和大友氏為代表的天主教大名，並非是從信仰出發皈依天主教的，其入教保教的真正目的在於通過耶穌會士獲得火槍、硝石等軍用品和獲取豐厚的貿易利潤。

除了地方大名出於政治、軍事、經濟目的而對天主教表示

[25] 岩生成一：《近世初期的對外關係》岩波1934年版，第11頁。

[26] 中川清次郎：《西方東漸本末》內篇上，東大出版會日文版，第105頁。

[27] 《耶穌會士日本通信》上，第147頁。轉引自《日本研究》1990年第4期。

[28] 同上。

支持外，天主教在日本列島的迅速傳播，還有其他社會條件。
這主要表現在：在戰國時代，佛教在日本社會已聲名狼藉，地
位一落千丈，而下層民眾生值戰亂時代，倍嘗戰亂之苦，滋生
厭世思想，急迫渴求新的信仰，以填補精神空虛的狀態。天主
教信仰上帝，強調在上帝面前人人平等的思想，並向貧者和弱
者伸出「救援」之手，這在很大程度上適應了生活在社會底層
的民眾心理，從面對天主教產生好感。

在傳教的手段上，耶穌會士沒有採取強制發展教徒政策，
而是力圖使傳教方式日本化。認為「不能強迫（日本人）信
教，必須避免與日本傳統文化發生衝突，傳教方式盡量日本
化。為此，耶穌會對日本文化和社會習俗進行長期深入的調查
研究，寫出著作，作為傳教的參考。還規定傳教士到日本以前
必須用一二年時間學習日本語和日本的思想文化等知識」。
「為和日本人打成一片，傳教士穿和服，不食肉，盡量迎合日
本人的風俗習慣，爭取更多的人信教」。[29] 耶穌會士在日本開
辦的醫院、育嬰堂等慈善事業也有驚人的社會效果，以至於當
時的日本人「無論是基督徒還是異教徒，皆稱外國神父之藥外
無可謂藥」。[30] 毫無疑問，上述諸因素推動了天主教在日本的
迅速傳播。

據日本學者統計，到天正九年（1581年），日本全國已有
200座教堂，59位耶穌會傳教士，15萬信徒。[31] 到1600年，日
本天主教徒達30萬人，到1605年，教徒人數猛增至75萬人
（一說40萬人），在天草地區，往往是共同體頭人（庄屋）帶領

㉙　鄭彭年：《日本西方文化攝取史》，杭州大學出版社1996年版，第
　　11－12頁。
㉚　家永三郎：《外來文化攝取史論》，吉林教育出版社1990年版，第
　　48頁。
㉛　齋藤文藏：《日本外交史》，1929年日文版，第44頁。

全體村民集體入教。[32] 這樣，上自大名，下至貧苦百姓，均有人教者，短短的數十年間，天主教迅速風靡日本。

與日本的情況不同，天主教傳入中國時，正是明朝的嘉靖年間，當時的明王朝在世界歷史舞臺上還是一個統一的、經濟實力較強的國家。因此，沙勿略難以突破這堅固的防線。

在沙勿略之後試圖進入中國的耶穌會士也都面臨重重的阻力。1555年7月，葡萄牙籍耶穌會士伯來篤在赴日本途中遇風暴，被迫改駛中國海岸，抵達沙勿略停留過的上川島。8月到11月中旬，爲搭救3名被拘囚的葡萄牙傳教士，他曾兩次進入廣州，成爲第一位正式得到官方許可在中國登陸的傳教士。後來，他寄寓澳門傳教，仍不能進入內地。

1568年，又一位名叫卡內羅的耶穌會士奉教皇之命，來到澳門作第一任主教，他曾兩次前往廣州，請求明政府允許在廣州成立會所，但明政府懷疑葡萄牙人有領土野心，沒有答應其請求。傳教士無法過入中國內地，只好聚集在澳門等待時機。屢遇挫折的耶穌會士面對分界上的石山不禁發出「磐石呀！磐石呀！什麼時候可以開裂，歡迎吾主啊」[33] 的嘆息。

總之，從沙勿略來華，到1579年止的近30年時間裡，先後來中國傳教的西方傳教士共有57人（葡萄牙多明我會士1人，西班牙奧斯定會士2人，耶穌會士32人，方濟各會士22人）[34]。他們主要在澳門華人中傳教，採取的是「葡萄牙化」的傳教方法，主要表現爲：「凡欲進教保守者，須葡萄牙化，學習葡國語言，取葡國名姓，度葡國生活，故不啻進教即成爲

---

[32] 中村質：《島原之亂與鎖國》，岩波講座《日本歷史·近世》第232頁。

[33] 賴德烈：《基督教在華傳教史》，第9頁。

[34] 蕭致治等：《鴉片戰爭前中西關係紀事》，湖北人民出版社1986年版，第35頁。

葡國人也。」「此等傳教方法，不能深切『入境而問俗』之情，蓋欲中國人歸化，必須合乎中國風俗習尚爲第一」。㉟ 以此種方法傳教，未取得顯著效果。

1578年，義大利籍耶穌會士范禮安來到澳門，巡閱傳教情況，他「深感中國地大民叢，亟思遣派教士前往開教」㊱，並總結了以往傳教的失敗教訓，認爲要順利開展傳教工作，傳教士應該學習中國語言和文化，採用適合中國情況的傳教方法。於是，他選派熟悉漢語的羅明堅、巴范濟、利瑪竇等耶穌會士來澳門，等待時機，進入中國內地傳教。

1583年9月，羅明堅等耶穌會士通過賄賂中國地方官員，終於進入廣東，在肇慶府建立了中國內地第一所教堂，但教徒發展緩慢。1588年後，著名的義大利籍耶穌會士利瑪竇主持耶穌會在華傳教事業後，經過深入細緻觀察，認爲「不可能直截了當改變這個國家的信仰。中國人是如此深信他們比蠻夷優越，以至首先應當使他們改變輕視歐洲的態度」。㊲ 於是，利瑪竇等人開始脫下僧袍，身著儒服，在封建士大夫中間傳播西方科學知識，譯刊西書，力求使天主教的說教儒學化，以吸引中國人入教。

關於這種適應中國民俗的傳教方式，利瑪竇自己做了如下一段表述：

「爲了使一種新宗教的出現在中國人中間不致引起懷疑，神父們開始在群眾中出現時，並不公開談論宗教的事。在表示敬意和問候並殷勤接待訪問者之餘，他們就把時間用於研習中國語言、書法和人們的風俗習慣。然而，

㉟　同注㉔，第169－170頁。

㊱　同上，第170頁。

㊲　《南懷仁書信集》序言，轉引自《中國史研究動態》1983年第2期。

他們努力用一種更直接的方法來教導這個異教的民族,那就是以身作則,以他們聖潔的生活為榜樣。他們用這種法子試圖贏得人們的好感,並且逐步地不用裝模作樣而使他們的思想能夠接受不是用語言所能使他們相信的東西,但又不危及迄今已取得的成果。當時傳教嘗試的最大困難是不懂語言,還有百姓的天生毛病。從他們入境時起。他們便穿中國的普通外衣。那有點像他們自己的道袍:袍子長達腳跟,袖子肥大,中國人很喜歡穿。」[38]

經過這番改變,信教人數逐漸增加,教徒增加情況可參見下表:[39]

年　代	人　數	年　代	人　數
1583	1	1610	2500
1584	2	1615	5000
1585	20	1617	13000
1586	40	1636	38000
1589	80	1650	150000
1596	100	1664	164400
1603	500	1667	256800
1605	1000	1670	273780
1608	2000		

將上表與同時期的日本相比,可以看出,此時期天主教的勢力在中國雖然有所發展,但其傳播速度卻比較遲緩。據統計,17世紀上半葉,「按百分比來說,日本的信徒較中國多12倍」。[40] 這是天主教在中日兩國傳播之初的一個重要的不同

---

[38]　同注[23],第167－168頁。
[39]　方豪:《中西交通史》第5卷,第99－101頁。
[40]　湯恩比:《半個世界:中國和日本文化的歷史》,台灣楓地出版社1968年,第480頁。

點，說明天主教在華傳播遇到中國傳統文化的強烈抵抗，經歷了半個多世紀的衝突和磨擦，才有緩慢發展。

其次，由於天主教在中日兩國的傳播速度和傳教方式不同，這一時期傳入兩國的西方文化的內容也有明顯的不同。

在日本，由於戰國時代諸侯紛爭，爲擴大自身實力，都非常渴望得到西洋槍炮和貿易利潤。故耶穌會士主要接近的是地方大名，他們在敲開日本大門，發展天主教勢力的過程中，憑借的是武器和貿易這兩個利器，沒有必要採用「學術傳教」策略。因此，在耶穌會士踏上日本列島的初期，沒有出現翻譯西方科學書籍的熱潮。近年來，日本學術界「對鎖國前的活字版，時有發現，但所有書籍都屬傳道性質，並無明朝耶穌會教士之天文、地理、算術、曆法、哲學等作品」，而「當時在日本的傳教士，既無利瑪竇、龐迪我之類的博學之士，信徒中亦無徐光啓、李之藻等人物」。[41] 在這種情形下，當時輸入日本的西方文化多是鐵炮、望遠鏡、鐘錶、世界地圖之類的實用物品。

而在中國，自利瑪竇深入中國內地傳教之時起，他即發現「欲歸化中國民眾，先該從中國儒士入手」；「與儒士交際當以學問爲工具」。他「既從經驗所得，以學問定爲傳教之原則，故在肇慶時，即將以在羅馬所學之一切天算理化等學，詳爲儒士講解，以作會談之資料，一時頗得人民之好感也」。[42] 由於耶穌會士主要接近中國封建士大大，採用「學術傳教」方式，大力翻譯刊行西方科學書籍，因而，在客觀上以利瑪竇爲代表的傳教士成爲此時期西學東傳的媒介。雖然他們所傳播的

㊶　鄭學稼：《日本史》㊂，台灣黎明文化事業股份有限公司1976年版，第368頁。

㊷　同注㉔，第173—174頁。

基本上限於歐洲古典科技，對16世紀出現的那些最富於革命性、危及封建神權基礎的自然科學成就緘口不談，但這對於古老的封建中國來說，仍是值得學習和採納的新鮮學問。通過這些譯著，西方的數學、物理學、地理學、天文曆算學、武器軍火製造術開始傳入中國，成為此時期輸入中國的西學的主要內容。

禁教前，天主教在中日兩國傳播和影響的不同發展軌跡，一方面取決於兩國特殊的時代背景，另一方面則是由兩國在漫長歷史發展進程中所形成的文明特點所決定的。中國是東亞文明的中心，在古代歷史的長期發展過程中，形成了「自我中心論」的認知傳統，視周邊民族為夷狄，對外來文明很少作認真的研究和努力攝取。而日本在東亞文明中處於邊緣地帶，對於外來文明具有強烈的好奇心和功利現實的拿來主義價值觀。因而，當天主教作為西方文化的「尖兵」，進入中日兩國時，其發展演進必然會呈現出不同的特點，同時必將對兩國攝取西方文化產生深遠的歷史影響。

四、所謂「拉丁文明」時代

從中日兩國與西方文明衝突融合的角度看，天主教耶穌會士在16—18世紀中西、日西關係史上扮演了東西文化交流媒介的角色。是時，以耶穌會士為媒介，西方文化開始傳入中日兩國，在中國的明清之際出現了翻譯西書的高潮，在日本則形成了以「南蠻文化」為主要內容的西方文化的廣泛傳播，這一西方文化初至東亞的歷史時期被學術界稱作「拉丁文明」時代。

「拉丁文明」時代傳入中日兩國的西方文化極其廣泛，包

括天文學、教學、物理學、地理學、醫學、神學哲學及西方器用等方面，以下本書僅就天文學、地理學、醫學在中日兩國傳播的情形，作一深入的比較研究。

(一)天文學

中國自古以農立國，為不違農時，對天文曆法極為重現。據統計，我國從「黃帝曆」開始，到太平天國的《天曆》止，共有102種曆法，可以說世界上沒有一個國家能像我們祖先那樣重現曆法。而西方天文學的輸入，始於耶穌會士東來之時。

16世紀下半葉，利瑪竇在廣東肇慶傳教時，為吸引中國士大夫入教，曾製天體儀、地球儀、計時晷等儀器，贈給中國士大夫和官吏，這是西洋天文學傳入中國之始。利瑪竇還撰寫了《乾坤體義》、《渾蓋通憲圖說》、《經天該》等天文學著作。其中，《乾坤體義》分上、中、下3卷，上卷敘述「天地渾儀說」、「地球比九重天之星遠且大幾何」、「四元行論」；中卷敘述「日球大於地球，地球大於月球」；下卷「容較圖儀」。在《利瑪竇中國札記》中，對於利瑪竇利用西方天文學知識傳教，有一段詳細的記載：

> 「利瑪竇開始用銅和鐵製作天球儀和地球儀，用以表明天文並指出地球的形狀。他還在家裡繪製日晷或者把日晷刻在銅版上，把它們送給各個友好官員，包括總督在內。當把這些不同的器械展覽出來，把它們的目的解說清楚，指出太陽的位置、星球的軌道和地球的中心位置，這時它們的設計者和製作者被看成是世界上的大天文學家。」[43]

1605年，利瑪竇在對中國的情況有了進一步的了解之後，

---

[43] 同注 [23]，第182—183頁。

曾向羅馬教會建議，請派精通天文學的耶穌會士來華從事曆法改革這件大事，以便開展傳教工作。這項建議得到教皇的贊同，此後果然有陽瑪諾、熊三拔等一批精通天文學的耶穌會傳教士來到中國，撰著了一些頗具影響的天文學著作。如1606年來華的義大利籍傳教士熊三拔即著有《簡平儀說》，詳細說明簡平儀的用法。又著《表度說》，敘述立表測日影以定時的簡捷方法。1610年來華的葡萄牙籍傳教士陽瑪諾著有《天問略》，用問答形式解說了天象原理，並附有圖解。其中最突出的貢獻是介紹了伽利略用望遠鏡觀測到木星有4個小衛星，銀河的許多恆星和金星也有圓缺等等。[44]

明代攝取西方天文學最重要的成果應首推《崇禎曆書》的編纂。崇禎二年（1629年），因欽天監預報日食失誤，而徐光啓依照新法卻預推密合，於是，崇禎帝下旨命徐光啓開局主持修曆工作。徐氏聘請龍華民、湯若望、羅雅谷、鄧玉函等耶穌會士參與修曆工作，力主參用西法，並強調「欲求超勝，必須會通，會通之前，先須翻譯」[45]。以此為方針，自1631年至1634年，修曆人員先後5次向朝廷進呈《曆書》，共137卷，全書分為《法原》、《法數》、《法算》、《法器》和《會通基本五目》。雖然耶穌會士出於狹隘的宗教立場，而未在《曆書》中把哥白尼的日心說介紹給中國，但該書已採用幾何學、球面和平面三角學，引進了地圓概念，使我國的天文學體系發生了根本性的變化。

此外，值得特別提及的是，由於曆法的推算離不開算學，因此，伴隨著西方天文學知識的輸入，歐洲數學知識也大規模地傳入中國，其代表作是利瑪竇與徐光啓合譯的《幾何原本》

---

[44]　陳遵嬀：《中國天文學史》，第242頁。
[45]　《徐光啓集》，第374頁。

前6卷、利瑪竇與李之藻合譯的《同文算指》等。

綜上所述，可知天文學與曆算學是明季西學東漸浪潮中成效最大的部分，以徐光啟、李之藻爲代表的開明士大夫，與利瑪竇等耶穌會士合作，將西方的天文、曆算知識介紹到中國，並形成了初步的體系，毫無疑問，這對於推進中國的科技發展，拓展國人的視野，具有積極意義。

在日本，天文學同樣成爲耶穌會士爭取民眾信教的利器。第一位踏上日本列島傳教的耶穌會士沙勿略在致友人信中就曾這樣寫道：「日本人不知地球是圓的，也不知何爲太陽軌道，他們對流星、閃電、雨雪等自然現象提出種種疑問。由於我們作出令人滿意的說明，得到他們的信任。因而我們的宗教也使他們深受感動。」[46]鑒於此，沙勿略向耶穌會總會長羅耀拉建議：「來日本的神父必須具有可以回答日本人無數疑問的學說，他們應該是哲學家，並能精於宇宙現象，以便獲取日本人心。」[47]於是，無論是在教堂，還是在神學校，耶穌會士都積極傳播西洋天文曆法知識。如「豐後傳教長高邁斯在府內神學院講《哲學綱要》，他在1593年完成該課的教科書，其第一部《天球論》代表了當時天主教科學的水平」，[48]敘述了行星、銀河、地球、日蝕等複雜的天體運動知識和理論。雖然其知識體系總體來說仍屬於傳統的「地心說」，未體現哥白尼革命以來天文學的最新成果，但對於日本人來說仍屬聞所未聞的新知。

對於這些輸自異域的西方天文學知識，日本人表現出極大的興趣和熱情。佛羅伊斯在其所著《日本史》中曾寫道：

---

⑯　村上陽一郎：《日本近代科學的步伐》，三省堂1977年版，第51頁。

⑰　同上，第68頁。

⑱　同注㉙，第45頁。

「此時有名叫秋正殿的位尊公卿，適與當時日本一流天文學者於此相逢。由伴天連處聞日蝕月蝕及天體運行學說後，甚感佩其淵博學識，倍加尊崇，於是變信仰，是爲都城第一位基督教信徒。」[49]

帕吉愛斯在《日本天主教史》中也有這樣的記載：

「秀賴自己也厚待神父。一日，拿出世界地圖及說明太陽、月亮運行的渾天儀，就此機械詢問佛僧，卻得到愚蠢的回答。於是請修士說明。修士解釋頗佳，責佛僧傲慢無知，尤爲滿意修士對值得驚嘆的天體運行所作之解釋。由此，傳教士們憑借人文科學之力，與人們明示走向宗教眞理的種種原理。」[50]

由此可見，西洋天文學在日本列島確實產生了非同一般的影響，有些日本人已經打破了佛教的「須彌山天界說」（須彌山是印度神話中的山名，佛教以此指代天上景觀）和儒家「天圓地方」說，承認西方天文學的科學價值。1606年，林羅山在京都訪問日本傳教士不干巴鼻庵，見到天球儀、地球儀、三稜鏡、凸面境等天文儀器，認爲這些都是騙人的東西，兩人展開了辯論。林羅山指著地圖問：「天有上下乎？」巴鼻庵從容答道：「以地中爲下，地上亦爲天，地下亦爲天。吾邦以舟運漕大洋，東極是西，西極是東，是以知地圓。」[51]從巴鼻庵嫻熟的應對，可以看出他對西方天文學知識已相當了解。但從總體上看，此時期的日本並未出現利瑪竇、徐光啓那樣的學術大師，也沒有產生《崇禎曆書》、《幾何原本》那樣的西學名著，相比之下，其西學水準遠在中國之下。

---

[49]　同注[30]，第47頁。

[50]　同上。

[51]　《排耶穌》，《日本思想大系》第25卷，第490頁。

(二)地理學

在耶穌會士東來之前，中日兩國關於世界地理的知識都十分貧乏，從本質上看，這是農業社會封閉落後的必然產物。但在「地理大發現」後，隨著西方文明的崛起，世界各區域間的聯繫變得日益緊密。時代的劇變，要求東方民族必須迅速摒棄傳統的狹隘的地理世界觀，確立科學實證的新地理世界觀。在這一歷史轉折時期，以耶穌會士為媒介，世界地理知識開始輸入中日兩國。

西方世界地理知識的傳入，首先是從利瑪竇開始的。1584年，利瑪竇根據西方地圖，參照來華沿途所見山川大勢，繪成世界地圖，名曰《山海輿地圖》，向中國介紹了許多嶄新的世界地理知識，主要有：(1)介紹了五大洲概念，指出世界由歐羅巴、亞細亞、南北亞墨利加及墨瓦臘泥加五部分構成；(2)五帶的劃分；(3)地圓說；(4)測量經緯度。

此後，明季耶穌會士艾儒略的《職方外紀》和《西方答問》、南懷仁的《坤輿全圖》、利類思的《西方要紀》等書也都介紹了一些世界地理知識。其中以《職方外紀》影響最大，該書介紹了亞細亞、歐羅巴、利未亞、南北美洲及南極洲的地理歷史情況，對歐洲介紹最為詳細，除了有「歐羅巴總說」概述整個歐洲情況外，還分別介紹了西班牙、葡萄牙、義大利等國的政治、經濟、文化、風俗等。書中還對哥倫布發現美洲新大陸的具體過程作了詳細的描述：

> 「……初，西士儀知有亞細亞、歐羅巴、利未亞三大洲，於大地全體中，止得什三，余什七悉雲是海。至百年前，西國有一大臣名閣龍者，素深於格物窮理之學，又生平講習行海之法，居常自念天生主化生天地，本為人生，

據所傳聞，海多於地，天主愛人之意恐不其然，畢竟三洲之外海中，尚應有地。又慮海外有國，聲教不通，沉於惡俗，更當遠出尋求，廣行化海。於是天主默啓其衷。一日行游四海，嗅海中氣味，忽有省悟，謂此非海水之氣，乃土地之氣也，自此以西，必有人煙國土矣。因聞諸國王，資以舟航糧糗、器具貨財，且與將卒以防寇盜，珍寶以備交易。閣龍遂率眾入海，展轉數月，茫茫無得，路既危險，復生疾病。從人咸欲還，閣龍志意堅決，只促令前行。忽一日，船上望樓中人大聲言，有地矣。眾共歡喜，頌謝天主。亟取道前行，果至一地。……」[52]

上文中的「閣龍」，就是發現美洲新大陸的哥倫布，這是中國人從文字上第一次得知哥倫布發現新大陸的具體經過，堪稱是中國人認識世界的里程碑。

耶穌會士上述的譯著所介紹的世界地理知識，都是中國士大夫見所未見、聞所未聞的新知，開了中國世界知識的先河，打破了中國傳統的天圓地方的舊說。對於這些輸自異域的新知，一部分開明士大夫表示歡迎，以明代的李之藻、徐光啓為代表。他們為自己和國人不知海外尚有如此新奇廣闊的天地而感到慚愧，驚呼：「夫皆誇毗其耳目思想以錮，而孰知耳目思想之外，有如此殊方異俗，地靈物產，真實不虛者？」[53]慨嘆：「地如此其大也，而其在天中一粟耳。吾州吾鄉又一粟之中毫末，吾更藐焉中處。」[54]而對於中國開明士大夫面對科學的觀實主義態度，利瑪竇也給予高度評價，他說：「中國人稱

52 艾儒略：《職方外紀》，叢書集成版卷四，第103頁。
53 徐宗澤：《明清間耶穌會士譯著提要》，中華書局1949年版，第68頁。
54 同上，第68頁。

天圓地方，而中國則位於這塊平原的中央。由於有這個看法，所以當他們第一次看到我們的地圖時，發現他們的帝國不在地圖的中央而在最末的邊緣，不禁有點迷惑不解……然而現在中國人大多承認他們以前的錯誤，並引爲笑談。」[55]這說明一部分開明士大夫已經率先打破地理觀念的「中國中心說」，開始接受近代世界地理知識。

但更多的朝野人士則採取了半信半疑、抵制甚至反對的態度。《聖朝破邪集》卷三收載了明代士大夫魏濬利反對利瑪竇地圖的言論，頗具典型性，他說：

> 「利瑪竇以其邪說惑眾……所著《輿地全圖》洸洋宕渺，直欺人以目之所不能見，足之所不能至，無可按驗耳。眞所謂畫工之畫鬼魅也。毋論其他，且如中國於全圖之中，居稍偏西而近於北。試於夜分仰觀，北極樞星乃在子分，則中國當居正中，而圖置稍西，全屬無謂。」[56]

在民間，這種反對抵制態度也十分強烈，1584年，當利瑪竇第一次向中國人展示《山海輿地圖》時，因將中國置於「稍偏」的位置之上，而遭到人們憤怒的抗議：

> 「他們認爲天是圓的，但地是平而方的，他們深信他們的國家就在它的中央。他們不喜歡我們把中國推到東方一角上的地理概念。……這位地理學家因此不得不改變他的設計，他抹去了福島的第一條子午線，在地圖兩邊各留下一道邊，使中國正好出現在中央。這更符合他們的想法，使得他們十分高興而且滿意。」[57]

爲平息人們的抗議，利瑪竇只好重新將中國繪在世界地圖

[55] 同注 ㉓，第6頁。
[56] 轉引自包遵彭：《中國近代史論叢》第1輯第1冊，第229頁。
[57] 同注 ㉓，第180－181頁。

的正中央。由於這一時期絕大多數士大大對世界地理新知採取了排斥的態度，因此，上述知識在當時的中國並未紮根，當利瑪竇、李之藻、徐光啟一代灌輸西學的偉人辭世後，世界地理知識很快為人們忘記、失傳。到鴉片戰爭前夕，中國朝野人士的世界地理知識反而較明代末年落後。

這裡應該指出的是，世界地理知識曾滲透到中國封建統治階級高層之中，如1601年，利瑪竇獲准入北京「朝貢」時，就曾將《萬國輿圖》交奉神宗皇帝，但並未受到重現，只是將其現為「奇器」，封存於宮廷之中。到清康熙年間，耶穌會士以亞洲地圖進奉康熙帝，康熙頗感興趣。1708年6月，康熙帝正式諭令由來華耶穌會士白晉、雷孝思、杜美德等人直接率人，用西法繪制一幅全國地圖，測繪範圍北自黑龍江、蒙古，南至兩廣、雲、貴，東起海濱，西迄西藏、新疆。歷時十年，繪成《皇輿全覽圖》一張，是為中國歷史上第一份用西法繪成的全國地圖，這在世界地圖史上堪稱具有劃時代意義，從中外文化交流的角度看也是一件值得大書特書的事件。但令人遺憾的是，《皇輿全覽圖》卻未產生應有的社會影響，「全覽圖」長期被作為密件藏諸內府，一般學者難以窺視。同時，康熙帝沒有根據耶穌會士的建議，繪制一幅新的世界地圖，借以瞭望世界，這也不能不說是一椿歷史憾事。

在「拉丁文明」時代，世界地理知識輸入日本的時間與輸入中國的時間大致相同，但其傳播過程及後果則有很大不同，這主要表現在以下幾個方面：

第一，在日本，世界地理知識不僅在知識階層廣泛傳播，而且還為統治階級的最高層重現並掌握。

據日本學者鮎澤信太郎研究：領主織田信長本人即是日本最早的新世界地圖的研究者之一，新世界地理知識的掌握者。

1580年，信長曾邀請耶穌會士借助地球儀為他解說世界地理知識，對於遠渡重洋來日的會士，信長大為讚賞，他指著地球儀對臣下說明從歐洲來日本的海路行程，認為這樣的旅行如無超人的勇氣和堅定的決心，是絕對不能實現的。

到豐臣秀吉統治時期，秀吉為了實現其海外擴張的計畫，非常酷愛世界地圖。在其衙署內，立有世界地圖屏風。他還經常手持一把繪有世界地圖的扇子，扇面上寫有日語和漢語的文字對照說明。繼豐臣氏之後統治日本的德川家康，更加重視世界地理知識。慶長五年（1600年）四月二十九日，荷蘭船「利夫德」號在海上遇風暴，經過5個月的海上漂泊，在日本九州豐後地方靠岸。德川家康派人把船上的英籍航海長亞當斯帶到江戶，以厚禮相待，後聘為外交顧問兼語言學教師，並賜給他邸宅田產，亞當斯改名三浦按針，為家康效力。三浦按針經常給家康講述世界地理知識，對江戶幕府開眼看世界，攝取西方文化貢獻頗大。據幕府記錄所載，家康在慶長十六年（1611年），與後藤庄三郎、長谷川左兵衛等近臣一邊看世界地圖屏風，一邊暢談海外諸國的地理、歷史概況。在家康最喜歡的遺物中即有3幅世界地圖。

由於信長、秀吉、家康都嗜世界地圖成癖，導致日本社會上繪有世界地圖的屏風和扇子甚為流行，影響極大。對於日本人打破傳統狹隘的「三國世界觀」，認識世界文明新格局起到了相當積極的作用。

第二，世界地理知識的傳入，極大地刺激了日本人對外部世界的好奇心，也激發了日本人主動認識世界、走向世界的勇氣。天正十年（1582年）二月，九州的大友、大村、有馬3位天主教大名，代表日本天主教向羅馬教皇和葡萄牙國王表示敬意，匯報日本耶穌會傳教的成績，同時為使日本少年能來眼目

睹歐洲基督教文化，特派遣4名日本少年出使歐洲，對歐洲文明進行了實地考察，視野大開。

從文化傳播角度看，這兩次遣使西洋的活動雖然帶有濃厚的宗教色彩，但卻是日本人首次置身歐洲文化中，對西方文化有了實際的接觸和親身的體驗。使團在西洋逗留8年之久，對西方文明的存在和特質有了進一步的認識。1590年天正少年遣歐使團歸國後，將從外洋帶回的奧爾特里馬斯世界地圖集獻給了豐臣秀吉，這一世界地圖集由53頁分圖組成，是當時世界上最爲詳細、權威的地圖集。豐臣秀吉對此圖非常重視，特命令畫師將其中一幅放大繪在屏風上，每日觀賞，喜愛至極。可見，通過出樣使團對西洋文明的實地考察，日本人的「地理世界觀」發生了根本性的變化，開始意識到在中國和印度之外，還有一個西洋文明世界，這對日本人認識其在世界文明體系中的位置，直面世界，形成近代地理世界觀，具有重要意義。

至於耶穌會士輸入的世界地理知識在中國中斷失傳的原因，民國時期學者陳觀勝先生曾在《禹貢》半月刊上撰文列舉了三點原因：(1)當時歡迎利氏地圖者，不過爲一般學士大夫，未能深入民間；(2)當時絕少有科學基礎之人，能接受利氏之學識，一般人士，多以此爲一種玩好之品，並未眞能了解其意；(3)利氏以地圖爲宣傳天主教之工具，但多數國人反對洋教者，則不免並其地圖而厭惡之。

應該說，陳觀勝的上述分析，指出了明清時期朝野人士排斥世界地理知識的一些具體原因，對於我們理解此時期西洋世界地理知識入傳中國的艱難歷程顧具啓迪意義。但如果從比較角度考察上述問題，我們則會發現，中日兩國不同的對外認識傳統是影響兩國接受近代世界地理知識快慢的最重要原因。

從歷史上，中日兩國有著截然不同的對外認識傳統。19世

紀中葉西方資本主義列強叩開中國大門之前，中國一直生活在東亞大陸的封閉環境中，以儒教爲核心的華夏文化始終居於至高無上的中心地位，養成了中國人「自我中心論」的對外認知傳統，視周邊諸族諸國爲茹毛飲血、不知人倫的夷狄，而自己則是居天下之中的「天朝上國」，評價其他民族時，總是從中國本位出發，把自己看得高人一等，不屑認眞研究，形成了「六合之外，聖人存而不論」[58]的對外認識傳統。在這種畸形變態的心理影響作用不，國人多陶醉於「天朝型模」之中，對於輸自異域的地理新知，當然也就採取了排斥的態度。

而日本列島則隔絕於亞洲大陸之外，向稱「遠東孤兒」，在遠東文明史上，日本興起較遲，其文明發展演進主要是靠吸吮大陸文化的養分才得以實現的。同時，四面環海的地理環境也賦予了日本人強烈的原始好奇稟性。日本文明的特殊發展，養成了日本民族師法他族的認知傳統，這種積極向外學習的熱情，使得日本接受世界地理知識成爲順理成章的事情。

(三)醫學

耶穌會士來到東方傳教，爲收攬民心，打開傳教的局面，經常以醫學爲傳教工具，借爲百姓療病之機，接近百姓，贏得人心。由此，以耶穌會士爲媒介，西醫幾乎同時傳入中日兩國。

在中國，西醫入傳的特點在於先重理論，後趨實用。明清之際，耶穌會士譯刊了一大批西醫著作，主要有羅雅谷、龍華民翻譯的《人體圖說》一卷，鄧玉函翻譯、畢拱辰整理刊行的《泰西人體說概》二卷，石鋒琭撰寫的《本草補》，熊三拔的《藥露說》一卷，艾儒略的《性學觕述》四卷，湯若望的《主

[58] 張燮：《千百年眼》，河北人民出版社1987年版，第116頁。

制群徵》等等，這些著作向國人初步介紹了西醫解剖學、藥學等方面的知識，令人耳目一新。如《泰西人體說概》一書即分別論述了人體的骨、肉、筋、皮、筋絡、脈、血、目、耳、鼻、舌等，對西醫理論推崇備至，畢拱辰在該書的序中寫道：

> 「遠西名士浮槎九萬里，來賓上國，惟一意虔奉景教，昭事陡斯是務。問出其餘緒，著有象緯輿圖諸論，探源窮流，實千古來未發之旨，俾我華宗學人，終日戴天，今始知所以高；終日履地，今始知所以厚。昔人云數術究，天地製作侔造化，惟西士當無愧色耳。……編中臚列諸部，雖未全備，而縷析條分，無微不徹，其間如皮膚、骨節諸類，昭然人目者，已堪解頤。……肉塊凡四百餘，分布運動，細筋為知覺之司，脆骨有利益之用，軒歧家曾經道只字否？又論人記含之所，悉在腦囊……條理分明，如印之泥，使千年雲霧頓爾披豁，真可補《人鏡》、《難經》之遺，而刀圭家所當頂禮奉之者。」[59]

此外，義大利籍耶穌會士利類思在介紹西方社會的小冊於——《西方要紀》中也對西醫有詳細介紹：

> 「醫有內外二科。其看病、診脈之外，以玻璃瓶盛溺水，驗其色，識其病根，又知病概由敗血而生。其制藥，專煉藥草之露，特取其精華，而棄其渣滓，則用藥寡而得效速，不害脾胃，而漸漬消除。」[60]

到康熙年間，西醫漸漸趨向實用。在宮廷內，康熙帝玄燁曾用耶穌會士充任御醫。1693年，31歲的玄燁患瘧疾，耶穌會士洪若翰、白晉使用治瘧疾的特效藥金雞納霜給予醫治，很快痊癒。1699年，擅長外科的西方教士羅德先又曾入宮為康熙治

西風東漸——中日攝取西方文化的比較研究

⑤⑨　同注⑤③，第303—304頁。
⑥⓪　利類思等：《西方要紀》，中華書局1985年版，第6頁。

療心悸症和上唇生瘤，獲得奇效，頗得康熙帝重用。在民間，一些會士也在傳教的同時為百姓治病。但總體觀之，此時期西醫在中國影響還不是很大，這主要是因為西醫思想和中國傳統的中醫思想格格不入，很難為人接受。因此，作為西方文化一部分的西醫的傳入，並未對中國的傳統文化產生較大影響。

與中國不同，西醫在日本初期傳播的特點是先實用，後理論。來日本的早期天主教耶穌會士中，不乏醫術高明者，但他們不注重西醫理論的譯介探討，而是一頭紮入民間，行醫捨藥，大施慈善，頗得民心。最早將西洋醫學傳入日本的是葡萄牙籍宣教醫師路易斯‧阿羅梅伊達，他在天文二十一年（1552年）以商人身份來日本，不久加入耶穌會。於弘治二年（1556年）在豐後府內建立了育嬰院和醫院。醫院初設時主要是為了治療癩病，後擴展至一般疾病治療。阿羅梅伊達作為院長，同時擔任外科和內科的治療醫生，以高超的醫術治癒了很多重病人，聲名遠揚，遠道慕名求醫者絡繹不絕。據記載，一次日本某佛僧患眼疾，煩惱不已，教士阿羅梅伊達慷慨贈其西藥，眼疾旋即痊癒，令人大為嘆服。從此阿羅梅伊達獲得自由出入佛寺的權利，眾人皆願隨其學習西醫。如是者數次，使得日本人無論是基督徒還是異教徒，「皆稱外國神父之藥外無可謂藥。」[61]受洗入教者甚多。在開設醫院的同時，阿羅梅伊達還招收日本學生，傳授西醫。由此，「南蠻」醫學大為普及。但「南蠻」醫學始終沒有出現西醫理論的研究著述，後隨著鎖國令的頒布，逐漸走向沉寂，直到鎖國時代後期，才出現了以《解體新書》為代表的西醫著述的翻譯運動。

在西方科學文化體系裡，西醫可以救死扶傷，拯衰起竭，是一個頗具實用特性的門類，因而在異文化的傳播過程中，它

[61] 同注 [30]，第48頁。

往往較易為對方所接受。從廣義上看，西醫東傳實際上就是西學東漸的過程。而西醫在中日兩國早期傳播過程中所表現出來的不同運行軌跡，說明此時期西方醫學在日本傳播範圍更廣，影響更大。

五、中日西學水準的比較

從歷史上看，包括中日兩國在內的東亞世界，在其漫長的文明發展過程中，曾有過兩次大規模的外來文化輸入：第一次是自中國西漢時期開始的印度佛教文化的輸入；第二次則是肇始於16世紀下半葉的基督教文化的傳播。就其歷史影響來說，兩次外來文化輸入對東亞世界的影響都是極其深遠的。而從文明傳播、攝取的一般規律來看，不同文明間的「最初接觸」，對於此後的文明攝取進程將會產生決定性的影響。「拉丁文明」時代恰恰是東亞世界與西方文化接觸的第一幕，因而，我們既應對這一時期兩國攝取西方文化的具體進程進行系統研究，更要對兩國的西學水準及影響作一比較性評價。

衡量一個民族國家在一定歷史時期吸收外來文化的水準高低，主要有兩個標準：一是看其西學著作的數量和質量；二是看其攝取動機及社會傳播效果。以此為標準，比較估價「拉丁文明」時代中日兩國攝取西方文化的水準，我們會發現許多令人深思的歷史現象。

其一，從這一時期中日兩國西學著述的數量和質量看，中國明顯高於日本。

在中國，由於耶穌會士採取「學術傳教」方式，大力譯刊西書，使西方文化得以大規模輸入。據統計，明末清初耶穌會士利瑪竇、湯若望、羅雅各、南懷仁、龐迪我、熊三拔、鄧玉

函、艾儒略等譯著了120多種科學書籍，其中僅前4人的譯著就多達70多部之多。就西學著述之質量而言，則應具體分析，這主要表現在西學傳播的主體——耶穌會士特有的局限性上。眾所周知，作為西學東漸的媒介體，耶穌會士傳播西學之功不可沒。但是，作為十分虔誠的天主教信徒，會士所傳播的西學基本上限於歐洲古典科技，對西學中那些與天主教義不合的，尤其是對16世紀出現的那些最富革命性的自然科學成就，都囿於教規而棄置一邊，這使得明清之際傳入中國的西學，已屬「夕陽之學」。但值得注意的是，耶穌會士譯介的這些在歐洲已屬過時的學術，對於尚處於封建時代的中國來說，仍是值得認真學習和積極採納的新鮮學問，因而，我們應當對「拉丁文明」時代傳入中國的西學著作給予恰當的評價。

反觀同時期的日本，我們則沒有發現明季時期那樣的譯書熱潮。當時風靡日本列島的西方文化，不是西學譯著，而是地球儀、世界地圖屏風、帽子、西服褲、眼鏡、鐘錶、椅子等具體實用事物。這一方面是因為來日的耶穌會士鮮有利瑪竇那樣的博識碩學之士，同時也與日本傳統文化中固有的實用性有關。因而，有學者認為：「同是輸入西洋文明，明朝要比同時的日本高些。」[62]從歷史上看，這一結論是有史實根據的。

其二，這一時期中日兩國攝取西方文化的動因也有很大不同。

如前所述，產生於明末清初的西洋科學漢譯書籍，是耶穌會士為打開中國大門傳播「福音」，施行「學術傳教」的產物，並非出自中國社會的客觀需要，這從很多西學著作的具體翻譯成書過程即可略見端倪。據民國學者徐宗澤研究，明季「西士所譯之書，有口授者，有親筆而經他人修削者，有共事

---

[62] 同注[41]，第368頁。

合作者；然無論如何，所譯之書，必經西士寓目審考，而華士潤色之者也」。[63] 雖然譯書是中外學者通力合作的產物，但總體觀之，西士在其中起了更爲關鍵的作用。在這一意義上，可以說明末清初的漢譯西學典籍多爲西方耶穌會士「貫輸」的結果，而非中國社會的急近需要。

而從文化攝取主體的角度分析觀察，我們也會發現，決定西學傳播內容及其發展路向的，既不是認同西學的開明士大夫群體，也不是民間新興的社會經濟力量，而是封建中央集權制度下的最高統治者——皇帝。「皇帝的需要，往往決定受衆的需要；統治者的好惡，往往決定西學傳播的過程和路向裡。順治皇帝相信西學，湯若望便得寵，西學傳播便順利。順治死後，討厭西學的鰲拜當政，湯若望便被關進大牢，西學傳播便受挫折。康熙親政，扳倒鰲拜，西學又受重視。康熙愛好數學，《數理精蘊》才得以編成。乾隆欣賞西洋建築，圓明園內才有西洋樓。」[64] 應該說，熊月之的上述分析，比較深刻地闡明了明清封建專制主義中央集權制度下，皇權時西學東漸的影響。的確，在工業革命前，西方文化尚未顯現出對東方文化的絕對優勢，加之中國傳統社會結構尚未產生對西學的急迫需求，使得滿腦子「天朝意識」的士大夫群體不可能產生對西方文化認同的思想觀念。

而在日本，從表面上看，「拉丁文明」時代所輸入的西方文化不如中國高深，但在文化攝取的過程中，日本民族卻對這輪自異域的嶄新文化表現出強烈的好奇心和巨大的熱情，使得「這一世紀的日本，在國際方面彌漫著前所未有的開放氣氛」。[65]

---

[63] 同注[53]，第13頁。

[64] 熊月之：《西學東漸與晚清社會》，上海人民出版社1995年版，第59頁。

[65] 家永三郎：《日本文化史》，商務印書館1992年版，第131頁。

雖然目前我們所能搜集到的「拉丁文明」時代日本人攝取西方文化的資料非常有限，但從這少量的資料中也可看出，從諸侯大名到幕府將軍，乃至一般民眾，對來自西洋的異國貨物所表現出來的好奇心和強烈的攝取慾望。天正五年（1577年），較早來日的著名耶穌會士帕特萊‧路易斯‧弗羅伊斯在其書簡中就有這樣一段記載：「異教徒中位高者，渴望得到與其身份相稱的禮物。所珍視之物，據我們所知係葡萄牙帽子、琥珀、天鵝絨裡子、沙漏、玻璃、眼鏡、精巧的科多巴、天鵝絨或高級錢包、上等刺繡毛巾、瓶裝小粒糖果、上等蜜餞、蜂蜜、葡萄牙呢絨斗蓬，喜歡條紋絲品、罐裝砂糖、糕點及罐裝小點心、佛蘭德呢絨及地毯等。」[66] 日本人不僅對這些舶來的異國貨物非常感興趣，更為鐵炮、世界地圖、西醫等西方科學技術所震撼。在發現了除中國、印度文明之外，還有一個強大富庶的西方文明之後，日本便掀起了一股強勁的攝取西方文化的浪潮。

「拉丁文明」時代的日本攝取西方文化的慾望之所以如此強烈，主要是因為此時期日本恰值戰國時代，各地方諸侯紛紛與葡萄牙、西班牙及傳教士建立聯繫，試圖通過外貿輸入西方文化，以增強自身的實力，因而西方文化迅速風靡日本列島。同時，與中華帝國傳統的「自我中心論」不同，日本在東亞文明體系內處於「邊緣文明」地位，其文化傳播路向呈由外向內的發展軌跡。這種文化傳播路向雖然使其主體文化的發展變遷，在很大程度上取決於外部文化的發展，使「日本人容易成為外國文明的模仿者，」[67] 但它卻鍛造了日本民族攝取外來文化的主動性和積極性，「拉丁文明」時代日本民族攝取外來文

66　同注 60，第46－47頁。
67　吉田茂：《激盪的百年史》，世界知識出版社1980年版，第13頁。

化的強烈意識，便是日本這種傳統文化精神的具體體現。

其三，這一時期中日兩國西學傳播的社會影響不同。

明末清初，以來華耶穌會士為媒介，16世紀以來的歐洲近代科學源源不斷地傳入中國。西學的輸入，引起了徐光啟、李之藻、楊廷筠、梅文鼎等部分開明士大夫的注意。他們認為西方科技「制器步天，可制民用」，而中國古代諸學「所立諸法蕪陋不堪讀」，中國之曆法不確，西曆則「至為詳備」，「可為二三百年不易之法」，在肯定西學實用性的基礎上力主攝取西學，發展中學。從歷史上看，上述主張推進了西方文化的輸入，也推動了中國自然科學的發展，如徐光啟的《農政全書》，不僅吸收了西方天文、地理、數學、水利等多方面學科的知識，而且採用了近代科學研究的理論和方法。宋應星在全面總結中國傳統手工業技術的代表作《天工開物》一書的「錘煉篇」中也注意從中西科技的比較中獲得啟示，說：「凡焊鐵之法，西洋諸國別有奇藥，中華小焊用白銅末，大焊則竭力揮錘而強合之，歷歲之久，終不可堅，故大炮西番有鍛成者，中國惟持冶鑄也。」[68] 此外，西學傳播也推進了明清之際思想界對宋明理學的批判，直接引發了實學思潮的勃興，所有這些都是西方文化在中國社會傳播影響的積極方面。

「拉丁文明」時代的中國，雖然有一大批高質量的西學著作問世，也出現了徐光啟、李之藻、梅文鼎等力倡攝取西方文化，學貫中西的學術大師，但就西方文化在社會上的影響範圍而言，主要局限於少數開明士大夫和天主教徒中間，絕大多數醉心科舉八股的士大夫對於西學根本沒有興趣。從西學傳播的地域範圍看，只限於浙江、江蘇、安徽等傳教士活動頻繁的省份。因「西學」附著於「西教」之上，所以，當清政府發布

---

[68] 宋應星：《天工開物・錘煉》。

「禁教令」，驅逐傳教士之後，西學的影響也隨之中斷。如明朝末年李之藻、徐光啓已經接受了耶穌會士傳來的近代地理世界觀，知道了世界的廣闊無垠，明確了「吾州吾鄉」在世界中的獨特位置。但到清初，這種科學的世界地理觀念則已不被當時的士子所理解，《明史》的作者即認爲利瑪竇的五大洲說「荒遠莫考」，令人難以置信。《四庫全書》的作者對於《坤輿全圖》也評價道：「疑其東來之後，得見中國古書，因依仿而變幻其說」，只可「存廣異聞」，不能盡信。[69] 對此，日本學者稻葉君山曾不無遺憾地寫道：「艾儒略所著之《職方外紀》、南懷仁所著之《坤輿全圖》，皆足以啓發當時中國人使知世界大勢，然中國人等閒視之，不精求也。」[70] 因此，到鴉片戰爭前夕，中國封建統治階級的世界史地知識水平反而不如明朝末年，這應是西學影響消退的典型例證。

而同時期輸入日本的西方文化，則對日本社會產生了深遠的歷史影響，這主要表現在以下幾個方面：

(1)鐵炮及其製作技術的傳入，改變了日本傳統的短兵相接的近距離戰術，使封建割據的大名難以再用傳統的方式來維繫其勢力範圍，加速了日本由戰亂割據走向統一的歷史過程。正是由於日本在西方殖民主義者向東亞發動大規模侵略和衝擊之前完成了統一，保證在德川幕府統治之下維持了200多年的和平，才使得日本民族能夠作爲一個整體來迎接西方侵略者的挑戰和衝擊。

(2)世界地理知識的傳入，初步改變了日本人陳舊狹隘的「三國世界觀」，使日本人知道，「在唐和天竺（印度）——以前他們以爲這就是外國的全部——之外，原來還有叫做西方的

---

[69]　《皇朝文獻通考・四夷考》。
[70]　稻葉君山：《清朝全史》，第10頁。

039

第一章　西學東漸的發軔

文明世界，第一次放眼全球。……在這一點上，這個時代以後日本人的世界觀，與以前相比發生了變化」。「與南蠻文化的種種內容相比，由於向世界廣開門戶，日本人因而擴大了視野，才應當看成是這個時代最大的收獲」。[71]這在人類文明業已步入一體化時代的歷史大背景下，對於日本大力攝取西方文明是至關重要的。值得特別提及的是，南蠻系列的「拉丁文化」對於日本人傳統視野的拓展作用並不僅僅局限於地理世界方面，它還應包括「依靠天主教，（日本人）首次懂得了一夫一妻制和投票選舉，正如佛教在日本思想界啓開了一個全新的彼岸世界一樣，爲日本人的生活開闢了一個新天地」。[72]

(3)此時期傳入日本的西方科學文化，到鎖國時代雖然幾經扼殺和摧殘，遭到極其嚴重的挫折，但卻並沒有發生「中斷」現象。鐵炮製造技術、地理學、航海術、南蠻醫學等有利民生的科學技術頑強地生存下來，爲日本後來步入蘭學時代作好了準備。有的學者認爲：如果把日本人攝取西方文化視爲一個連續的、漸進的發展過程的話，我們可以發現這樣一條歷史發展線索，即「以打開日本人科學文化視野的南蠻科學爲起點，至江戶時代中後期則發展成爲蘭學——洋學，至幕末終於形成一個具有近代科學知識和社會革新思想的西學集團，並成爲明治維新的原動力之一。如果無視這個歷史過程而孤立地談南蠻科學，就不可能賦予其成有的歷史地位」。[73]

從歷史上看，日本在「拉丁文明」時代攝取的南蠻醫學和語言等，對於蘭學的勃興起著最直接的推動作用。蘭學始祖杉田玄白在回憶蘭學發展的歷史過程時曾說：「其時有西吉兵衛

---

⑪　同注⑥，第133、135頁。

⑫　同注⑳，第45頁。

⑬　趙德宇：《南蠻文化述要》，載《歷史教學》1991年第12期。

傳西流外科，此人初為南蠻通詞，傳南蠻醫術。及至南蠻船被禁止入津，又為荷蘭通詞，傳荷蘭醫術。此人兼倡南蠻、荷蘭兩流，也稱西流。」[74] 這裡所說的「南蠻通詞」，是指通曉葡萄牙語的翻譯人員，他們憑藉粗通葡語的優勢，初步了解掌握了部分西方文化，後來，當日本歷史進入鎖國時代後，這些「南蠻通詞」又搖身一變，成為「阿蘭陀通詞」。

所謂「阿蘭陀通詞」，是指在日本荷蘭貿易中擔任翻譯兼商務官的官員，主要包括通詞目付、大通詞、小通詞、小通詞助、小通詞並、小通詞末席、稽古通詞、內通詞等職類。其人數因時而異，幕末時達到140多人。通詞的主要活動場所是長崎出島，他們不分晝夜地在此值班，處理日荷間的商務，同時負責監督荷蘭人的行動。

令人驚異的是，這些司翻譯之職的阿蘭陀通詞在鎖國初期並不通曉荷蘭語，這是因為16、17世紀日西關係的序幕是葡萄牙人揭開的，那時東來日本的貿易商人和耶穌會士都使用葡萄牙語，這樣葡語便成為日本與外部世界聯繫溝通的國際語。荷蘭人東來後，日荷雙方都沒有學習對方的語言，而是採用葡語交流。但是，當歷史步入鎖國時代，葡萄牙人被逐出日本後，葡語也就逐漸喪失了其壟斷地位。而隨著日荷貿易的發展，荷蘭語的地位逐漸上升。延寶元年（1673年），長崎奉行命令挑選10歲至12歲的少年數名，每日派往出島，隨荷蘭商館館員學習荷蘭語，這是鎖國時代幕府發布的第一個正式的培養荷蘭通詞的命令。此後，隨著時間的推移，「南蠻通詞」才逐漸完全演化為「荷蘭通詞」。由此可見，以「南蠻通詞」為中介，日本的「南蠻學」實現了向「蘭學」的轉變，在這一意義上，我們可以說，「拉丁文明」時代的南蠻科學是日本順利

---

[74] 杉田玄白：《三學事始》，岩波書店1987年版，第13頁。

接受蘭學的橋樑和通道，沒有「南蠻學」，蘭學順利勃興是不可想像的。

綜上所述，可知明清之際經耶穌會士之手傳入中國的西方科技和文化，主要集中在天文、曆法、算學等學科，而日本則對醫學、航海、採礦等實用技術比較感興趣，相比之下，此時期中國的西學水平當在日本之上。但是，西學傳播對日本社會的影響比較深刻，且未出現西學傳播鏈條中斷現象，而同時期西學在中國的影響甚微，禁教令頒布後，隨著耶穌會士的絕跡，西學東漸也宣告「中斷」。中日兩國在西學東漸發軔期所表現出來的上述差異，將對兩國的早期現代化產生重大的影響。

第 二 章

「鎖國閉關」時代

　　19世紀中葉前200餘年間，是中日兩國歷史上的「鎖國閉關」時代。在這段時間裡，世界歷史發生了更爲劇烈的變化，以英、法爲代表的西方列強通過工業革命，率先進入資本主義工業文明時代，「由於需要不斷擴大產品的銷路，資產階級就不得不奔走全球各地。它不得不到處鑽營，到處落戶，到處建立聯繫。資產階級既然榨取全世界的市場，這就使一切國家的生產和消費都成爲世界性的了。……」[①]爲了開拓市場，西方資本主義列強加快了向東方侵略擴張的步伐，由此，東方各民族勢必將面臨更爲嚴峻的衝擊和挑戰。

　　在這人類社會劇烈變遷、轉型的具有決定性意義的歷史時期，面對西方殖民侵略勢力咄咄逼人的挑戰，中日兩國統治階級都採取了嚴格的對外限制政策，歷史上一般稱爲「閉關鎖國」政策。由於中日「閉關鎖國」政策產生於相同的世界歷史背景之下，又皆以對外封閉限制爲宗旨，因而，史學界研究者通常將二者相提並論，統視爲封建統治者爲維護其腐朽統治所採取的消極被動的自衛措施，對兩國的早期現代化產生了嚴重的消極影響。但筆者卻認爲，日本的「鎖國」與清朝的「閉關」無論在起因上，還是在對待西方文化的態度上，都存在著根本的不同，正是這些不同，決定了中日兩國早期現代化不同的歷史

---

①　《馬克思恩格斯全集》第4卷，第469頁。

命運。

一、由「禁教」到「鎖國閉關」

從歷史上看，中日兩國「鎖國閉關」政策的出臺，是一個漫長複雜的歷史過程。首先是17世紀上半葉，德川幕府連續五次頒布「鎖國令」，嚴禁日本人與海外往來，取締天主教，對駛抵日本的外國船只進行嚴密監視，確立了鎖國體制。這一體制一經確立，便爲德川幕府歷代將軍所遵循，直到1853年美國海軍准將柏利率「黑船」撞開日本大門後，「鎖國」時代才宣告結束。而清政府的「閉關」政策則是在18世紀中葉頒布的，其主要內容是禁止基督教傳播，頒布《防夷章程》，限制中西交往等種種措施。這一政策體系是通過1840年第一次鴉片戰爭而被打破的。結合上述過程，筆者認爲中日「閉關鎖國」政策的產生，有著不同的思想基礎。概言之，日本的「鎖國」是危機意識的產物；而清王朝的「閉關」則是建立在華夷觀念基礎上制夷政策的總匯。

(一)「禁教」政策的出臺

在中西、日西早期關係史上，「禁教」問題既是中日統治階級採取「閉關鎖國」政策的原因，又是這一政策的核心內容，因此，剖析兩國「閉關鎖國」政策出臺的歷史過程，必須從「禁教」問題研究開始。

如前所述，在中日兩國的「拉丁文明」時代，耶穌會士挾《聖經》和西洋文化東來，扮演了西學東傳的媒介角色，對天主教在中國和日本迅速傳播產生了巨大的影響。然而從文明傳播和文明間相互接觸的角度看，天主教在中日兩國的傳播過

程，也就是中西、日西文化間相互衝突碰撞的歷史。作爲精神舶來品，天主教勢必危及中日兩國封建統治階級的精神和政治統治秩序，從而激起統治者的恐懼和排拒心理，在這一意義上，兩國的禁教是必然的。

在日本，天主教剛剛傳入時，正值諸侯爭霸的戰國時代，這一特殊的國內環境使得天主教迅速風靡日本。當時地處日本西南沿海的封建領主爲從海外貿易中牟取巨利而帶頭信仰天主教，出現了一大批「天主教大名」，他們從耶穌會士手中得到大量新式武器和彈藥，軍事力量逐漸增強，成爲割據勢力，對16世紀下半葉日本封建國家由分裂走向統一的歷史進程起了嚴重的阻礙作用。如不加以限制禁止，日本社會很可能會長期處於分裂割據狀態。由此，從豐臣秀吉到德川家康，都已意識到天主教是日本統一政權的天敵，極端仇視天主教在日本的傳播，但他們並未立即下令驅逐教士，實行禁教，主要是希望保持同傳教士聯繫密切的西班牙和葡萄牙兩國的貿易關係，力主傳教與貿易相分離，並實現海外貿易和情報的壟斷。因此，日本的禁教行動時緊時鬆，經歷了一個較長的歷史過程。

據史料記載，1587年豐臣秀吉在征服九州諸大名的時候，「看到長崎等地成爲外國的宗教領主領地，從而引起了對天主教的警惕」。[②]他尤其害怕天主教在農民中傳播會引起一向宗起義那樣的後果。於是，秀吉在征服九州後便發布了《伴天連驅逐令》，宣布「日本乃神國」，天主教是「邪法」，限令所有的傳教士在20天內歸國，開始禁教。但同時又規定，只要遵守禁教令，即使是天主教國民，仍可來日本貿易。可見，「禁教令」並不徹底，這主要是因爲此時秀吉們想通過與西班牙和葡萄牙

---

② 　高橋幸八郎等：《日本近現代史綱要》，吉林教育出版社1983年版，第50頁。

人的貿易來獲取武器和生絲等物資，因而對西、葡兩國耶穌會士的傳教活動仍採取默認態度。如1591年，葡萄牙商館照會豐臣秀吉，以中斷生絲供應相威脅，秀吉不得不答應允許10人以內的耶穌會士留居長崎。

1596年，從馬尼拉出航的西班牙船「聖·弗利勃號」在駛往墨西哥的途中遇風暴，漂流到土佐的浦戶海岸。土佐國主長宗我部元派人將船拖到浦戶灣，在審訊該舶的船員時，航海長炫耀西班牙帝國領土廣大，聲稱西班牙擴張「先派傳教士入該地傳教，收服人心，以爲內應，後以大軍臨之，其地垂手可得」。[3]這狂妄的話語很快就爲秀吉所聞，他不禁勃然大怒，立即下令逮捕傳教士及信徒26人，將他們押解到長崎處以死刑，這在日本歷史上稱作「慶長大殉教」。以此爲標誌，秀吉開始嚴格執行禁教令。對於秀吉禁教的動機，日本著名學者森島通夫做了如下的分析：秀吉「對西方入侵（西班牙已經征服了菲律賓）將會擴大到日本的這一前景感到非常驚恐。所以他於1587年禁止宣傳天主教，並於1594年鎮壓了長崎的天主教徒，這次鎮壓並非由於宗教原因，而是有著嚴格意義的政治背景。換句話說，由於當時的天主教與西方的技術密不可分，這樣做很可能是爲了防止西方技術可能帶來的政治風險，他才決定禁止這種宗教的」。[4]

豐臣秀吉死後，繼之而起的德川家康完成了日本統一事止，開創了江戶幕府統治時期。德川幕府成立之初，承長久戰亂之弊，亟需整頓內政，積蓄實力。爲此，德川家康大力獎勵海外貿易，與海外諸國奉行友好外交政策，對天主教耶穌會士

---

③　岩生成一：《近世初期的對外關係》，第91頁。
④　森島通夫：《日本爲什麼成功》，四川人民出版社1986年版，第86頁。

來日本傳教的限制也有所放鬆，一時間，西班牙的各戒律修道會——方濟各會、多明我會、奧古斯丁會的耶穌會士紛紛從馬尼拉出發，再度光臨日本列島，掀起了又一次傳教的高潮。

但值得注意的是，德川家康對外政策的寬鬆和緩並不意味著他放鬆了對天主教的警惕，事實上，德川氏統治初期的對外政策體系中包含著不可調和的矛盾，即從經濟上看，與西洋人保持密切的通商貿易聯繫，可獲得可觀的武器和貿易利潤，同時因這一時期西班牙、葡萄牙等國均採取「商教一體」的東方外交戰略，德川氏又只好對耶穌會在日本的傳教活動採取默許的態度。而從政治上看，基督教的教義與幕府的統治是根本對立的，基督教的流布傳播對幕府統治具有嚴重的精神威脅，同時，傳教士與地方諸大名的接觸，也容易使地方諸侯獲得貿易利潤和武器，形成割據勢力，直接威脅中央的統治。從歷史上看，德川家康統治初期的對外政策實際上是在上述的兩極之間搖擺，初期時為通過傳教士獲得貿易利益，對天主教採取默許態度。而進入17世紀，隨著荷蘭等信奉新教國家的商人和傳教士的到來，家康逐漸對天主教國家疏遠，開始實施其傳教和貿易分離的設想，決心走向禁教。由此可見，由於天主教耶穌會勢力與德川幕府之間存在著無法調和的矛盾，因而德川氏走向「禁教」是不可避免的。

關於德川氏禁教的深層原由，日本學者森島通夫也有一段十分精闢的分析：

> 「由於德川氏已統一了全國，對他們來說，西方的科學技術便成為危險的東西。他們推測，如果日本繼續她與西方的關係，除了可能遭受西方的直接進攻外，還有一種可能，即地方的封建大名從西方得到強有力的武器來打擊德川家族。因此，德川氏必須在武器進口的競爭中保持永

久的領先地位以維持自己的統治。然而，考慮到當時的運輸狀況，德川氏的首都江戶（今東京）很難被認爲具有優勢。事實上，正是那些邊界地區，如日本主要島嶼的西端（長州），九州的西岸和南岸（長崎和薩摩），或四國的南岸（土佐），占有地理上的優勢。因此，德川氏認爲，禁止與西方國家進一步發展關係是明智的。此外，他們害怕大名在效忠幕府之前先效忠一種外來的學說。於是，他們加緊鎮壓天主教，限制貿易，最後於1639年禁止了一切西方人（荷蘭商人除外）入境，開始了一項所謂的『鎖國』政策。」⑤

綜上所述，無論是豐臣秀吉，還是德川家康，對於以傳教士爲媒介輸入日本的西方「器物文化」及貿易利潤並不排斥，而對於天主教傳播給幕藩政治體制帶來的威脅振蕩卻十分懼怕，他們主張傳教與貿易相分離，最終走向禁教，關上了國門。在這一意義上，我們可以說，日本的禁教與其說是文化問題，不如說是爲強化爲政者統治地位的政治性考慮。

與日本相比，明清之際中國封建統治階級的禁教行動主要是基於華夷觀念和捍衛儒家正統文化的立場所進行的排斥異教行動，具有濃重的文化衝突色彩。只是到了清朝中後期，才產生了西教煽惑人心，威脅國家安全的憂慮。

從歷史上看，中國的禁教行動始於明萬曆年間，當時一些正統官僚士大夫從捍衛中國儒家文化的道統出發，反對天主教的傳播。如禮部郎中徐如珂攻擊耶穌會傳教士「習天主教之妄談，居中國者二十年，惑人心者千百計」。⑥禮部侍郎沈㴶在萬曆四十四年（1616年）五月、八月、十二月連奏3本，攻擊傳

⑤　同上，第87—88頁。
⑥　《徐念陽公集》卷一，第3頁。

教士暗傷王化，有違聖教，應立即予以禁止，掀起了一股強勁的反教浪潮。

這些士大夫們認為，天主教獨尊上帝而不尊祖敬宗，有違中國傳統論理道德：

「臣又聞其誆惑小民，輒曰：『祖宗不必祭祀，但尊奉天主，可以升天堂，免地獄。』夫天堂地獄之說，釋道二氏皆有之，然以之勸人孝弟，而示懲夫不孝不弟造惡業者，故亦有助於儒術耳。今彼直勸人不祭祀祖先，是教之不孝也；西士勸人信奉夷教，擦聖油，灑聖水，聚男女於一室，易敗風俗，亂綱紀。」[7]

「余覽瑪竇諸書，語之謬者非一，姑摘其略以相正。瑪竇之言曰：『近愛所親禽獸亦能之，近愛本國庸人亦能之，獨至仁君子能施遠愛，是謂忠臣孝子與禽獸、庸人無殊也。』謬一。又曰：『仁也者乃愛天主，則與孔子仁者人也，親親為大之旨異。』謬二。又曰：『人之中雖親若父母，比於天主猶為外焉。是外孝而別求仁，未達一本之真性也。』謬三。……」[8]

明季反天主教的正統士大夫還認為，基督教的平等學說直接破壞了君臣、父子、夫婦、長幼的綱常觀念。如張廣湉在《辟邪摘要略議》一文中寫道：

「據彼云，國中君主有二。一稱治世皇帝，一稱教化皇帝。治世者攝一國之政，教化者統萬國之權。治世者相繼傳位於子孫，而所治之國，屬教化君統，有輸納貢獻之款。教化者傳位則舉國中之習天教之賢者而遜焉，是一天而二日，一國而二主也。無論堯、舜、禹、湯、文、武、

---

[7]　《南宮署牘》，《聖朝破邪集》第1卷。

[8]　陳侯元：《辨學當言》，《聖朝破邪集》第5卷。

周公、孔子之政教紀綱，一旦變易其經常，即如我皇上可亦爲其所統御，而輪貢獻耶？嗟夫！何物妖夷，敢以彼國二主之夷風，亂我國一君之治統。」⑨

在仇教者激昂的排教檄文鼓動下，萬曆帝於同年十二月二十八日下令禁教，指責傳教士「立教惑眾，蓄謀叵測」，著禮部行文各衙門，速派官員差役，將各地傳教士遞送廣東，勒令歸國。禁教令下達後，拖延很久而未能實行，被押解至廣東的傳教士並未歸國，有的蟄居澳門觀望形勢，有的則改姓易名，暗中從事傳教活動。後隨著明王朝統治的危機，禁教風波逐漸消解。

降至清代，最爲激烈的禁教行動始於康熙五十九年（1720年）的「禮儀之爭」。所謂「教儀」問題，是指羅馬教廷於1705年、1720年兩次派人到中國，下令禁止中國信徒敬天、祭祖和尊孔，由此引起了清廷與羅馬教皇間的爭執，激怒了康熙帝，下令禁教。本來，康熙帝對天主教的態度是很寬容的，他認爲：「西洋人自利瑪竇到中國，二百餘年並無貪淫邪亂，無非修道，平安無事，未犯中國法度。朕用軫念遠人，俯垂矜恤，以示中華帝王不分內外，使爾等各獻其長……爾等所行之教與中國毫無損益。」⑩而康熙帝後來之所以開始嚴厲禁教，除了「禮儀之爭」中他內心的天朝尊嚴受到西方教士的侮辱外，更主要的是中國儒家正統思想受到天主教教義的嚴重挑戰，他在聖旨中寫道：

「爾教王條約與中國道理大相悖戾，爾天主教在中國行不得，務必禁止。教既不行，在中國傳教之西洋人亦屬

---

⑨　《聖朝破邪集》第5卷。
⑩　轉引自張力等：《中國教案史》，四川社會科學院出版社1987年版，第152頁。

無用，除會技術之人留用，再年老有病不能回去之人仍准存留，其餘在中國傳教之人，爾俱帶回西洋去。」[11]

到雍正元年（1723年），一些大臣提出：「西洋人在各省起天主堂行教，人心漸被煽惑。請將各省西洋人除送京效力外，餘俱安插澳門，天主堂改爲公所，誤入其教者，嚴行禁飭。」[12]他們力陳天主教在中國傳播將對國家安全造成嚴重威脅。雍正帝決意繼續執行禁教政策，提出：

> 「爾等欲我中國人盡爲教徒，此爲何等之要求，朕亦知之。但試思一旦如此，則我等爲如何之人，豈不成爲爾等皇帝之百姓乎？教徒惟識爾等，一旦邊境有事，百姓唯爾等之命是從，雖現在不必顧慮及此，然苟千萬戰艦來我海岸，則積患大矣。……

> 中國北有俄羅斯是不可輕視的；南有歐西各國，更是要擔心的；西有回人，朕欲阻其內入，毋使搗亂我中國。俄國使臣曾請求在各省通商，爲朕所推辭，惟允彼等在北京及邊境貿易而已。今朕許爾等居住北京及廣州，不深入各省，……現朕即登皇位，朕唯一之本分，是爲國家而治事。」[13]

從耶穌會士通信中所轉述的上述言論可以看出，雍正帝推行禁教政策除了因天主教與中國傳統文化思想不合外，更主要的目的是爲了阻止西方殖民勢力向中國內地的滲透，以維護國家的獨立和安全。禁教令頒布後，各地督撫馬上掀起了一個驅逐傳教士的浪潮，很多教堂或被封、被毀，或被挪作他用。傳教士則被押往廣東。據統計，由廣東被驅逐回國的傳教士即

---

⑪　故宮博物院編：《康熙與多羅使節關係文書》第十三。

⑫　蔣良淇：《東華錄》卷二十五，清群玉山房活字本。

⑬　沈福偉：《中西文化交流史》，第383頁。

有：耶穌會士37人，方濟各會士13人及多明我會士數人，總計50多人，包括5名主教，最後均被驅逐回國。

雍正朝大規模的嚴厲禁教政策作為清王朝的基本國策，被此後的乾隆、嘉慶、道光三朝所繼承。如乾隆五十年（1785年），發布諭旨說：「前因西洋人吧吔哩呋等，私入內地傳教，經湖廣省查拿，究出直隸、山東、山西、陝西、四川等省，俱有私自傳教之犯，業據各省陸續解到，交刑部審議，定為永遠監禁。……著加恩釋放，有願留京城者，即准其赴堂安分居住，有情願回洋者，著該部派司員押送回粵。」[14]

到嘉慶朝，鑑於天主教教士紛紛轉入內地秘密傳教，教徒已發展到20多萬人的情況，嘉慶帝根據陝西道監察御史甘家斌的奏請，命令刑部議定頒布了《西洋人傳教治罪專條》，使嘉慶朗查禁天主教的政策更趨於嚴酷，專條歷數傳教士的違法行為，並制定了相應的懲罰條款：

「西洋人有在内地傳習天主教，私自刊刻經卷，倡立講會，蠱惑多人及旗民等向西洋人轉為傳習，並私立名號，煽惑及眾，確有實據，為首者擬絞立決；其傳教煽惑，而人數不多，亦無名號者，擬絞監候；僅止聽從入教，不知悛改者，發往新疆給額魯特為奴，旗人消除旗檔；如有妄布邪言，關係重大，或符咒蠱惑，誘污婦女，並誆取病人目睛等情，仍臨時酌量，各從其重者論。至被誘入教之人，如能悔悟赴官，首明出教者，概免治罪；若被獲到官，始行悔悟者，於遣罪上減一等，杖二百，徒三年；並嚴禁西洋人不許在内地置買產業，其失察西洋人潛

_____

[14] 《清朝文獻通考》卷二九八。
[15] 蕭致治等編：《鴉片戰爭前中西關係紀事》，湖北人民出版社1986年版，第135頁。

住境内並傳教惑眾之該管文武各官，交部議處，纂入律例通行。」⑮

經進數次嚴禁、搜捕，天主教在嘉慶朝的傳教活動基本中斷，各地教會也大多名存實亡。

縱觀中日兩國禁教政策出臺的歷史過程，可以發現，由於兩國禁教的根本原因不同，因而，兩國禁教措施的嚴厲程度也有差別。相比之下，日本的禁教措施比較殘酷嚴厲，表現在對外方面，嚴禁傳教士入境，建造「切支丹屋敷」，作爲關押偷渡傳教士的牢房，⑯對內則同時命令所有天主教大名轉宗，對於不肯放棄信仰的天主教徒施以酷刑。據不完全統計，自1614至1635年，因拒絕棄教而遭殺害的天主教徒共達28萬人之多。⑰在幕府血腥鎮壓政策下，暗中潛伏日本的教士甚少，傳教事業基本上處於停滯狀態。

而明清封建統治者的禁教措施雖然也有嚴厲的時候，但總起來看則較日本爲緩和。明萬曆年間逐教時，曾迫令西方教士歸國，但很多教士都聞訊投寄民家避禍，更姓易名，暗中傳教。康熙禁教時，雖有大批傳教士被逐回國，很多的教堂財產也被剝奪，但領有朝廷印票的教士仍然居留下來。雍正時禁教最嚴，但對於部分教士仍予寬容，他曾說：「朕不甚惡西洋之教，但與中國無甚益處，不過從眾議耳，你酌量如果無害，外國人一切從寬好，恐你不達朕意，過嚴，則又不是矣。」⑱在這種時緊時弛的政策下，傳教士通過秘密傳教仍使天主教勢力有所發展，據1810年統計，天主教徒有20.5萬人，1838年時

---

⑯　齋藤文藏：《日本外交史》，第113頁。

⑰　井上清：《日本歷史》上卷，天津人民出版社1975年版，第332－333頁。

⑱　王之春：《清朝柔遠記》，中華書局1989年版，第59－60頁。

達30萬人，成為一支不可忽視的力量。

　　由於天主教在16世紀以來中日兩國輸入西方文化方面的特殊作用，禁教對兩國攝取西方文明的歷史發展過程產生了深遠的影響。在日本，禁教標誌著以耶穌會傳教士為媒介吸取西方文化的「拉丁文明」時代的結束，在鎖國體制下，幕府只能在長崎通過與荷蘭人貿易和荷蘭人提供的「風說書」管窺世界風雲，使西方文明通過長崎港，如同涓涓細流滲入日本，這無疑縮小了日本吸收西方文化的渠道。直到1720年德川吉宗「洋書解禁」，蘭學勃興之時，這種局面才有根本的改觀。但筆者認為，把禁教放在日本歷史發展的整體過程中加以審視，我們會發現，禁教對日本歷史發展過程也含有某些積極因素，這主要表視為，中斷與葡萄牙、西班牙這些舊教國的往來，消滅天主教大名的勢力，實行禁教政策對維護日本的統一和穩定具有至關重要的意義。在相對穩定的環境裡，日本的民族傳統文化開始成熟，通過「荷蘭風說書」等途徑，幕府仍可瞭望世界，保持對世界的敏感反應，為迎接西方衝擊做好準備。

　　而清代康、雍、乾三帝的禁教政策則是消極影響大於積極意義。因為從當時的歷史情況看，天主教在中國的傳播雖然對清王朝封建統治秩序的穩定不利，但尚未構成像日本那樣的直接威脅。同時，因天主教耶穌會士是西學東漸最重要的媒介，故「禁教」實際上標誌著自明季開始的西學東傳局面的結束，對中國歷史發展進程產生了極其深遠的影響，對此，台灣著名學者郭廷以教授曾分析道：

　　　　「18世紀，再加上19世紀前期，也就是雍正、乾隆兩朝加上嘉慶朝和道光前期，是歐洲歷史進步最速、變化最大的時期。產業革命、交通革命、美國法國的革命，哲學政治經濟科學上的新理論、新思想、新發明，蜂湧而起，日新月

異，西方世界的面目本質均與過去大大的不同。……

　　知識的高低判定民族的命運，特別是科學知識。中國的科學原本貧乏，明清之際的研究生機，幾被雍正、乾隆父子所根絕。禁教令雖然爲對天主教而發，實際上等於對西方文化絕交。過去所謂西學與西教結不解之緣，二者幾成一體。禁教以後，教士成了『黑人』，西學自牽連坐及。皇上既然深惡西教，誰還敢去甘冒罪嫌而追求西學。因之學者向一千多年前的故紙堆中找尋學問的出路，自是最安全不過的。」[19]

　　應該說，郭氏的上述論說是非常深刻的，他揭示了近代中國落後挨打的深層次原因。

(二)限制外人措施

　　對外國人進出國境採取嚴格的限制政策，是中日「閉關鎖國」政策的又一重要內容。從比較角度看，這一政策主要包含以下幾個方面：

1.限定一口通商

　　日本島原之亂後，幕府對葡萄牙等與天主教關係密切的國家非常恐懼，遂於寬永十六年（1639年）下令，禁止葡萄牙人來航及居住。隨後又在寬永十八年（1641年），讓荷蘭人由平戶遷往長崎出島，確立了一口通商貿易體制，以便對外國人行動的控制。

　　而清朝初年，並未限制通商口岸。外國商船多集中在廣州，但也有駛往廈門、寧波進行貿易的。到乾隆二十二年（1757年），由於英人屢次滋事，清政府下令禁止外國商船再到

---

⑲　郭廷以：〈中國近代化的延誤〉，載台灣《大陸雜誌》，第1卷第1－2期，1950年。

寧波，限定在廣州一口通商。從表面上看，日本德川幕府和清政府採取限定一口通商政策，其動機是相同的，都是爲了限制西方殖民者的行動，以保證海疆的安全。但事實上二者的思想基礎不同。日本學者稻葉君山曾指出：日本之一港貿易殊異於中國，「日本首開長崎一港，委通商之事於荷蘭人，而中國首開廣東一港，歐人皆得染指。日本開港之本意，出於恐怖外勢之念」，而中國之開廣東則反之，「故雖有外勢之壓迫，終無所感覺也。」應該說，稻葉君山的上述分析，已觸及了問題的實質。

2.防範外人的具體措施

在鎖國體制下，幕府雖然斷絕了與葡萄牙、西班牙等國的聯係，但仍與個別國家保持聯繫。幕府認爲，對互通信義的關係，稱之爲「通信」，朝鮮和琉球便是這種「通信之國」。通信之國以外，不承認國使往來和受理國書，只允許貿易的國家，幕府稱之爲「通商之國」，荷蘭和中國就是這種「通商之國」。鎖國令頒布後，荷蘭人受命從平戶遷到長崎，被關在出島商館裡不能隨便外出。所謂「出島」，是幕府爲隔離葡萄牙人而設立的扇形人工島，寬74米，西南最長僅212米，以石橋與長崎街市相連，由士兵把守，不得隨便出入。據信夫清三郎先生研究，「荷蘭同幕府的關係，乃是荷蘭東印度公司與幕府的關係，並不是國與國之間的關係。商館館長——日本人喚作甲比丹——爲了『覲見答謝』准許貿易，規定幾年一次前往江戶，謁見將軍，貢獻禮品，這是與幕府接觸的唯一機會。」自鎖國令頒布後，歷代幕府將軍都嚴格遵守這一「定制」，對外國人進行限制防範。

而清政府在閉關體制下推出的防範外人的措施，主要有「防夷章程」和行商制度兩項內容。清政府早就把中國人和外

商的接觸視爲隱患，乾隆二十四年（1759年），兩廣總督李侍堯奏准皇帝頒布實施《防範外夷條規》明文具體規定以下五條：第一，外商只准在規定的貿易期間居留廣州，期滿即應離去；第二，外商到達廣州，必須住在公行所設館內，由行商管束稽查；第三，中國人不得向外國商人借款或受雇於外商；第四，外人不得私雇華人往中國內地傳遞信件；第五，外國商舶停泊處，派兵「彈壓稽查」。上述這些「防夷條款」不斷修訂補充，越來越繁瑣，如外國人不得乘轎，不得向官府直接投送支書，居住在廣州商館的外國商人只許每月初八、十八、二十八日3次外出散步等等。

上面所說的「公行」，又稱「十三行」，是鴉片戰爭前中國官方特許的廣州經營對外貿易商人的同行組織，成立於1720年。「公行」具有雙重職能，一方面，行商負責承銷進口洋貨和代辦內地出口土貨業務；另一方面，行商又受政府委託，負責洋商納稅、轉遞文書等事宜，具有商務和外交的兩重性質。在公行制度下，外商不能直接與清朝官員接觸，有事只能通過行商轉遞代奏，這構成了清政府對外防範的又一重要舉措。

顯而易見，清朝政府和德川幕府制定這些制度和規定的主要目的，就是爲了限制外人與本國人民之間的接觸交往。但在具體執行過程中，兩國則有明顯的不同，這主要表現在，日本德川幕府防範外人的措施簡明，執行得比較徹底，而清政府的防範措施則經歷了多次變化，條款極爲複雜，很多條款實體上只是「具文」，在執行過程中打了很大的折扣。

3.限制本國人民出入境

德川幕府在鎖國令中不僅對外人來日嚴格限制，而且也嚴禁日本人出海航行，居留海外的日本人不准回國，違反禁令者處以極刑。清政府在很多諭令中，也明文限制中國商人建造大

型船舶出航遠洋，對出口物品也嚴加限制。當然，中日兩國統治階級出臺此項政策的具體原因有所不同，德川幕府的主要目的是控制對外貿易，以防止各大名通過外貿來積蓄對抗幕府的財富。而清朝政府則主要是「害怕外國人會支持很多的中國人在17世紀的大約前半個世紀裡即在中國被韃靼人征服以後所懷抱的不滿情結」。[20]

二、了解西方的渠道

如前所述，自16世紀上半葉開始，中日兩國封建統治者面對西方勢力東侵的嚴峻形勢，先後採取了對外嚴格限制的「閉關鎖國」政策，使得中西、日西關係史上的「拉丁文明」時代宣告結束，在嚴格的「閉關鎖國」體制下，中日兩國與歐美諸國的交往開始跌入低谷。很顯然，這在世界文明漸趨一體化的時代，對於兩國攝取西方文明，迎接即將到來的西方資本主義工業文明的挑戰是極為不利的。

但是，當我們將德川幕府的「鎖國令」與清政府的「閉關政策」放在同一歷史場景下進行比較研究時，則會發現中日兩國的「閉關鎖國」政策「形似而神異」，尤其是在對外認識防衛體制方面，日本始終存在著「風說書制度」、「漂流民見聞」等窺視、了解外部世界風雲變幻的渠道，重視搜集海外情報。而清政府則固守「華尊夷卑」的天朝體制，漠視外部世界的存在，對地理大發現以來人類文明的劇變不知不問，世界知識極為淺薄。封閉必然導致落後，這埋下了近代中國百年悲劇的伏筆。

以下筆者從「風說書制度」、「漂流民見聞」、「外國使節

---

[20] 《馬克思恩格斯全集》第九卷，第115頁。

商團參拜」等方面，對「閉關鎖國」體制下中日兩國在了解外部世界問題上的態度和做法作一簡要的比較研究。

(一)「風說書」制度

鎖國時代，德川幕府雖然禁止外國人來日貿易，但仍開放長崎一港，允許荷蘭與中國商船進行有限制的貿易。來日貿易的荷蘭人被勒令住在扇形人工島──出島上，其行動受到嚴格限制，荷蘭人肯普費爾後來回憶出島生活時說：「我們在監視人嚴格戒備下，被關在這樣狹小的出島裡度過一年，其情況比犯人稍好。」[21]

幕府在對出島荷蘭人嚴加看管的同時，還責令長崎出島荷蘭商館定期向幕府提供世界各國情況的報告書。荷蘭商人為壟斷與日本的貿易，也積極地響應幕府這一要求。於是，從正保元年（1644年）開始，「荷蘭商船每次登陸時，都要呈遞東印度公司的商館經理給幕府講述荷蘭見聞的信」[22]以及有關海外的最新情報，由幕府主辦的洋書調所譯成日文，稱為「荷蘭風說書」。這裡的「風說」，意為「傳聞」。同時，幕府還規定來日貿易的中國商人也必須提供書面的海外情報報告，稱為「唐人風說書」。此外，還有擔任翻譯的通事（翻譯）根據外國商人口進或摘譯外國報紙上的新聞編成所謂「別段風說書」。通過上述3種「風說書」，使得幕府在鎖國體制下，仍可通過長崎一孔瞭望世界風雲的變幻。

上述3種「風說書」中最重要的當屬「荷蘭風說書」。「荷蘭風說書」又稱「阿蘭陀風說書」、「和蘭告密」、「荷蘭上告

---

[21] 希爾德列斯著，北村勇譯：《中世近世日歐交涉史》上冊，第228頁。

[22] 湯淺光朝：《解說科學文化史年表》，第182頁。

文」。據日本學者板澤武雄統計，從正保元年到安政三年的213
年中，共發現250件風說書。[23] 就風說書的內容而言，其初期
以搜集葡萄牙、西班牙兩國的情報為主，後幕府的要求範圍逐
漸擴大，開始包含了「歐洲風說」、「印度風說」、「中國風說」
等內容。其內容比較龐雜，既有與日本有關的，如在延寶三年
（1675年）八月五日的「風說書」中，即記有丹麥擬雇荷蘭人
駕船來日，希望與日本建立貿易聯繫一事。由此可知當時的日
本列島已被歐洲國家所關注。也有一些與日本沒有正面關係的
海外異變的報告，如寶曆六年（1756年）七月十五日的「風說
書」中截有1755年11月1日里斯本大地震的消息，寶曆九年
（1759年）七月九日巴達維亞地方出現彗星等報導。

通過荷蘭人提供的「風說書」，幕府對世界，尤其是歐洲
的情況有了準確而又迅即的了解。如法國1789年大革命是具有
世界影響的大事，在它爆發後第6年，也就是寬政六年（1794
年）即通過荷蘭人傳到日本。在文化六年（1809年）六月十八
日的「風說書」中，還披露了1795年法國革命軍侵入荷蘭，荷
蘭統治者逃往英國的事件。出於荷蘭自身的利益，該「風說書」
雖然有所隱諱，但終究披露了法國大革命對整個歐洲影響的一
些真實情況。

幕府視「風說書」為了解西方情報的唯一來源，作為絕密
文件，只限於在幕府高級官吏大老、老中、若年寄等極少數官
員中密閱。通過閱讀「風說書」，使得日本統治集團內的高層
人士掌握了一定的西學知識，為近代迎接西方文明的挑戰做好
了準備。在西方資本主義列強逼近日本列島，民族危機日亟的
時刻，「風說書」的情報價值顯得更為珍貴。19世紀40年

---

[23]　板澤武雄：《日蘭文化交涉史的研究》，吉川弘文館1955年，第188
頁。

代，日本了解英國發動侵華鴉片戰爭的情報就主要得自「風說書」。據日本學者森睦彥研究統計，早在1839年，有一件「荷蘭風說書」就記有「廣東禁止英吉利等國之鴉片走私，官府奉旨嚴查藏匿鴉片的基地」。[24]鴉片戰爭爆發後，中國赴日商人提供的「唐人風說書」更多，自1840年至1844年，竟多達19件。[25]根據上述「風說書」情報，日本統治階級開始意識到東亞各民族國家所面臨的空前危機，以中國的鴉片戰爭作為日本的前車之鑒，在西方勢力東侵，民族危機日益嚴重的轉折關頭，保持了清醒的頭腦。

對於「荷蘭風說書」在幕末日本認識世界方面特殊的歷史作用，一位日本學者曾滿懷激情地寫下了以下的一段評價話語：

> 「當此天下囂囂，冥頑固陋之徒，共倡鎖攘之防，而有通海外之事情者，吾人能無異乎？然而無足怪者，實彼荷蘭通商之賜也。夫荷蘭人不問德川幕府之虐待。而有言必從，唯命是奉者，惟屬望於商利也。然我國實以其出入而享受無窮之利害。蓋當時之我國，譬諸密閉之暗室。偶於戶間之隙，漏一線之光明，惟借此一隙，得略窺戶外之狀況。有長崎之隙，為荷蘭人所出入，幕府因之略知海外形勢，若微荷蘭人，而直到異國船舶出沒沿海，迭來卻盟，吾知幕府之狼狽，更有甚於此焉。幕府之先於世人，悟開國之不得已，攘夷之不可行者，實基於是。我國自長崎一隙，窺知外界，毅然撤塵障而放光明。受強烈之光線，抗粗暴之外氣，莫非因激變而然也，追記從前之事

㉔ 森睦彥：〈作為鴉片戰爭情報的唐風說書〉，見《法政史學》第20號。

㉕ 同上。

勢，目睹今日之開明，吾人將頂禮崇拜荷蘭人之賜，而永世不忘者矣。」[26]

上面這段充溢著強烈的感激之情的話語，代表了日本學術界對鎖國時代「荷蘭風說書」在日本認識世界、走向世界進程中的決定性作用所做的高度評價。

反觀閉關時代的清政府，則沒有形成類似於日本「風說書制度」那樣的搜集海外情報的手段。本來，清代的廣州是遠東最重要的貿易港口之一，而澳門被葡萄牙誘騙占據後也成為西方商人和傳教士雲集的場所，從地理位置上看，上述兩地理應成為中國認識西方世界的窗口和西方情報的重要來源。但清政府卻固守華夷觀念，對外部世界不屑一顧。在其主觀意識裡，中國乃是世界的絕對中心，西方夷狄則為不知禮義的化外之民，而且，夷狄以通商逐利為性命，反覆無常，不講信義，其所言所傳亦不足信。清政府根本沒有意識到這些「化外夷狄」身上的情報價值，相反，卻頒布《防範外夷規條》，實行公行制度，限制西方情報的搜集。如在1759年和1831年的「防夷規條」中即規定：「夷人到粵，宜令寓居行商管束稽查」，[27]「夷商具稟事務……應將稟詞交總商或保商代遞，不准夷人擅至城門自投」，[28] 嚴禁外商越過行商，直接與清朝官員接觸，以維護華夷尊卑體制。在公行制度下，清朝的封疆大吏奉行「人臣無外交」的信條，不與外商直接發生聯繫。而對於與外商經常發生關係的買辦、行商、通事等，都作了嚴格限制。這使清政府被隔絕於世界之外，對西方世界發生的日新月異的巨大變化茫然無知，造成了無窮的惡果。

[26] 元弼譯：《西力東長史》，第76頁。
[27] 同注 [15]，第216頁。
[28] 同注 [15]，第349頁。

(二)「漂流問題」

在「鎖國閉關」時代，中日兩國統治階級都曾屢頒禁令，嚴格限制沿海民眾出洋。相比之下，日本「鎖國令」所陳列的限制措施要比清政府更爲嚴厲，而且在實際操作過程中貫徹得也比較徹底。這樣，日本遠洋貿易基本被取締，造船技術也開始落後，像朱印船那樣的航海型船隻被禁止使用，出洋者只得用近海駁船來進行數百海里，甚至數千海里的長途海運，從而導致海難頻繁發生，出現了所謂「漂流」問題，這反倒形成了「鎖國時代」日本管窺外部世界，獲取西方情報的又一途徑。

而在清政府的「閉關時代」，曾屢頒禁令，嚴禁百姓去南洋貿易。雍正五年（1727年）後，雖開放南洋海禁，但仍頒布了許多限制措施，如規定：「嗣後凡出洋船隻，俱令各州縣嚴查船主、伙長、頭椗、水手並商客人等共若干名，開明姓名籍貫，令族鄰保甲出具，切實保結，……回棹時照前查點，如有去多回少，先將船戶人等嚴行治罪，再將留住之人家屬嚴加追比。」[29] 還規定：出外洋貿易者，「如一年限內不回，即爲甘棄鄉土之人，不准其再回」[30]。此外，對出洋船隻也有嚴格限制。不過，總體而言，清朝對出洋貿易的百姓限制較日本稍鬆，因而，「閉關時代」中國沿海地區赴南洋貿易者仍絡繹於道。因清政府對造船業的限制和扼殺，海難事故也頻頻發生，致使一些遭遇海難的貿易百姓不能按清廷規定的期限歸國，只好漂落異邦，淪爲「漂流民」。由此可見，在「鎖國閉關」時代，中日兩國都存在著「漂流問題」。

當然，就廣義而言，所謂「漂流」是「鎖國閉關」時代特

㉙　《硃批諭旨》，第46冊。

㉚　同上。

定的歷史概念，它具有雙重含義：一是指中日兩國的平民百姓在出海時遇到風暴襲擊，無意識越過國境，從而破壞了「閉關鎖國」政策的諸規定，漂流到國外的行動；二是指外國商船遇風暴襲擊，漂流到中日兩國海岸的行動。從文化接觸、傳播的角度看，這種「漂流行動」實際上是中日兩國與西方文化的一種「跨文化」的聯通和接觸，因而必定會對兩國認識世界和攝取西方文化產生深遠的影響。

在日本的「鎖國時代」，平民百姓出海遇風暴襲擊而漂泊異邦，淪爲「漂流民」者甚多。據川合顏充《近代日本漂流編年略史》統計，在1637年至1867年的230年中，有254起日本人漂流事件。漂流地主要有墨西哥、加拿大、俄羅斯、菲律賓等地。又據日本學者齋藤文藏根據《外交志稿》等文獻綜合統計，從寬永十六年（1639年）至嘉永六年（1853年）間，日本人的漂流事件有77回。（見下表）

由於漂流越境行爲觸犯了鎖國禁令，按幕府的規定應處以死刑，但從歷史上看，幕府並未實際執行這一嚴厲的懲罰措施，相反，卻命令歸國的漂流民陳述種種海外見聞，寫下大量的「漂流記」，作爲機密文件，僅供幕府高級官員內部秘密傳閱，嚴禁外傳。這說明在鎖國體制下，幕府已不滿足於僅從「風說書」當中獲取有關歐美世界的信息，還試圖通過「漂流民見聞」來了解瞬息萬變的世界風雲。日本學者齋藤文藏依據博文館發行的《續帝國文庫》中的《漂流奇談全集》（石井研堂編，明治三十三年刊行），對30多種「漂流記」做了分類概括和歸納：

時　　　間	次　　　數
寬永年間	1 回
正保年間	1 回
承應年間	1 回
明曆年間	1 回
寬文年間	3 回
延寶年間	1 回
貞亨年間	1 回
元祿年間	8 回
寶永年間	3 回
正德年間	5 回
享保年間	3 回
寬保年間	1 回
寶曆年間	7 回
明和年間	4 回
安永年間	3 回
天明年間	2 回
寬政年間	5 回
享和年間	1 回
文化年間	4 回
文政年間	6 回
天保年間	12 回
嘉永年間	4 回

（**此表據齋藤文藏：《日本外交史》上冊，雄山閣昭和四年版，第156－
158頁。**）

(1)關於俄國的「漂流記」

時　　　間	書　　　名
1753 年	《竹內德兵衛魯國漂流談》
1792 年	《神昌丸魯國漂流始末》
1804 年	《環海異聞》
1806 年	《漂客東察加出奔記》
1816 年	《督乘丸魯國漂流記》
1816 年	《督乘丸船長日記》
1816 年	《永濤丸魯國漂流記》

(2)關於美國的「漂流記」

時　　　間	書　　　名
1807 年	《藝州善松北米漂流談》
1843 年	《亞墨新話》
1851 年	《漂客談奇》
1851 年	《漂流萬次郎歸朝談》
1851 年	《紀州船米國漂流記》
1856 年	《播州人米國漂流始末》
1859 年	《彥藏漂流記》

（此表據齋藤文藏：《日本外交史》上冊，雄山閣昭和四年版，第160－161頁。）

　　與「風說書」的傳聞特性相比，「漂流記」是實地見聞式的目擊，對日本人了解外部世界具有更為重大的意義。1838年11月，一位名叫次郎吉的日本人在仙台附近海面遇險，後漂至堪察加，歸國途中他在聖伊其島聽到因廣東的鴉片事件，中英雙方已經交戰。聖伊其島上的英國士兵告訴他，有278艘英國

軍艦正在進攻廣東。中英戰爭結束後，英國的下一個攻擊目標將是日本。次郎吉聽到這一消息後，立即火速返回日本，十萬火急地報告給幕府，使幕府從另一側面了解到西方殖民侵略者在東亞擴張的最新動態。再如鎖國時代最著名的漂流民萬次郎在1840年正月出海遇險，被一艘美國捕鯨船救起，美國船長送他入美國馬薩諸塞州接受教育。後萬次郎經過千辛萬苦返回日本，將其海外見聞寫出，名曰《漂客談奇》，向日本人描述了美國這個神奇的世界，使日本人眼界大開。正是這些「幕府末期的漂流者們以驚訝和好奇的心情得來的情況信息，為保證近代初期日本的獨立幫了忙」。[31]

在中國的「閉關」時代，雖然也存在著大量的「漂流民」，但因出洋貿易素為清政府所不提倡，加之中國傳統的「抑商」傳統，使得「一般出洋之華人，乃與法令抵觸，自不敢留下其冒險事業於書冊也。正統派儒家對留西方之浪人或海客的冒險事業之記載，認為浪費筆墨，大為不屑」。[32]因此，我們很難對「漂流民」的情況做出數字上的統計。

對於歸國「漂流民」所掌握的外部世界的情況，清廷根本不予重視。相反卻對這些有海外經歷的人百般懷疑刁難。乾隆十四年（1775年）在安南作工的2000多華人歸國，這些人大都是廣州嘉州人，清政府的地方官吏認為他們蹤跡莫測，「原系不安分之人，若仍留兩粵，日久難保其不再外竄」，遂將這些人分為三等，分別安插於伊犁、烏魯木齊、江蘇等地。[33]

而那些漂泊異邦、逾期不能歸國的「漂流民」的命運更為

㉛　鶴山和子：《好奇心與日本人》，西安交通大學出版社，第111頁。
㉜　博克塞：〈明末清初華人出洋考〉，載朱杰勤譯：《中外關係史譯叢》，第91頁。
㉝　《高宗實錄》，卷九百八十七。

悲慘。《海錄》的作者謝清高便是一個典型。謝清高是廣東嘉應州金盤堡人。1765年出生於一個普通的漁民家庭裡，因家境貧寒，他沒有像一般青年士子那樣，潛心四書五經，做「書中自有黃金屋」的科舉之夢，而是選擇了出海貿易的人生之路，常跟從商賈出沒於廣東南洋的萬里波濤之間。當時，由於清政府對外實行閉關政策，限制沿海對外貿易，規定出洋貿易的海船梁頭不得超進1丈8尺，載重不得超這500石，嚴重地阻礙了中國造船業的發展，導致海難事故頻繁發生。1882年夏季的一天，謝清高又跟從商賈揚帆遠航，赴南洋販運貨物。當商船行至遠海時，突遇風暴，頃刻間，他們所乘的木船被狂風巨浪吞噬，船上其他人多葬身魚腹，作為海難的幸運者，謝清高為一艘葡萄牙商船所救。「洋船長」非常賞識謝清高的機敏和勇敢，破例將其收留，隨同洋船前往世界各國貿易，開始了漫遊世界的航海生涯。從1782年到1796年這14年間，謝清高先後到過95個國家和地區，所到之處，他學習當地語言，與各地土著進行貿易交往。遠洋異域那奇異的島嶼厄塞、風俗物產，使他眼界大開。西方資本主義工業文明的勃興，更給他留下難以忘懷的印象。

謝清高熟習葡萄牙語，他稱葡國為「大西洋國」，對葡國的情況了解頗多。一次，洋船歸航葡萄牙，謝清高有幸踏上「大西洋國」土地，目睹了奇異的葡國風情。他注意到「大西洋國」海口有2炮臺，叫作「交牙炮臺」，計有大炮四五百架，可謂壁壘森嚴。同時，該國還有嚴格的海口檢疫制度，即凡有船隻入港，必須接受檢查，看有無出痘瘡者，如有則不許入口，須待痘瘡平癒後，才能進港內。而葡萄牙人的服飾極有特色，女人上衣短窄，下不穿褲，以裙圍之，多達八九重，貧者用布，富者用絲，以輕薄為最佳。男子則上穿短衣，下穿窄

褲，僅可束身。有事又加穿一禮服，前短後長，如向蟬翅。

謝清高周游世界之際，正是西方資本主義工業文明興起，向東方擴張之時。當時，東西方文明已明顯拉開了歷史的差距，對此謝氏感觸頗深。一次，他隨洋船赴英國倫敦逗留數日。對於倫敦城區的自來水設施，他感到奇妙無比，描述道：「自來水乃用法輪轉動激水上行，以大錫管接通水流，將管藏於街巷路旁。市民用水，不用挑運，各以小銅管接於道旁錫管，藏於牆邊，又用小法輪挖之，水乃自動流出。國家計戶口按時收水稅，便利異常。」這是中國人首次見到自來水，並作出肯定的評價。

對於與英國隔洋相望的「咩哩干國」（美國）的情況，謝清高也有所了解。他說：由英吉利西行約旬日，便可到咩哩干國，該國系海中孤島，原為英吉利所分封，後獨立自成一國，其風俗與英吉利相同，即是來廣東之「花旗國」。從謝氏的上述言論，可知他並沒有深入美國內地，僅在港口附近居留，因而誤認為美國東海中一孤島，但他所敘述的美國擺脫英國殖民統治，獨立建國的歷史卻是真實的。關於美國的物產，他更有詳盡的了解：此地土產主要有金、銀、銅、鐵、鋁、錫、玻璃、洋參、羽紗等。對於美國的火輪船，他更感奇妙，寫道：「火船內外皆用輪軸，中置火盆；火盛沖輪，輪轉撥水，無煩人力，而船自行駛，真不可思議也。」這是國人對火輪船較早的一段描述和記載。

在當時的條件下，遠洋航海是一項異常艱苦的事業。長年的海上遊蕩生活使謝清高飽嘗人間艱辛，身患重病，未老先衰。1796年，因雙目失明，他被迫結束海上生涯，洋船把他送回了澳門。因其有複雜的海外經歷，他不敢返回故鄉廣東嘉應州，而是定居澳門，利用其精通數國語言的優勢，以通譯謀

生。海上生涯結束了，但昔日周遊世界的難忘經歷，使他的內心世界久久不平靜。作為閉關時代漫遊世界的「漂流客」，他痛感國人視野狹隘，不知世界之大。在澳門居住的日子裡，他經常向人講述海外諸國的地理形勢、風土人情，表示如能將其見聞傳諸後世，死而無憾。1820年春，謝清高在澳門偶然遇見同鄉楊炳南，講述了自己頗具傳奇色彩的海外經歷。楊炳南被這些新奇的海外見聞所吸引，逐條記錄，編成一書，名曰《海錄》。《海錄》刊行後，引起了當時著名的地理學家李兆洛的注意，他準備將謝清高接到廣州，親自與之交談，以對其海外見聞加以補正，遂致函蟄居澳門的謝氏，但遺憾的是，書函尚未到，謝清高便突患暴病而死。

在中國歷史上，謝清高實在是個微不足道的小人物，作為18、19世紀走得最遠的中國人，他雖然沒有萬次郎那樣幸運，但他所口述的《海錄》卻記載了南洋、印度、歐美及非洲90餘國及島嶼的地理位置、風土人情等情況，成為中國歷史上最早、最真實、涉及地域最廣泛的「海外實地見聞錄」，向處於閉鎖狀態的國人傳遞了外部世界真實可靠的信息，足開國人眼界。

可見，鎖國時代，日本幕府通過「漂流民」見聞了解到大量的西洋情報，進一步豐富了對西方的認識，而清政府卻對流浪異邦的「漂流民」所掌握的大量西方情報置若罔聞，使其對西方的認識長期處於模糊混沌狀態。

（三）外國使團商館參拜

鎖國時代，德川幕府除了注意通過「風說書」和「漂流民見聞」搜集海外情報之外，還非常重視利用荷蘭商館來江戶參拜的機會，以了解外部世界的風雲變幻，從而形成了日本鎖國

時代認識世異的又一重要渠道。

　　所謂「江戶參府制度」，是指荷蘭商館長為表示對幕府特准貿易的感謝而進行的定期朝拜制度。其路錢是自長崎出發，經過半個多月的海路、陸路旅行，直抵江戶謁見幕府將軍。據史料記載，參拜制度起源於1611年（慶長十六年）7月第一代商館長赴駿府謁見家康，赴江戶謁見將軍秀忠，此後相沿成制，即使是在鎖國時代仍斷斷續續地進行。據統計，從1611年至1850年（嘉永三年）的240年時間裡，荷蘭商館長共進行116次參拜。

　　從荷蘭方面看，其進行參拜的目的在於從外交上和政治上與日本幕府保持聯繫，以維持對日貿易獨占的有利地位。但從日本方面看，荷蘭人的「江戶參府」卻無疑帶來了先進的西方文化，使得幕吏能在鎖國體制下有機會瞭望世界，直接攝取西方文化。

　　慶安二年（1649年），幕府一改鎖國體制下對日人與外國人交往的嚴格限制，決定留下部分隨荷蘭商館長參加江戶參禮的荷蘭人，觀其炮術及醫術。寬文十年（1670年），幕府允許商館長及館員在參謁將軍儀式結束後，與幕府官吏自由會見談話。日本鎖國時代最大的「海外通」新井白石（1657－1725年），就是利用上述機會，與荷蘭人廣為接觸，借以了解世界形勢的。據日本學者宮崎道生研究，新井白石與荷蘭人的會談主要有四次：「正德二年（1712年）二次、正德四年、享保元年各一次，合計四次。所談內容主要載於《和蘭紀事》和《阿蘭陀考》兩書中，這兩部書雖已散佚，但基本內容卻可從《採覽異言》、《西洋紀聞》兩書中有關荷蘭人的記載中大體得知。」[34]據白石日記所載，第一次會談的場所是淺草的善龍寺，談話者是荷蘭商館長及4名館員。會談時，白石拿出隨身

攜帶的世界地圖，一邊看圖，一邊暢談歐美和亞洲諸國的形勢，這幅地圖現今仍藏於東京國立博物館，圖上白石的圈點筆跡仍依稀可見。通過與荷蘭商館參拜人員的交談，白石了解了西班牙王位繼承戰爭、北方戰爭、清政府與荷蘭關係、歐洲各列強殖民地占有經營情況、歐洲的武器、海陸的鳥獸種類和南北美洲大陸的政治、地理、物產等情況，最終寫出了《採覽異言》、《西洋紀聞》等西學著作，極大地拓展了日本人的世界視野。

此外，對於鎖國時代因海難事故或爲傳教而進入日本的外國人，德川幕府以違反「鎖國令」的罪名將其逮捕，但仍注意從這些非法入境的外國人身上獲取一些海外情報。如在寶永五年（1708年），「海外通」新井白石就通過審訊違反鎖國令、擅入日本國內進行傳教的西洋傳教士西多蒂 (G. B. Sidotti)，得到了很多有關亞洲和歐洲的地理、歷史知識，尤其對羅馬教皇、西班牙、葡萄牙、荷蘭、英國、德國、法國的政治和文化情況有了進一步深入的了解。他還圍繞著西班牙繼承戰爭（1701－1713年）、北方戰爭（1700－1721年）等國際熱點問題，詢問了西多蒂的看法。

而清政府在頒布「閉關政策」後，因其仍以天朝自居，堅持「朝貢體制」，所以，無論是對遇海難來華的外國「漂流民」，還是對正規的外國使團，統統視之爲野蠻的、不開化的「蠻夷」，根本不注意從這些來華外人身上搜集海外情報，以了解外部世界的情況。

據史籍記載，清季雍、乾、嘉、道年間，隨著中外貿易的發展，來華外國貿易商船和因海難事故而漂至中國的外國船隻

㉞　宮崎道生：《世界史和日本的發展》，刀水書房1981年版，第288頁。

不斷增加。如乾隆二年（1737年），兩艘琉球商船因遭颶風而傷損，飄至浙江定海縣境，總督大學士嵇曾筠等資給衣糧，修整船桅，遣送歸國。對此乾隆帝特下諭旨說：「朕思沿海地方常有外國船遭風飄至境內者，朕脆與為懷，內外並無歧視。外邦人民既到中華，豈可令一夫失所？嗣後有似此遭風漂泊人船，著該督撫飭有司加意撫恤，動用存公銀兩，賞給衣糧，修理船隻，並將貨物查還，遣歸本國，以示朕柔遠人之至意，永著為例。」[35]

再如乾隆五十年（1785年），西洋耶穌會傳教士巴亞里央不顧清政府的禁教令，私入內地傳教，被湖廣地方官員捕獲，押送刑部，擬判永遠監禁，乾隆帝聞訊後諭令：「此等人犯不過意在傳教，尚無別項不法情節，且究系外夷，未諳國法，若永禁囹圄，情殊可憫，俱著加恩釋放，……如情願回洋者，著該部派司員押送回粵，以示柔遠至意。」[36] 由此可見，清王朝對待這些擅入國境的外國人的處理方式，是以「懷柔」政策為主，根本沒有萌生據此了解外部世界的情報意識。

而對於來華的外國使團，清政府更是賤視之為「化外蠻戎」，不予重視。在鴉片戰爭以前，中西在陸路和水路都有許多接觸。葡萄牙、西班牙、荷蘭、英國等西方國家為了與中國建立商務、外交關係，屢次派遣使節來華，要求訂立商約，而清王朝把他們視為朝貢的使臣，命他們向皇帝行三跪九叩的大禮，這些外國使臣為了達到商業上的目的，只好勉強遵從，這更增強了清廷朝野上下的「天朝意識」，對外部世界更加蔑視。

1793年，在世界上率先進行工業革命的資本主義強國——

㉟ 王之春：《清朝柔遠記》，中華書局1989年版，第89頁。

㊱ 同上，第134頁。

英國，爲尋求原料與市場，特派遣使團訪華，希望同清政府談判以改善兩國的貿易，並進而建立經常的外交關係。使團的正使馬戛爾尼爲了炫耀英國的強大，在禮品的選擇上頗費心思，他認爲：「如果贈送一些只能滿足一時好奇心的時髦小玩意兒，那是有失禮貌的。因此，英王陛下決定挑選一些能顯示歐洲先進的科學技術，並能給皇帝陛下的崇高思想以新啓迪的物品。」[37]經認眞挑選，馬戛爾尼使團選定了天體運行儀、地球儀等足以代表英國科技水平的物品作爲禮品。其中的天體運行儀「是天文學和機械學最佳結合的產品。該儀器準確地模仿地球的各種運動，月球繞地球的運行；從儀器上還可看到太陽的軌道，帶四顆衛星的木星，帶光圈及衛星的土星等。這架天體運行儀最後還能模擬各天體的蝕、合和沖。……該儀器是歐洲最精美的，它所設計的天體運行情況可適用一千多年」。而地球儀上面「標有地球的各大洲、海洋和島嶼。人們可從上面清晰地看到各個君主的國土、首都以及大的山脈。該地球儀標有受英王陛下之命在世界各地遠航所發現的新地方，並畫出所有這些遠征的航海路線」。[38]此外，禮品中還有英王贈送給乾隆帝的英國最大的、裝備有110門最大口徑火炮的「君主」號戰艦的模型，意在暗示來華的裝備有64門火炮的「獅子」號戰艦只是英國強大海軍艦隊的微不足道的一部分。可見，英國在禮品的選擇過程中，巧妙地塞進了政治恫嚇。

但如果從清政府接觸西方和攝取西方文明的角度看，英國馬戛爾尼使團挾足以代表工業革命時代科技水平的「禮品」來華，對清政府來說，未嘗不是一次認識世界、走向世界，攝取

---

[37] 〔法〕佩雷菲特著，王國卿等譯：《停滯的帝國——兩個世界的撞擊》，三聯書店1993年版，第84頁。

[38] 同上。

西方先進文明的良機。然而，自英國使團在天津大沽登陸之時起，清政府負責接待的官員，就命令部下在護送使節人員的車船上，都插著標明「英吉利貢使」字樣的旗幟。英使雖然心裡明白，卻假裝糊塗，也沒有提出抗議，深恐抗議無效反會有礙於使命的完成。對於英國使團精心挑選的禮品，清朝官員更是不屑一顧。8月19日這天，英使清清朝官員觀看8門小型銅質野戰炮表演，使團的天文學家說：「這幾門炮每分鐘能發射7顆炮彈」。「但清廷的欽差大臣在評論這些火炮時輕描淡寫，說這些炮在中國算不了什麼新東西。清廷官員沒有流露半點欣賞的神情，反而採取了不予理睬的態度。對此，馬戛爾尼曾頗有感慨地說：「余對支那朝廷於新學術之發明，毫不關心，不能無憾。……彼欲凌駕諸國之上，而對於實際，所見不遠，不知利用之方，唯防止人智之進步，此終無益之事也。」[39] 一語道破了清政府夜郎自大、盲目排斥西學的偏執、狹隘的心態。

三、西學傳播的不同趨向

中日兩國在閉關鎖國體制下能否大力吸取西學，是其實現民族獨立，完成近代化的決定性因素，也是我們評價閉關鎖國政策的關鍵。從歷史上看，17世紀上半葉，日本在以鎖國清除了西方殖民勢力，達到民族自衛目的的同時，並未排斥西學，在鎖國時代的中後期又興起了蘭學，使日本攝取西方文化達到一個新的高度。而清政府的閉關政策雖然較日本確立的時間要晚，執行得也不甚嚴格，但在華夷觀念的驅使下，鄙視西學，隨著禁教閉關政策的完備，使西學東傳的歷史過程宣告中斷。

---

[39]　稻葉君山：《清朝全史》下冊，第16頁。

(一)康熙帝與德川吉宗

在中日兩國攝取西方文化的歷史上，1720年（康熙五十九年，享保五年）是一個值得特殊注意和分析的年代。在這個看似平凡的年代裡，康熙帝和日本德川幕府第八代將軍德川吉宗分別發布了兩個內容截然相反的詔令，對兩國攝取西方文化的歷史發展進程產生了決定性的影響。

康熙五十九年（1720年）冬，康熙帝拒絕了羅馬教廷使節的請求，再度宣布天主教在中國行不得，務必禁止，重申禁教令。由於此前傳入中國的西方文化都是由耶穌會士帶來的，因此，「禁教」在某種意義上也就意味著西學東漸的中斷。康熙帝的禁教政策為雍正、乾隆、嘉慶、道光所繼承，在禁教政策下，在華耶穌會士大大減少，在朝中擔任修曆及懷有各種技術的西洋人已不敷使用。到道光十七年（1837年），最後一任欽天監監正高守謙「因疾告假回西，自後欽天監內，無西士任事者」。[40] 在清廷效力的傳教士遂告絕跡。這樣，西方文化在中國傳播剛剛起步不久，便歸於漫長的沉寂。

如前所述，在清代諸帝中，康熙帝是以酷愛西學著稱於世的。據耶穌會士回憶：「康熙皇帝令人難以置信地深切注意並且細心地從事這些研究工作。儘管這些原理中包含著極其複雜的問題，而且我們在進講時，也不夠注意禮節，但皇上從不感到厭煩。……他約束自己專心致意地聽我們講課的情形，是非常令人欽佩的。」[41] 作為一位封建帝王，康熙帝對西學的醉心固然值得褒揚，但令人遺憾的是，他只是把西學鎖於深宮之中，其所醉心的西方著述多置於秘府，供其個人和親信在宮中

---

[40] 《正教奉褒》第2冊，第139頁。

[41] 白晉：《康熙皇帝》第34—35頁。

學習賞玩，不准向民間公開，由此也就很難在全國範圍內興起學習西方文化的熱潮。在這一意義上，我們說，作爲中國封建時代一位頗有作爲的帝王，康熙帝在西方資本主義文明崛起並「駸駸東來」的歷史大轉折的前夜，未能把握住歷史機遇，推進中國學習攝取西方文化，相反卻推行禁教政策，使西方文化在中國傳播的過程發生嚴重的中斷，產生了極其嚴重的消極影響。

　　而據史料記載，日本德川幕府的第八代將軍德川吉宗（1684－1751年）也格外醉心於西方文化，在荷蘭商館長來江戶參拜時，他經常就西洋的天文、地理、醫學、武器、船舶、鐘錶等方面的問題與荷蘭商館參拜人員進行研討，還特意派人前往長崎，對荷蘭文的書籍及望遠鏡等西洋器物進行注釋解說。比較觀之，可知德川吉宗雖然對西方文化表現出了濃厚的興趣，但他並未進入研究領域，其西學水準顯然在康熙帝之下。而值得稱道的是，他沒有像康熙帝那樣將西學鎖於宮廷狹小的圈子裡，而是爲西學在民間的普及創造條件。

　　1716年幕吏中根元圭被德川吉宗任命爲改曆大臣，他趁機向吉宗建議引進明末耶穌會士譯編的議文西方天文學書籍，他說：「凡曆術，唐土之法皆疏漏難用，明時西洋曆學始入唐土之後，弄清的事情不少。本邦嚴禁耶穌教，有天主及利瑪竇等文字之書，悉在長崎燒毀，有助於曆學研究之書甚少，若欲使本邦曆學精確，可先緩和嚴禁。」[42]吉宗採納了中根元圭的建議，決意緩和禁書令。

　　享保五年（1720年），德川吉宗下令禁書中除與基督教有關係的部分外，允許其他洋書輸入，這便是日本歷史上有名的「洋書解禁令」。所謂「洋書解禁」，並非僅指荷蘭文書籍，同

---

[42]　鄭彭年：《日本西方文化攝取史》，杭州大學出版社，第81頁。

時也包括漢譯洋書。

在「享保洋書解禁令」下達之後，吉宗對西方文化的興趣更加濃厚，1722年，他派大臣送公文到長崎，向荷蘭商館訂購望遠鏡，作爲將軍的御用品。1725年春，命醫官請荷蘭醫生爲窮病人診療。同年，從荷蘭進口椰子樹苗及18種藥草，在小石川白山藥園試種。1726年，派深見久太夫向荷蘭人請教奶油類西洋食品製作方法。同年派人赴荷蘭人宿舍，探詢有關荷蘭歷史、政治、軍備、貿易、法律、曆法等情況。

德川吉宗醉心於西方文化有其好奇心和進取心強等個性因素，但這並不是根本原因。從日本當時的社會歷史發展情形看，18世紀上半葉的日本封建社會面臨重大危機，正在逐漸走向下坡路，爲此，德川吉宗試圖通過享保年間一系列的改革措施來挽救日本社會的頹勢。在與荷蘭人的接觸過程中，吉宗認識到西學的實用性，他想通過荷蘭人引進西方天文曆法、醫學、武器等門類的學問，來達到殖產興業的目的。因而，吉宗洋書解禁的深層次動機是維護德川幕府的封建統治。但也許德川吉宗在頒布「洋書解禁令」時也不會想到，以此爲契機，在日本列島上會興起一股狂熱的攝取西方文化的熱潮。在鎖國體制下，日本悄然地步入了「蘭學時代」，對日本人19世紀迎接西方資本主義列強的嚴酷挑戰，起到了決定性的作用。

(二)中國：西學東漸的斷落

自鴉片戰爭前雍、乾、嘉三朝開始實施的禁教閉關政策，對中西文化的正常交流產生了重大影響，其影響的結果一言以蔽之，可以概括爲：「西學東漸的斷落」。對此，我們可以從以下三個方面加以理解。

首先，在明末清初「西學東漸」的發展歷程中，天主教耶

穌會士起到了中介的作用，那時的「西學」與「西教」是一體的，因而，從雍正朝開始的愈演愈烈的「禁教」政策，使耶穌會士失去了在中國活動的據點，被逐回國，西學傳播自然走向「斷落」。關於清季禁教的一般進程及其對西學東漸的影響，我們已在本章「由禁教到鎖國閉關」一節中做了較爲詳盡的研討，於此不再贅述。

其次，從19世紀初開始，繼天主教耶穌會士之後，基督教新教傳教士扮演了新一輪西學東傳的主角，他們以麻六甲、新加坡、巴達維亞、香港爲活動中心，將一批西方典籍譯爲中文。由於這些傳教士無法進入中國內地，他們所進行的西學傳播活動，只能到19世紀中葉國門洞開之後，才能在中國內地產生影響。

鴉片戰爭前數十年間，在西學東傳方面貢獻較大的傳教士有英格蘭人馬禮遜、麥都思，蘇格蘭人米憐，美國人裨爲仁、雅裨理等。他們在麻六甲、新加坡、巴達維亞等地開辦印刷所，興學校，建醫院，傳播西方文化。據熊月之先生統計：1842年以前，傳教士在上述地區共出版138種中文書刊，「屬於《聖經》、聖詩、辨道、宗教人物傳記、宗教歷史等內容的，有106種，占76％；屬於世界歷史、地理、政治、經濟方面內容的，有32種，占24％。」[43]毫無疑問，後一種中文書刊，在傳播、介紹西方文化方面起著更爲至關重要的作用。

如傳教士在1815年8月在麻六甲創辦的以華人爲對象的刊物《察世俗每月統記傳》，即介紹了大量天文、地理、歷史、民情風俗等知識，是鴉片戰爭前最爲系統、權威的中文西學讀物之一。該刊物曾在〈論亞墨利加列國〉一文中，首次準確地

---

[43] 熊月之：《西學東漸與晚清社會》，上海人民出版社1994年版，第104頁。

介紹了美國，並對美國未來的發展趨向作了大膽的估計：

> 「花旗國，其京曰瓦聲頓。此國原分為十三省，而當初為英國所治。但到乾隆四十一年，其自立國設政，而不肯再服英國。如此看，則知其年年來廣東做生意，那花旗船之國為新國，……但雖為新國，而其亦有寬大之盛地也。其民人年年繁殖加增。……日後此國諒必為亞墨利加全地最大者。」[44]

此外，在《特選撮要每月記傳》、《東西洋考每月統記傳》等傳教士主辦的中文報刊中，也對世界各國、各地區的歷史、地理、風土人情有所介紹。值得注意的是，《東西洋考每月統記傳》曾被帶到北京、南京一些城市散發，產生了一定的影響。

除了上述幾種中文報刊外，傳教士還刊印了一批有關西方政治、經濟、歷史、地理方面的書籍。主要有麥都思的《地理便童略傳》（麻六甲1819年出版）、米憐的《全地方國紀略》（麻六甲1822年出版）、馬禮遜的《西遊地球聞見略傳》（1819年出版）、麥都思的《東西史記和合》（巴達維亞1829年出版）、郭實臘的《古今萬國綱鑒》（新加坡1838年出版）、《大英國統志》（麻六甲1834年出版）、裨治文的《美理哥合省國志略》（新加坡1838年出版）、郭實臘的《制國之用大略》（新加坡1839年出版）、《貿易通志》（1840年出版）等。對於英、法、美等國的政治、經濟、歷史、地理情況，均有詳盡的介紹和評說。

綜上所述，在19世紀的前40年，基督教新教傳教士的確發起了新一輪的傳播西學的高潮，但因清政府採取閉關政策，

---

[44] 《察世俗每月統記傳》卷七，道光元年。轉引自熊月之《西學東漸與晚清社會》，上海人民出版社1994年版，第109頁。

使得傳教士無法進入中國境內，只能選擇麻六甲、巴達維亞、新加坡等地為活動據點，以南洋華僑為對象，因而，傳教士的南洋傳布西學活動雖然取得了一定的成果，但並未改變此時期「西學東漸斷落」這一總的歷史發展趨向。

再次，伴隨著清政府禁教閉關政策的出臺及耶穌會士在中國大地上的基本絕跡，中國文化西傳的勢頭銳減，肇始於18世紀的西歐「中國文化熱」迅速走向衰落。而隨之興起的歐洲學界對中國文化的否定浪潮，對西學東漸過程也產生了微妙的影響。

眾所周知，早在清代初年，一些來華耶穌會士在將西洋文化傳至中國的同時，也開始研究中國文化，以掃清傳教的障礙，由此，在雍、乾、嘉時期，歐洲興起了「中國文化熱」。一些歐洲著名學者潛心中國文化研究，對中國文化推崇備至，一些儒家典籍被譯為歐洲文字出版，如17世紀，用拉丁文譯成的《四書直解》在巴黎出版。稍後，比利時教士衛方濟又將《大學》、《中庸》、《論語》、《孟子》、《孝經》、《三字經》等儒家經典譯為法文，命名為《中國六大經典》，於1711年在比利時出版。此外，老子的《道德經》也在1750年被譯為拉丁文出版。1720年，法國傳教士馬若瑟將元人紀君祥所作《趙氏孤兒》雜劇譯為法文，譯名為《趙氏之孤兒》，在巴黎演出。對於這幕力倡「懲惡揚善」，弘揚中國道德的戲劇，法國著名啟蒙思想家伏爾泰給予極高的評價，他認為最重要的在於此劇表現了一種「中國之道德的人生觀」。他寫道：「我敢說自從我創作史事詩《顯利篇》以至《謝義兒》，以至這篇中國的作品，不論他們的成績好醜，這個鼓勵為善的宗旨，是一向都給我以靈感的。……在這樣的工作裡，我曾消度我生活中的40多年。」⑮他希望法國人能從新劇本中領會中國人的道德生活，

這將遠勝於誦讀耶穌會士的著作。作為「中國文化讚美論」的重要代表人物，伏爾泰對孔子的儒家文化也給予了高度的評價，他說：「我讀孔子的許多書籍，並作筆記，我覺著他所說的，只是極純粹的道德，既不談奇蹟，也不涉及盧玄。」[45] 又說：「歐洲的王族同商人在東方所有的發現，只曉得求財富，而哲學家則在那裡發現了一個新的道德的與物質的世界。」[47] 此外，中國的繪畫、漆器也漸漸傳入歐洲，為歐洲上流社會追逐之時尚。從歷史上看，自17世紀開始萌芽，到18世紀走向高潮的歐洲「中國文化熱」，與明清之際的「西學東漸」進程交相輝映，大大加深了歐洲對中國的了解，對中西文化交流起到了積極的推動作用。

但清政府採取「禁教閉關」政策之後，隨著耶穌會的衰落，在歐洲宣傳中國文化者漸少，一些歐洲學者也一改昔日的「中國文化讚美論」，開始對中國文化思想持激烈的批判否定態度。關於18、19世紀之交歐洲學界對中國文化由讚美崇拜到否定的轉向過程及其原由，德國學者利奇溫在其所著的《十八世紀中國與歐洲文化的接觸》一書中有一段頗具說服力的分析：

> 「17及18世紀中，耶穌會士是溝通歐洲與遠東的文化橋樑。但從1723年後，因為對禮儀發生不幸的爭執，教士在華的活動大受剝奪。中國人看見天主教各派之間互相爭執，開始把基督教徒作為一批宣傳分裂的布教者，而始行屬禁。對教士的迫害，甚至使教士也忘記了古代中國的美

---

[45]　朱謙之：《中國思想對於歐洲文化之影響》，商務印書館1940年版，第274頁。
[46]　同上，第271頁。
[47]　同上，第270頁。

妙景象。在此以前讚美不絕於口的教士，開始提出了責難。如果把《北京傳教士關於中國歷史、科學、藝術、風俗、習慣錄》（1776年以來在華各教士的函札）與早出五十年的《傳教士書簡集》相比較，就整個來說，他們的實事求是的公正的判斷，往往使我們感到詫異，其中責難與讚美相摻雜，和透露出某種怨恨的語調。1762年法國的耶穌會正式解散，至1773年耶穌會士在歐洲的勢力漸漸式微，已完全消失。教會每次遭受損失，也影響到歐洲與東方的文化交流。同時，商人對中國不利的批秤，得到更多人的聽聞。一度存在的強烈的懷疑，百年來隱藏而未發的意見，現在敢於提出來了。……隨著經濟利益幾乎把其他一切排之幕後，中國與西方的文化關係趨於破裂。」[48]

隨著西歐「中國文化熱」的降溫，到18、19世紀之交，歐洲人不再視中國為人類知識的發源地，而崇奉希臘人為人類最偉大的教師，在甚囂塵上的否定中國文化的言論聲中，結束了「全人類最偉大的文化和文明」[49]——歐洲文明與中國文明間高層次的對話，這直接導致了鴉片戰爭前半個多世紀的中西文化交流的中斷。

(三) 日本：蘭學的勃興

鎖國時代日本人攝取西方文化的發展過程大致可分為兩個階段：從17世紀上半葉鎖國令的頒布到1720年的「洋書解禁」為第一階段，在此段時間裡，幕府曾屢頒禁令，嚴格限制外國圖書進口，但卻允許荷蘭的醫藥、外科、航海等科技書籍傳

[48]　〔德〕利奇溫著，朱杰勤譯：《十八世紀中國與歐洲文化的接觸》，商務印書館1991年版，第129—130頁。

[49]　同注[45]，第201頁。

入，從而使西方文明似涓涓細流源源不斷地傳入日本。從1720年「洋書解禁」，到1853年「黑船叩關」，是爲第二階段。在此時期內，八代將軍德川吉宗下令禁書中除與基督教有關係的部分外，允許其他洋書輸入，由此揭開了日本大規模攝取西方文化的序幕。

鎖國時代後期，日本通過蘭學家們的大力譯刊，對西方近代科學知識開始有了一個整體的把握，以1774年《解體新書》出版爲標誌，步入了日本翻譯西方書籍的時代。蘭學以醫學爲突破口，在50年中普及全國，並超出醫學領域，擴大到天文學、地理學、理化學、博物學、歷史學、語學以及與國防密切相關的兵學等方面，使日本人接觸到歐洲科學革命及近代理性人文科學的新成果。與「拉丁文明」時代耶穌會士帶來的「南蠻文化」相比，蘭學更先進，更全面系統，而且在學習攝取過程中日本人表現出了更爲強烈的積極性和主動性。

1.醫學

日本鎖國時代西方醫學譯著的代表作是《解體新書》。1771年（明和八年）4月18日，前野良澤、杉田玄白、中川淳庵等醫者，在江戶小塚原刑場解剖了一具女屍，結果證明隨身攜帶的荷蘭解剖圖的正確和中醫人體結構理論的錯誤。由此，前野良澤等立即著手翻譯荷蘭文的《解體新書》，經過4年的苦譯，終於出版了5卷本的《解體新書》。這是日本醫學界譯刊荷蘭醫學著作之始，也揭開了日本歷史上蘭學時代的序幕。

《解體新書》出版後，日本醫學界開始深入研究西洋醫書，玄澤在1826年出版了《重訂解體新書》同時，開設「芝蘭堂」學塾，培養學生。玄隨也譯《西洋內科選要》（1793年），首次介紹了西洋內科醫學。其子玄眞補著《增補重訂內科選要》（1822年），對《選要》做了大量的增訂和補充，同時還著《遠

西醫範》、《醫範提綱》，介紹西方醫學的基本知識。這樣，荷蘭醫學逐漸取得了重要地位。

到文政六年（1823年），德國人西博爾德來到日本，在出島荷蘭商館擔任醫官，向日本人傳授西醫科學，由此，荷蘭醫學被提高到新的水平。在西博爾德的門下相繼出現了伊東玄朴、戶塚靜海、竹內玄同、高良齋、小關三英、高野長英等一批頗具實力的醫師。其中，高野長英在1832年著《醫原樞要》，系統介紹了生理學知識。

2.地理學

鎖國時代地理學研究最為突出的成果，是新井白石的兩部系統的世界地理書《西洋紀聞》和《採覽異言》。其中，《西洋紀聞》作於1715年，根據對潛入日本的義大利傳教士西多蒂的審訊記錄寫成，內容涉及西方各國的政治、地理、宗教、風俗等方面。書中提出：「由此可知，彼地之學，只精於其形與器，只知所謂形而下者，至於形而上者，尚未預聞。」[50] 據此，白石實際上明確承認歐洲的「形而下」文化是有價值的，並且是和基督教有所不同的，即便在禁止後者的條件下，也是具有可以吸取的性質的，後由此導出了幕末的「和魂洋才」說。《採覽異言》成書於1713年，記述了五大洲各國的歷史地理，對歐洲各國軍事制度尤為重視。

此後還有蘭學家桂川甫周的《翻譯地球全圖及略說》（1779年）、《萬國圖說》（1786年）、森馬中良的《紅毛雜話》（1787年）、《萬國新話》（1789年）、司馬江漢的《輿地全圖》（1792年）、《輿地略說》（1792年）、高橋景保的《新刻總界全圖》（1809年）、《新訂萬國全圖》（1810年）等。這些著作極

第二章 「鎖國關閉」時代

---

[50] 新井白石：《西洋紀聞》上卷，《日本思想大系》第35卷，第19頁。

大地拓展了日本人的視野，使日本精英階層樹立了科學實證的地理世界觀，為日本認識世界，走向世界，擺脫民族危機提供了理論準備。

3.天文學

1792年，長崎荷蘭通詞本木良永依幕府之命，翻譯《新制天地二球用法記》一書，根據地動說，介紹了西洋天文學的發展過程，引進了哥白尼的太陽中心說和地動說，由此揭開了日本近代天文學的序幕。

稍後，本木良永的弟子——出身於荷蘭通詞的志築忠雄，經過20多年的潛心鑽研，翻譯了著名的《曆象新書》，於1802年完成。值得指出的是，該書不僅翻譯原著，還加入了譯者大量創見，由此構築起近代天文學及天體力學的理論基礎。

此外，著名蘭學家司馬江漢深受本木良永學說的影響，撰寫了《荷蘭天說》（1796年）、《天地理譯》（1816年）等天文學代表作。

4.經濟學

在鎖國時代蘭學家群體中，較具代表性的人物是本多利明，他在《經世秘策》中將海外貿易作為富國方策，提出了進取性的「開國論」。他指出：「日本是個海國，航海運輸貿易本來就是國君的天職，首要的國務。所以，派遣船舶駛往各國，搜羅國家必需的產物及金銀銅，輸入日本，雄厚國力，是使海國物資充足之法。如果只想以本國的力量來治理，則國力逐漸衰弱，其弱全都落在農民身上，農民連年陷於貧困，這是自然之勢。」[51] 他還以英國為例，強調說明英國雖然本是個寒冷小國，物產貧乏，卻能稱霸世界，就是依靠對外貿易來增強

西風東漸——中日攝取西方文化的比較研究

[51] 轉引自永田廣志：《日本哲學思想史》，商務印書館1992年版，第229頁。

國力的。

從以上簡短的敘述即可以看出，通過蘭學，西方近代科學的主要成就已基本移入日本，而且，其研究領域逐漸超出自然科學的範圍，波及哲學、兵學、國防論等領域，使日本對西方文明的認識更加深刻，最終產生了對封建幕府的批判意識，為日本早期現代化準備了思想條件。

四、歷史影響

19世紀中葉前的東亞，正是東西文明相激相蕩的衝突時代，也是西方資本主義列強對該地區落後民族國家發動大規模侵略戰爭的前夜。在這短暫的百餘年時間裡，包括中日兩國在內的東亞國家能否在西洋資本主義文明咄咄逼人的挑戰下，保持民族獨立，並走向富強，在很大程度上取決於19世紀中葉以前200餘年間統治階級對世界文明劇變的認識程度及相應的西學政策。因此，我們分析理解「鎖國閉關」時代中日兩國「西洋觀」的變遷及其歷史影響，就顯得格外重要了。

(一)危機意識的萌生

所謂危機意識是指一個個體或群體的思想、信仰、生存和地位等受到威脅時所產生的一種不安全感。在近代歷史上，東方落後民族能否喚起強烈的危機意識，往往是民族自衛自強，實現現代化的重要條件，而夜郎自大、驕傲自滿，則是現代化的無形敵人。

鴉片戰爭前夕，在閉關政策之下，清政府的官員基本上都陶醉在「天朝上國」的迷夢之中難以自拔，自信中國是天下的中心，地大物博，國力強盛，無與倫比，因此根本不可能產生

真正意義上的危機意識。但值得提及的是，隨著中外接觸的頻繁和海外貿易的發展，一部分士大夫撰寫了一些介紹海外各國風情的著作，代表性的著述主要有：雍正年間陳倫炯的《海國紀聞》、嘉慶時王大海的《海島逸志》、道光年間何大庚的《英夷說》、湯彝的《盾墨》、楊炳南的《海錄》等書。這些作者在書中除了介紹歐美諸國概況及來華海路行程外，還流露出對西方殖民侵略勢力東來的強烈危機感。如何大庚認為：「英吉利者，昔以某國在西北數萬里外，距粵海極遠，似非中國切膚之患，今則駸駸而南，凡南洋瀕海各國……皆為其所協服而供其賦稅，其勢日南，其心日侈，豈有厭足之日哉！」[52]蕭令裕、葉鐘進也認為英國「國俗急功尚利，以海賈為生，凡海口埠頭有利之地咸欲爭之」。「遇有可乘之隙，即用大炮兵船占據海口，設夷目為監督，以收出入稅」，[53]侵略性極強。包世臣更預言道：英國對華侵略「十年之後，患必及於江浙，恐前明倭禍，復見於今日」。[54]

出於高度的社會責任感，少數不當權的士大夫敲響了「夷患」的警鐘，但是，鴉片戰爭前夜風氣未開，見聞不廣，國人對西方列強的認識基本上停留在直觀的感性認識上，人們的認識比較零散、膚淺，主要集中於表面和局部，沒有認識到西方資本主義崛起的歷史大背景，不可能產生全局上的危機意識。尤其是「沿海文武員弁從不諳夷情，震於英吉利之名，而實不知其來歷」。[55]認為所有外國都是蠻夷，不是朝貢國，就是附屬國。這樣，在少數士大夫群體中產生的危機感，又被社會上濃

---

[52] 何大庚：《英夷說》，《海國圖志》卷十五。
[53] 《叢刊·鴉片戰爭》，神州國光社1954年版第1冊，第19頁。
[54] 包世臣：《安吳四種·齊民要術》卷十一。
[55] 《林則徐集·奏稿》（中），第649頁。

厚的華夷觀念所化解。嘉慶二十一年（1816年），嘉慶皇帝與大臣孫玉庭圍繞著英國的一段對話，便充分地說明了這一問題。嘉慶帝問：英國是否富強？孫答道：「彼國大於西洋諸國，故強，但強由於富，富則由於中國。彼國貿易至廣東，其貨物易換茶葉回國，轉賣於附近西洋各小國，故富，因而能強。我若禁茶出洋，則彼窮且病，又安能強？」⑯ 在如此膚淺、愚昧的認識基礎上，中國無法形成強烈的危機意識，以健康的心態去迎接西方文明的挑戰。

而在整個鎖國時代，日本統治階級中一直存在著淪為殖民地的危機感，如前所述，這是日本鎖國的最主要動機。18世紀初期，俄國勢力擴展到千島群島，逐漸威脅蝦夷地，這引起了日本知識分子的危機感。60年代後期，西方殖民主義者又接踵而至，自1764年至1854年90年間，俄國叩關17次、英國19次、美國14次、法國2次，總計52次。嚴酷的西方勢力東侵的形勢，加深了日本人的危機意識，形成了日本人的海防思想。

1783年，仙台藩醫師工藤平助寫出《赤蝦夷風說考》，主張開發蝦夷。1786年，林子平寫出《三國通覽圖說》，力倡確保蝦夷、朝鮮、琉球，以保衛日本。1791年，林子平又寫出七十卷的《海國兵談》，強調海防是全民族的任務。幕末日本的有識之士在強烈的危機意識驅使下，為使日本不致淪為「饞狼餓虎」般的西方列強口中的食物，奔走呼號著。同時，幕府中部分擁有海外知識的當權者也意識到日本亙古未遇的外壓，對幕藩體制的危機也有著清楚的認識，這與中國鴉片戰爭前夕朝野上下歌舞昇平的太平景象形成了鮮明的對照。

---

⑯　《孫玉庭自訂年譜》，《延厘堂集》附錄，道光年間刻本。

(二)近代世界觀的形成

鎖國閉關時代西學在中日兩國不同的傳播軌跡，對兩國摒棄傳統世界觀，接受全新的近代世界觀的演化進程也產生了重大影響。蘭學的傳播和發展，對日本的傳統思想文化產生了巨大的衝擊和影響，這主要表現在日本人通過攝取西方文化，擺脫了傳統世界觀的束縛，確立了科學實證的近代世界觀。而閉關體制下的中國，仍舊固守著華夷觀念，對激變的世界形勢毫無所知，最終釀成了落後挨打的苦果。

從歷史上看，完整意義上的近代世界觀形成於地理大發現時代的歐洲。當時，伴隨著地理大發現的過程，西方人以其航海實踐第一次證實了地球的形狀，形成了完整的近代世界觀念。與古代世界觀的「狹隘性」和「自我中心論」不同，近代世界觀的特點在於：以地圖說、五大洲等近代地理知識為基礎，其認識突破了地域界限，視野大大開闊。在承認世界文化多元性的基礎上，以「西歐中心論」代替了區域性的「自我中心論」，西方資本主義工業文明成為一切非西方國家學習師法的對象。西方勢力東侵，西學東漸，開始了東西方文明衝突融合的歷史過程。

在日本，通過「拉丁文明」時代和「鎖國」時代前期的西學積累，衝破了傳統的「三國世界觀」的束縛，在對「五大洲」、「地圓說」等近代地理概念準確把握的基礎上，日本的有識之士已經清楚地認識到了本國在世界上的位置，意識到了西方世界的存在。而對傳統的「慕夏」文化世界觀的突破則是通過醫學界的「革命」實現的。1775年，蘭學家杉田玄白繼翻譯《解體新書》後不久，又出版了《狂醫之言》，對「中華世界中心論」及日本人傳統的「中華崇拜」表示否定，認為《神

農本草經》、《黃帝內經》、《傷寒論》等中國聖賢之書皆是「欺人之書」，而荷蘭醫學「其本明其法正」，是科學的：

　　「近世所行有《神農本草經》者，上品之藥120種，皆說久服輕身延年，未聞一人服之有效者；則可謂欺人之書也。黃帝亦聖人也，傳云《靈素》者，黃帝與歧伯輦問答之書也。上自五運六氣，下至經脈、骨度、臟腑、關節、疾病、針灸等無一不辨也。然今剖刑屍觀其臟，則其位置、臟象與之異也。質之物與之異，則亦欺人之書也。千古以來不聞有欺人之聖人，此不爲聖人書明矣。

　　……腐儒庸醫，不知天地世界之大，少聞東洋二三國之事，以中國爲萬國之冠。又少讀其書則漫然自稱曰：『夷狄其俗固無禮樂也。』夫禮樂文物，以分尊卑也。何國無尊卑無禮樂？孔子曰：『夷狄之有君，有君尊之則禮也。』衣冠文物，明尊卑之分，不必以爲是，以從風土之宜爲是也。……腐儒庸醫從中國之書，以其國爲中土。夫地者一大球也，萬國配置焉，所居皆中也，何國爲中土？中國亦東海一隅之小國也。」[57]

司馬江漢也認爲：「如稱支那爲中國，吾邦爲葦原中津國，似無不爲中央之邦矣」，「若由天定之，則應稱赤道下之邦爲中央。」[58]

在他們的文化世界觀念裡，中國已不再是絕對的「天朝」，崇拜中國的天平已逐漸向西方世界傾斜，這對於日本後來擺脫傳統世界觀的束縛，放棄鎖國政策，攝取西方文化，走向世界起了重要的作用。

---

[57]　《狂醫之言》，《日本思想大系》第64卷，第592頁。
[58]　轉引自王家驊：〈幕末日本人西洋觀的變遷〉，《歷史研究》1980年第6期。

而在閉關體制下的中國，雖然西方勢力東侵的形勢已經十分明朗，但士大夫對「中國中心論」的地理世界觀仍深信不疑，他們荒唐地認為：「中土居大地之中，瀛海四環其緣，濱海而居者，俱謂之裔，海外諸國，亦謂之裔，裔之言邊也。」[59]1793年，英國馬戛爾尼使團浮海東來，副使斯當東驚奇地發現：中國士大夫「認為自己的國家是『中華』，他們的書上很少提到亞洲以外的地區。甚至在他們畫的亂七八糟的地圖上，也找不到亞洲以外的地方」。「中國的天文學家和航海家們始終未能超脫人類原始的粗糙觀念，總認為地球是一塊平面，他們認為中國位置在這塊平面的中心，因此他們自稱為『中華』，而其他各國在他們眼光中都比較小，而且還在地球的邊沿。」[60]可見，在鴉片戰爭前夕，與西方打了近三百年交道的中國封建統治者的世界地理知識仍然十分可憐。在利瑪竇死後200多年，新版的廣東地名辭典仍然認定「葡萄牙位於麻六甲附近，英格蘭是荷蘭的屬地」，需指出的是，該書的編者阮元「乃中國著名學者」，「而這本書的題材——廣東，是和西方接觸比中國任何一省都要廣泛的省份」。[61]

在文化世界觀方面，在明清之際，通過與西方文化的接觸，少數開明士大夫開始摒棄文化偏見，承認西學在某些方面優於中國文化，認識到「泰西」諸國並非茹毛飲血的「夷狄之邦」，那裡也有「名數」和「禮儀」，也有自己的文明和風俗，這說明人們已逐漸對惟華獨尊的「中國中心」觀念產生了懷疑，文化世界觀發生了變化。但自清王朝實行「禁教閉關」政

---

⑤⑨　馬戛爾尼：《乾隆英使覲見記》，第57頁。

⑥⓪　斯當東：《英使謁見乾隆紀實》，第225頁。

⑥①　湯恩比：《半個世界——中國和日本文化的歷史》，台灣楓地出版社1968年版，第47頁。

策之後，朝野上下的西學知識較明清之際大為落後，絕大多數封建士子腦海中「華尊夷卑」的幻影仍極強烈。從華夷觀念出發，「英吉利」、「義大利亞」、「佛朗機」等西方國家毫無例外地被列入中華帝國的朝貢系統之中。在政治上，中國是居天下之中的「天朝」，按照「溥天之下，莫非王土，率土之濱，莫非王臣」的準則，中國有教化恩典蠻夷的義務，而遠方蠻夷則有向慕中華文明、定期朝貢的渴望和要求，華尊夷卑，天意使然。

　　1793年，英國為開闢中國市場，派馬戛爾尼使團來華，清政府以「夷狄」貢使視之，在英使團船隻上高插「貢品」字樣，並強迫馬戛爾尼行跪拜之禮，引起了一場「馬拉松式」的禮儀之爭。1795年，荷蘭使節錢俊甫、文譜蘭來華，鑒於馬戛爾尼拒絕跪拜的經驗，他們曾拒行跪拜禮，他們的行動觸怒了清廷，「他們像罪犯一樣被解送到京師，在京城當成乞丐一樣看待，隨後又像押送騙子一樣送回廣州，並且只要司儀們認為合適，他們隨時隨地都要準備行三跪九叩首的大禮。」[62]在華夷體制的框架裡，天朝的威嚴是不可侵犯的。

　　在經濟上，中國皇帝「富有四海」，「天朝物產豐盈，無所不有，原不藉外夷貨物以通有無」，沉溺於天朝意象的迷夢之中，難以自拔。有些明儒碩學之士還把西學的起源歸於中國，借以排斥西學，認為西學既然源於中國，人們自然不必認真學習西學，只要埋頭中學，即可得到西學，這嚴重地阻礙了西學的輸入，影響中國對西方的認識，使得傳統的自尊自大的對外心態開始極度膨脹。

---

[62]　馬士：《中華帝國對外關係史》，三聯書店1957年版，第1卷，第54頁。

(三)精英集團的出現

日本社會學家富永健一在論及非西方後發展社會實現近代化的條件時，曾認為：「由於非西方後發展社會缺乏自發產生工業文明的主體，因而只能由推進現代化的傑出人物主持中央政府，現代化只能『自上而下地進行。』」[63] 突出強調了精英集團在非西方國家現代化進程中的特殊作用。

縱觀「鎖國閉關」時代後期中日兩國的歷史發展進程，我們會發現，在日本列島上已經出現了一大批具備初步的世界知識、強烈危機意識和高度的社會責任感的精英群體，成為日本擺脫民族危機，推進現代化的主導力量，而在清政府統治下思想沉悶、萬馬齊暗的中國大地上，則沒有出現類似的精英集團。

鎖國時代後期，日本通過蘭學將包括知識分子和官吏在內的一大批社會精英分子凝聚在一起，形成了龐大的學習西方文明的精英集團，據統計，18世紀末葉，江戶蘭學四大家之一的大槻玄澤設立芝蘭堂，自1789年至1826年，以指血署名的門徒有94人。另據1796年和1798年江戶蘭學者集會的名單，刪除重覆，共有104人，其中有身份可考者67人，計官醫、藩臣26人，町醫8人，藩主階層7人，幕臣7人，民6人，翻譯3人，其他10人。可見，蘭學群體已迅速發展壯大。

值得注意的是，很多加入蘭學群體的日本知識分子和官僚對西方文化已不是一般的愛好，而是達到了酷愛成癖的程度，以至被人們稱為「蘭癖藩士」、「蘭癖大名」、「蘭癖老中」。有些日本蘭學者甚至請荷蘭商館長或商館人員為其起了荷蘭名

---

[63] 杭廷頓等：《現代化理論與歷史經驗的再探討》，上海譯文出版社1993年版，第120頁。

字，以表示對西洋文化由衷的崇仰之情。

　　隨著時間的推移，產生於民間的蘭學出現了與政治結合，向幕府權力深層滲透的趨向。在19世紀上半葉著名的蘭學群體「尚齒會」中，除了團體的核心人物高野長英、渡邊華山、小關三英等蘭學家外，還有景慕華山洋學見識，直接集於其麾下的幕吏江川英龍、羽倉用九、川路聖謨、松平伊勢守、松平內記、下曾根信敦等人，他們深受長英、華山思想的影響，在日本後來的開國外交談判，走向世界的進程中起了非常關鍵的作用。蘭學影響於統治階層內部，使諸藩大名和幕府的老中都具備一定的西學知識，使其在民族危機日益嚴重的形勢下，保持了清醒的頭腦。

　　而同時期的中國，由於「禁教」，使西學東漸的進程發生嚴重中斷。加之清政府大興文字獄，使知識分子埋頭古籍，知古不知今，根本不過問現實的經世之學。鴉片戰爭前夜雖然有陳倫炯、王大海、何大慶、湯彝等士大夫曾著書介紹歐美列強的情況，但其研究成果都是些見聞式的描述之作，不成系統，這些研究者之間也從無聯繫，在清王朝專制高壓的統治下更不可能形成一個有組織的群體。

　　思想家的認識標誌著人類時代認識的深度，政治家的認識則直接影響、決定著歷史前進的方向。鎖國時代後期日本蘭學團體的形成及其對官方政治家的影響，深化了日本統治階級對西方文明的認識。而中國此時期民間的西學研究水平低下，沒有形成西學研究群體，對統治階級更是毫無影響，這對19世紀中葉後兩國歷史命運的不同抉擇，產生了決定性的影響。

第 三 章

「開國」時期西方文化的攝取

　　19世紀40至60年代的東亞，是東西文明相激相蕩的衝突時代，也是東亞諸國攝取西方資本主義文明新的歷史時期。1840年，英國「東方遠征軍」為維護可恥的鴉片貿易，悍然發動了侵略中國的鴉片戰爭，憑借其「堅船利炮」撞開了中國閉鎖的國門。13年後，美國海軍准將柏利率領「黑船」駛人日本列島「叩關」，打破了日本德川幕府奉行200餘年的「鎖國體制」。鴉片戰爭和「黑船事件」，這些「外壓」化作一股強勁的衝擊波，使中日兩國「國門洞開」，被迫放棄「閉關鎖國」政策，戴著不平等條約的鐐銬和枷鎖，步履蹣跚地進入世界資本主義經濟、政治秩序。從學術角度看，中日兩國在西方資本主義列強野蠻侵略政策衝擊下，被動地放棄「閉關鎖國」政策，加入近代資本主義世界秩序的過程堪稱為「開國」時代。

　　縱觀中日兩國的「開國」時代，我們會發現，這一時期兩國的社會精英都懷著強烈的危機意識，把眼光由國內迅速轉向海外，掀起了「世界史地」的研究熱潮，並開始攝取西方資本主義文明。但如果從比較角度看，我們則會看到，兩國攝取西方資本主義文明的進程無論在內容，抑或是深度、廣度上都有很大的不同，比較分析這些差異，對於我們理解中日早期現代化的歷程、成敗緣由和西學東漸的基本規律，都是大有裨益的。

一、「外壓」衝擊波

(一)炮口下的震撼

1842年8月，以中英《南京條約》的簽訂為標誌，持續兩年多的鴉片戰爭以「天朝上國」的慘敗而宣告結束。作為遠東歷史上第一次大規模的東西衝突，戰爭的影響已遠遠超出了中英關係的範圍，而對包括中日兩國在內的整個遠東世界產生了劇烈的震撼效應。

鴉片戰爭爆發後，堂堂的華夏「天朝上國」竟敗於「蕞爾島夷」之手，割地賠款，喪師失地，這種出乎人們意料之外的結果，是清季朝野官僚士大夫都難以接受的。戰爭的慘敗，使地主階級中的一批有識之士憂心忡忡，在痛定思痛之後，對鴉片戰爭進行了深刻的總結和反思。同時，一些飽讀經書，深受儒家正統華夷觀念影響的士大夫，也義憤填膺地對議和條約大張撻伐，攻擊尤力。

一些親身經歷鴉片戰爭及議和過程的官僚士大夫，對鴉片戰爭後中西關係的傾斜與劇變有了初步的體認，認為：「迨英吉利互市開關，輶就條理，而米利堅、佛蘭西各使踵至，均不免非分之干，其餘各小國亦窺睨其旁，妄生覬覦，洵數百年來中外一大變動也。」[1]此華洋之變局，亦千古之創局也。[2]「天地之氣，其至明而一變乎？滄悔之運，隨地環體，其自西而東乎？」[3]西洋「從古不通中國之地，披其山川，如閱一統

---

① 黃恩彤：《撫夷紀略序》，《叢刊·鴉片戰爭》第5冊，神州國光社1954年版，第409頁。
② 夏燮：《中西紀事·後序》。

志之圖；覽其風土，如讀十七省之志；豈天地氣運自西北而東南，將中外一家歟？」④從上述思想言論看，少數官僚士大夫已初步意識到西方勢力東侵的嚴峻形勢，認識到世界文明中心已由東方轉移到西方，並嚴重地威脅著東方。

他們還對鴉片戰爭中國失敗的原因作了深刻的研討和分析。如姚瑩認爲，鴉片戰爭的慘敗，「正由中國書生狃於不勤遠略，海外事勢夷情，平日置之不講，一旦海舶猝來，驚若鬼神，畏如雷霆，夫以是憤敗至此耳。」「英吉利、佛蘭西、米利堅皆在西洋之極，去中國五萬里，中國地利人事，彼日夕探習者已數十年，無不知之，而吾中國曾無一人留心海外事者，不待兵革之交，而勝負之數已較矣。」⑤魏源地分析說：「儒者著書，惟知九州以內，至於塞外諸蕃，則若疑若昧；荒外諸服，則若有若無……至聲教不通之國，則道聽臆談，尤易鑿空……徒知侈張中華，未睹瀛寰之大。」⑥故「欲制外夷者，必先悉夷情始；欲悉夷情者，必先立譯館，翻夷書始；欲造就邊才者，必先用留心邊事之督撫始」。⑦認爲不悉外情，是鴉片戰爭失敗的重要原因。

上述言論，反映了鴉片戰爭後思想比較敏銳的部分官紳，對中國慘敗原由所進行的現實的理性思考。標誌著部分「先進的中國人」已開始睜眼看世界，探索國家民族的出路。

然而，當我們放眼縱覽鴉片戰爭時期中國思想界發展的全圖時，會發現此時期像魏源、姚瑩那樣開明而又具有近代世界

---

③　魏源：《海國圖志‧東南洋‧新加坡》。
④　《海國圖志‧後序》。
⑤　《近代中國對西方及列強認識資料匯編》第1冊，第372頁。
⑥　魏源：《聖武記》卷十二，《武事餘記‧掌故考記篇》。
⑦　《海國圖志》卷二，〈籌海篇〉三。

意識的思想家實在是寥若晨星，官僚士大夫群體中的絕大多數都是從傳統的華夷觀念出發來總結鴉片戰爭失敗的教訓的。

給事中董宗遠曾上疏道光帝，痛言鴉片之役使「國威自此損矣，國脈自此傷矣，亂民自此生心矣，邊境自此生事矣」。[8]浙江巡撫劉韻珂也上疏提出「十可慮八患論」，慨嘆道：「夫國家所以治天下者，法也，民所以納稅課，通貨物者銀也，今法窮於夷，銀盡於夷，雖欲戢兵，其將能乎？」[9]激憤憂患之情，溢於言表。漢族軍機大臣王鼎每見主和的滿人大學士穆彰阿，便厲聲斥之爲秦檜、嚴嵩，最後竟不惜屍諫皇帝，犧牲了自己的生命。作爲清朝最高統治者的道光帝也深感議和條約有傷「天朝」的臉面，內心憤懣不已。據史料記載，當《南京條約》文本呈送到道光皇帝面前時，他遲遲不予硃批。「退朝後負手行便殿階上，一日夜未嘗暫息，侍者但聞太息聲，漏下五鼓，上忽頓足長嘆，旋入殿，以硃筆草草書一紙，封緘甚固，時宮門未啓，令內侍持往樞廷。」[10]經過痛苦的思考，最終還是無可奈何地滿足了侵略者的貪婪的要求。但道光帝一直視《南京條約》爲奇恥大辱，覺得自己對不起列祖列宗，死後沒資格進入祖廟，所以死前留下遺詔：「朕萬年之後，斷不可行郊配之禮，誣朕以不德不孝。若繼體之君，顧命之臣，不尊朕諭，任意強行，則是甘爲我大清不孝不忠之人矣。」[11]這足以看出鴉片戰爭對清朝封建統治者刺激之深。

鴉片戰爭就其歷史意義而言，實爲中國歷史上「數千年未

西風東漸——中日攝取西方文化的比較研究

---

⑧　郭廷以：《近代中國史》第2冊，商務印書館1947年版，第489頁。

⑨　梁廷枏：《夷氛聞記》，中華書局1985年版，第32頁。

⑩　《軟塵私議》，《叢刊·鴉片戰爭》第5冊，神洲國光社1954年版，第543頁。

⑪　同上。

有之變局」，但鴉片戰爭慘敗後，清政府朝野上下並未意識到
這一變局的真正意義。產生於第一次鴉片戰爭後統治階級內部
的上述「憂患」話語，雖然言辭激烈，但多偏重於戰敗的屈辱
感和「國威」的衰落、「國脈」的喪失，屬於一種無奈情緒的
宣洩，並未對戰爭失敗的原因進行深層次的反省和思考，對西
勢東漸以來嚴峻的國際形勢也缺乏明確清醒的認識。中國朝野
人士並未從華夷之辨的天朝意象中解脫出來。

在這些清朝官僚士大夫的眼裡，以英國為代表的西方國家
仍然是野蠻而不知人倫的夷狄，天朝與之訂約，不過是暫時羈
縻的權宜之計。《南京條約》中雖然明文規定：「英國住中國
之總管大員，與中國大臣，無論京內外者，有文書往來，用照
會字樣……兩國屬員往來，必當行平行禮。」[12]但在清政府的
官書中仍然多使用「夷」字。

在民間，沿海的紳士百姓對於英國侵略者的侵略行徑極為
憤慨，在反侵略的揭貼告示中痛罵英國人為犬羊、諸狗、鬼
子，是一群「不過能言之禽獸而已」，視英國為狗邦、畜邦，
中國戰敗並非無能，而是天朝仁慈，特別可憐英人「身同畜
類，性本天知，豈有人與畜鬥之理」。[13]

從華夷觀念出發，清朝官僚士大夫仍然堅信「老子天下第
一」的信條，認為「區區一醜夷之情狀，誠不足以設心」，[14]
一如既往地睥睨著西方。由此，喧囂一時的憂患意識和戰敗的
屈辱感很快就隨著和約的訂立而煙消雲散，在傳統文化優越感
的作用下，清王朝君臣的危機意識不可能持久。據佚名的《軟
塵私議》記載：

---

⑫　同注⑧，第510頁。

⑬　《鴉片戰爭史料選譯》，廣東人民出版社1986年版，第392頁。

⑭　《鴉片戰爭時期思想史資料選揖》，第91頁。

「和議之後，都門仍復恬嬉，大有雨過忘雷之意。海疆之事，轉喉觸諱，絕口不提；即茶房酒肆之中，亦大書『免談時事』四字，儼有詩書偶語之禁。……

怡奏英夷索還臺灣已殺之俘，上曰：『這個東西，不過又要我找些銀子罷了！』蓋以其未有大志，惟在圖利耳。」⑮

可見，中國傳統的文化優越感雖然在鴉片戰爭中受到了一次強有力的衝擊，使封建君臣驚詫不已，但中西之間還只是在器物層面發生衝突，戰爭並未使中國士大夫從迷夢中驚醒。對於19世紀中葉中國封建士大夫面對西方文明的挑戰而表現出來的遲鈍和麻木，當代西方學者施威雪 (Earl Swisher) 曾有一段發人深思的分析，他寫道：

「19世紀的中國知識分子所表現的是一種故步自封的知識分子。這些知識分子過分陷於一種傳統的型模裡，以致不能做那些為了維持其領導地位而行的基本思想改變。就中國知識分子的堅持孔學正統來看，19世紀的中國很類似中世紀的歐洲。在培根發動知識革進以前，該對歐洲的知識分子浸沉於亞里士多德和經院哲學。中國的知識分子具有許多德性，而且常常是光華燦爛具有良好品格的人，可是他們缺乏彈性，並且是在一個很窄的框架以內思想和行事。」⑯

看來要想喚醒睡夢中的傳統官僚士大夫，首先必須將其從狹隘的傳統思想框架內解放出來，真正地直面世界。而要想摧毀傳統華夷思想的頑固堡壘，確立科學實證的近代世界觀，僅

---

⑮　同注⑩，第529頁。

⑯　轉引自劉小楓：《中國文化的特質》，三聯書店1990年版，第191頁。

僅經歷一次衝擊是不夠的，古老的中華帝國必須還要迎接比第一次鴉片戰爭更爲強勁的衝擊。

相比之下，鴉片戰爭在日本引起的反響遠比中國持久強烈，很多日本有識之士都迅速地意識到這場發生在鄰國的戰爭與日本的命運息息相關，產生了緊迫的危機意識。

首先，日本幕府和各藩的統治階級對鴉片戰爭的爆發感到萬分憂慮。1841年正月，在鴉片戰爭正在進行之際，老中⑰水野忠邦在寄給其心腹川路聖謨的信中說：鴉片戰爭「雖屬外國之事，亦即我國之鑒。關於浦賀防務之建議迄未作出決定，殊屬無狀」，表示十分憂慮，並深深感到「唇亡齒寒，我國雖全盛，亦非晏然自佚之時」。⑱

幕末大臣勝海舟也強調指出：「鄰國之事也是我國之鑒。歐洲的勢焰漸入東洋，有剝林以膚之誡。識者寒心，豈其梗概。」⑲

長町若年寄高島秋帆也上書幕府，作出了廣東之戰清國必敗的預測，他認爲：小小英國所以能戰勝中華帝國，完全是炮術先進的緣故，建議日本抓緊時間普遍改革全國大炮，充實防務。

水戶藩藩主德川齊昭本是攘夷排外的倡導者，視西洋人爲不知人倫的夷狄，以與之打交道爲恥。但當鴉片戰爭爆發的消息傳到日本後，他卻認爲：「最近謠傳清國戰爭，人心浮動。如果確有其事，則任何事，均可置諸不問，唯有全心全意致力於武備耳。鑒於清國戰爭情況，急應公布天下，推延日光參

---

⑰　老中：幕府官員，直屬將軍，負責總理政務。

⑱　井上清：《日本軍國主義》第1冊，商務印書館1985年版，第24頁。

⑲　勝海舟：《海舟全集》第2卷（上），第433頁。

拜，以日光參拜經費爲武備之用。」[20]後來，德川齊昭還就海防問題上書幕府，指出：「近來清朝鴉片煙之亂，乃前車之覆轍。」[21]由此可見，無論是幕府的重臣，還是各藩藩主；無論是開明派，還是保守派，都從鴉片戰爭的硝煙戰火中體味到英國等資本主義列強在亞洲的侵略活動，已經直接威脅到日本的生存，必須隨時提高警惕，提防日本蹈清政府慘敗的覆轍。

其次，鴉片戰爭的消息傳到日本之後，當時的日本知識分子，包括洋學家、作家等人士都積極從清政府鴉片戰爭的失敗中總結教訓，編撰、翻刻了一大批關於鴉片戰爭的書籍。據北京大學歷史系王曉秋教授的統計，其代表性作品主要有：[22]

書　名	作　者	時間（年）	種　類
《夷匪犯境聞見錄》	無名氏	1857	翻刻漢籍
《乍哺集咏》	沈筠	1846	翻刻漢籍
《海外新話》	楓江釣人	1849	日文小說
《海外新話拾遺》	種菜翁	1849	日文小說
《海外余話》	醉夢痴人	1851	日文小說
《清嘆近世談》	早野惠	1850	日文小說
《鴉片始末》	齋藤正謙	1843	日文歷史著作
《海陸戰防錄》	佐藤信淵	不詳	日文歷史著作
《清英戰紀》	長山貫	1848	日文歷史著作

在許多作品中，日本知識界對英國的野蠻侵略行徑表示了極大的憤慨，對外國資本主義列強侵略掠奪的本質有了初步的

---

[20]　轉引自小島晉治：《太平天國革命的歷史和思想》，第292－293頁。

[21]　《大日本古文書》幕末外國關係文書之一，第511頁。

[22]　此表據王曉秋《近代中日啓示錄》，北京出版社1987年版，第13－16頁製作。

認識，如正木篤就揭露到：「俄國高唱正義，美國好稱公允，其實他們皆是虎狼之輩。較之俄美兩國，英國尤為強悍狡黠」，它「慣用和、戰兩手，或吮人膏血，或龇人魄肉，時而為柔羊，時而為猛虎，唯利是圖」，這種「虎狼之輩，殊堪痛恨」。[23]

在對英國侵略本性初步認識的基礎上，上述作品強調更多的是：吸取鴉片戰爭的教訓，加強日本海防建設，防禦外來侵略。如長山貫在《清英戰紀》的自序中即指出：英國「已併香港，盤踞廣州、廈門、寧波、福州、上海的港口。予讀西書知彼貪婪，起初卑辭懇求通商，進而築城置兵，以求一逞。吞併南海諸國即用此策」。「清國目前講和不過暫塞凶食，將來結果如何？恐怕其凶焰難止吧！」[24] 日本必須以清國失敗為教訓，加強海防。《海外新話》的作者楓江釣人還在書前的序詩中以詩的形式抒發了他敦促幕府吸取鴉片戰爭的「天賜前鑒」，加強海防的急迫心情，他寫道：「巨炮震天堅城摧，夷船進港漢軍走。……哀哉百萬講和金，往買夷酋一朝咲。惟我神州（指日本）屹海東，四沿青涵蒼波中。……天賜前鑒非無意，婆心記事亦微衷。嗚呼！海國要務在知彼，預備嚴整恃有待。」[25]顯然，在詩的最後，作者向讀者揭示了全書的主題。

除了上述文學、史學作品和著述外，還有一些洋學家在書信和上書中，對鴉片戰爭作了更直接、更深刻的反省。他們借助此前積累的洋學知識，分析觀察鴉片戰爭，敏銳地意識到這

---

[23] 鮎澤信太郎、大久保利謙：《鎖國時代日本人的海外知識》，原書房1975年版，第147－148頁。

[24] 增田涉：《西學東漸與中國事情》，岩波書店1979年版，第108－109頁。

[25] 同注[22]，第13頁。

場戰爭絕非一般意義上的軍事衝突，而是預示著人類文明發展新時代的到來。而清政府之所以在戰爭中慘敗，根本原因在於固守傳統的學問，對世界歷史大變局無知無覺。幕末著名洋學家佐久間象山在〈致梁川星岩的信〉中，批判了傳統的中國式學問的狹隘，他說：

> 「方今之世，僅以和漢之學識，遠爲不足，非有總括五大洲之大經綸不可。全世界之形勢，自哥倫布以窮理之力發現新大陸、哥白尼提出地動說、牛頓闡明重力引力之實理等三大發明以來，萬般學術皆得其根底，毫無虛誕之處，盡皆踏踏實實。歐羅巴、亞美利加諸洲逐漸改變面貌，及至蒸汽船、電磁體、電報機等之創制，實屬巧奪造化之工，情況變得驚人。」[26]

在〈贈小林炳文〉中，他又說：

> 「宇宙實理無二。斯理所在，天地不能異此。鬼神不能異此。百世聖人不能異此。近年西洋所發明許多學術，要皆實理，祇足以資吾聖學。而世之儒者，舉皆凡夫庸人，不知窮理，視爲別物。不審不好，動比之寇仇。……此輩惟可哀愍，不足以爲商較。」[27]

在佐久間象山看來，清王朝在鴉片戰爭中的敗北，正說明了傳統的漢學知識在當今之世已經過時。而那些庸碌的儒者不知哥倫布、哥白尼、牛頓爲何人，仍視傳統聖人的教誨爲金科玉律，其失敗碰壁是必然的。爲此，佐久間象山批評日本保守的儒學者，告誡他們不要步中國庸儒之後塵，在日本重演鴉片戰爭的悲劇，他寫道：

> 「而吾邦儒者，誤讀孟子，不審天下之形勢，不察萬

---

[26] 永田廣志：《日本哲學思想史》，商務印書館1992年版，第260頁。
[27] 同上，第260－261頁。

國之情狀。兵力萎靡而不知奮也。械器濫惡而不知精也。外藩改銃炮，變兵法，而我不肯講矣。造大輪、革域制，而我不肯效矣。曰何以炮艦技巧爲哉，亦有仁義而已矣。是猶治病虛者，而不知所以補之，幾何其不殺人也。……故海防之要，在炮與艦，而炮最居首。」[28]

象山上述對鴉片戰爭歷史教訓的總結，切實而深刻，代表了19世紀40、50年代日本思想界的最高水平。

再次，鴉片戰爭爆發後，在風雲緊急的東亞形勢中，荷蘭國王給幕府寄來國書，向幕府陳述劇烈變動的世界形勢，敦促日本吸取清政府的失敗教訓，打開國門，迅速開國。荷蘭國王的「國書」，使日本朝野上下的危機意識更加深刻。

1844年8月15日，荷蘭海軍上校科普斯攜帶荷蘭國王威廉二世的親筆信，指揮軍艦「帕蘭邦」號駛入長崎港。老中水野忠邦讓精通荷蘭文的蘭學家澀川六藏快速翻譯這封親筆信，信的內容大致是：

「近來英國國王向中華帝國出兵而發生激戰的情況，我國商船已逐年在長崎呈遞風說書。歐羅巴諸國長於兵學，而清帝國卻久疏戰事，終於被迫與英國簽訂和約，開放五口。探尋這一禍亂的原因，則是因三十多年前，英國等歐羅巴國家推行海外通商、殖民政策，發明種種奇巧的機械和武器，國力豐饒，爲謀取商業利潤，經常發動對外戰爭。……貴國亦將罹此種災害。通觀古今之時勢，宜速使天下之民相親近，其勢非人力所可阻擋，尤其是蒸汽船發明創制以來，各國相距近在咫尺，鎖國不可行。今如欲使貴國成幸福之地而不爲兵亂所荒廢。則嚴禁異國人之法殊應放寬。……夫和平在於敦睦友誼，而敦睦友誼則在於

[28] 佐久間象山：《省愆錄》，第109、98頁。

進行貿易……。」[29]

通觀荷蘭國王威廉二世親筆信的內容，可以發現，荷蘭方面此舉的根本動機在於「看到日本的開國已難於避免，因而想掌握主動權，以保持荷蘭在日本的原有特權」。[30]但在客觀上卻向日本幕府闡明了世界形勢，指出鎖國閉關是逆世界潮流的愚蠢行動，並告誡幕府，要想避免重蹈清政府在鴉片戰爭中失敗那樣淒慘的厄運，必須迅速摒棄鎖國政策，採取開放政策，融入世界文明大潮之中。

當時，幕府的老中水野忠邦認為，國際交往已是世界大趨勢，維持鎖國是不可能的，力主打破舊規，接受荷蘭的國書和勸告。但是將軍德川家慶卻拒不採納水野忠邦的意見，並將其免職。繼任的首席老中阿部正弘告知荷蘭商館長：「我祖創業之際，海外諸邦通信貿易固無一定，及後議定通信之國、通商之國，通信限朝鮮、琉球，通商限貴國與支那。此外一切不許新為交通，貴國於我從來有通商無通信，信與商又各別也，今欲為之布報，則違礙祖法，故伻臣等達此意於公等，稟之於國王，事似不恭，然祖法之嚴如此，所以不得已，請諒之。」[31]

從表面上看，幕府拒絕了荷蘭的開國勸告，繼續奉行鎖國政策，但荷蘭國王的國書卻也對幕府的內外政策產生了積極影響，1845年8月，幕府設置了海岸防禦掛作為掌管外事和國防的機構，起用川路聖謨、岩瀨忠震、永井尚志等開明派官僚，從1846年起連續數年，均向幕府官員或負責守衛近海的大名咨

㉙　中川清次郎：《西力東漸本末》，大東出版社1943年版，第438－439頁。
㉚　信夫清三郎：《日本政治史》第1卷，上海譯文出版社1982年版，第177頁。
㉛　齋藤文藏：《日本外交史》，雄山閣昭和七年版，第103頁。

詢對外國船隻的對待方法，意在加強海防。由此可見，受荷蘭「開國勸告書」的影響，幕府對西方勢力東侵嚴峻的國防形勢的體認更加深刻，採取了一系列加強海防的措施，其危機意識大大加強。

到1852年，伴隨著鴉片戰爭結束後東亞形勢的劇變，外國軍艦紛紛駛往日本海，嚴重地威脅到日本的國防安全。這時，美國已經做出了向日本派遣使節的決定。荷蘭政府首先獲悉了這個情報，立即派荷屬東印度高等法院評議官敦克爾·克提俄斯為駐長崎的荷蘭商館館長，向日本遞交了荷蘭國王威廉二世的第二次「開國勸告」公函，大致內容是：「美國政府將派軍艦前來日本，以求實現通商」，在當前形勢下日本已難於維持鎖國局面，日本若再一味堅持鎖國，則將「引起軍事衝突，難免蒙受長期血戰之苦，而不得平靜」。[32]

幕府雖然接到了荷蘭的第二次「開國勸告」，但仍以「開國」不合祖法而加以拒絕，同時還封鎖了美艦即將來日的消息，不許向外洩露。但美艦來日的消息很快就傳到了外邊，一些地方大名獲悉此消息後，感到日本列島即將大難臨頭，危機意識更加強烈。1852年12月，薩摩藩主島津齊彬從江戶寫給鹿兒島的弟弟島津久光的信中即披露了日本統治集團受美艦來航壓力所表現出來的危機意識：

> 「傳聞美國明年將來日本，世上對此雖無特別議論，但閣老中卻頗為擔心，每遇辰之口（老中阿部正弘）亦表憂慮之情。」[33]

1853年3月，信濃國（今長野縣）松代藩的儒者佐久間象山也在致山寺源大夫和竹林金吾的信中談了他對美船即將來航

[32] 同注[30]，第185－186頁。

[33] 同上，第186頁。

的憂慮心情：

「風聞今年初夏必有外國船隻前來此地，對有志者而言，此乃苦其心志之事。」「風聞今年四月將有外船數艘來浦賀，乃使有志者痛心疾首之事……。」[34]

由此可見，鴉片戰爭結束後荷蘭國王的兩次「開國勸告」，對日本朝野上下危機意識的增強，認識東方國家所面臨的空前歷史變局，起了相當重要的作用。

相比之下，清政府無論是在鴉片戰爭爆發之前，還是在戰爭結束之後，都沒有得到歐美列強以「國書」形式遞上的「開國勸告書」，仍然以「天朝」自居，視英國為夷狄，難以產生真正意義上的危機意識。事實上，在英國發動鴉片戰爭之前，有關侵華戰爭的消息即在廣州的外商中流傳，1840年4月26日，美國副領事多刺那出於美英矛盾，普以稟帖方式將英國即將出兵中國的消息告知清政府：

「各西國之例，凡有一國封一國之港，不許各國之船往所封之國貿易，先行文書通知各國。現由英國及本國有新聞紙來到。內云：英國限於本年五月前後，不許各國之船來粵貿易。今本國系旁觀之國，只旁觀而已，因日子無久，將來本國有船來粵，其船係正經清白之船，懇求早日帶進（黃）浦開艙。因從前之船，多有耽擱，十餘日至一月之久方能開艙。將來所到之船，倘照從前耽擱如此之久，則日子無幾，起下貨物不能速完，而英國巡船一到，定以時日阻止出口，不能回國，血本大虧。求施恩早帶船進口，早日開艙，感恩不淺……」[35]

---

[34] 同上。

[35] 《信及錄》，轉引自蕭致治等：《鴉片戰爭前中西關係紀事》，湖北人民出版社1986年版，第563頁。

美國副領事多剌那在這封請求清政府向美船早日開艙的稟帖裡，實際上已經明確透露英國將發動侵華戰爭。這對於戰前的清政府來說，是一件十分重要的軍事情報，但遺憾的是林則徐並沒有對此引起注意，相反卻對美國的這種表現非常反感：「稟內妄稱五日前後，英吉利欲行封港，不許各國之船來粵貿易等語，實屬膽大妄言，悖謬已極。」林對美國人講：自斷絕英商貿易後，你們得到很大利益，「若竟不知好歹，轉代英夷張大其詞，恐亦自貽後悔而已」。[36] 最後他將美國的稟帖退了回去。林則徐的這次失誤表明，直到鴉片戰爭爆發的前夜，清政府官員對劇變的國際形勢還是無知無覺，並未作好打大仗的準備，這為戰爭埋下了失敗的種子。

(二)柏利「黑船」[37] 叩關

19世紀40年代，西方資本主義列強憑借「堅船利炮」打開中國大門之後，便又把侵略的矛頭指向了與中國一衣帶水的日本，美國充當了撞開日本大門的急先鋒。這一時期的美國之所以如此強硬地要求日本開國，主要是因為「產業革命」後的美國，不斷向西發展陸上領地，終於到達太平洋沿岸。新興的美國資本主義為壟斷中國市場，同英國展開了激烈的競爭。美國商人早就看眼於開闢一條橫渡太平洋的航路，但因為當時的輪船不能裝載足夠一氣橫渡太平洋所需的煤炭，需要在中途有個補充煤炭的停泊港。於是，「日本作為中轉地的作用，就成為注目的焦點了」。[38]

---

[36]　同上，第564頁。

[37]　黑船：指來自歐美各國的火輪船，因船身多塗黑漆而故名。

[38]　信夫清三郎：《日本外交史》上冊，商務印書館1992年版，第57頁。

美國代理國務卿康德拉把太平洋擴張對美國的意義所在做了如下概括：

> 「最近的一些大事，諸如在海洋上的蒸汽行輪、本國在太平洋沿岸取得廣袤領土和迅速在那裡定居，以及在橫互間隔兩洋的地峽上建立便捷的交通等，實際上已使東方各國越來越靠近我們本國。雖然這些大事的後果，還沒有開始被感覺到，可是兩國間的交往已經大為頻繁，其日後的擴展是不可限量的。」[39]

1852年，美國總統費爾摩任命海軍准將柏利為東印度艦隊司令，並把與日本締結通商條約的任務交給了他。柏利是位狂熱的侵略擴張主義者，他認為只有使用武力才能取得美國過去未能取得的東西。他說：

> 「我決不允許我國的國家權利受到任何傷害；相反，我相信這正是時機，在東方採取這樣一種立場，來宣揚美國的威勢，以期使那些權利受到更大的重視。因為在東方國家之中，權利通常是按著所顯示的軍力而加以權衡的。」[40]

1852年11月，柏利率領遠征日本的艦隊從美國海軍基地諾福克出發，轉道香港、上海，組成了一支由旗艦「薩斯奎漢那」號等5艘軍艦和輪船組成的艦隊，直奔日本駛來。由於美國的船身多塗黑漆，日本史籍把這些船稱為「黑船」。

1853年7月8日，這些美國「黑船」駛入日本江戶灣的浦賀，要求幕府接受美國總統的國書。幕府驚恐萬分，急忙召集閣僚會議。會上一派以「海岸防禦力量薄弱」為理由，主張接受美國國書；另一派則主張拒絕，幕府會議難於作出決定。這

---

[39] 丹涅特：《美國人在東亞》，商務印書館1959年版，第228頁。
[40] 同上，第235頁。

時，柏利爲恐嚇幕府，炫耀武力，把「黑船」駛入江戶灣進行示威性測量。「江戶城內市民無論貴賤，都驚慌失措，寢食不安，扶老攜幼，逃往郊外」。[41] 幕府無可奈何之下，只好接受了美國國書，約定明年答覆，這才換取了柏利艦隊的撤離。這件事在日本仍史上稱爲「黑船事件」。

柏利離開日本一個半月以後，1853年8月22日，俄國沙皇派遣海軍中將普提雅廷爲特使，率4艘兵艦開進長崎港，帶來了沙俄帝國首相致日本老中要求建立日俄邦交的書信，要求劃定千島、庫頁島的國界，開港通商。

此時，柏利艦隊正停泊香港，得知普提雅廷逼迫日本開國，立即決定返回日本，以在日本開國問題上占據領先地位。於是，在1853年12月，他率領7艘艦船組成的大艦隊，冒著冬季呼嘯的風暴，再度遠征日本。1854年2月11日，美國「黑船」出現在江戶灣，逼迫日本開國。

在美國「黑船」的逼壓下，幕府爲避免重蹈中國鴉片戰爭的覆轍，決定向美國讓步。經過談判，兩國全權代表締結了《日本國美利堅合眾國親善條約》（《神奈川條約》），約定條約於次年2月換約，正式生效。條約的主要內容有：(1)爲補充「薪水、食品、煤炭和所缺物資」，開放下田和箱館兩港；(2)遇難人員和來日人員的待遇；(3)供應必需品（所缺物資）的辦法；(4)最惠國條款；(5)在下田駐領事；(6)交換批准書。[42]《神奈川條約》是日本與外國資本主義列強簽訂的第一個不平等條約，它打破了日本固守200多年的鎖國體制，標誌著日本鎖國時代的結束。

柏利率領美國「黑船」兩度來日叩關，並撞開了日本閉

㊶　同注㉛，第212頁。

㊷　同注㊳，第62頁。

鎖的國門，在日本的官方和民間都引起了極大的震驚，使日本自鴉片戰爭以來即已萌生的危機意識更加強烈。

作爲柏利叩關事件的親歷者，維新志士佐久間象山和吉田松陰，在得知敵我力量相差懸殊後，深深的危機感使他們「終夜難入睡」[43]，而披閱這一時期藩士、大臣的書信、日記，可以發現「履薄冰之思」、「天下之安危」、「累卵之危急」、「大變局之世態」、「最早不可言之情勢」等詞彙，這集中反映了日本人在西方資本主義列強強烈的「外壓」下，對國家民族的前途命運憂慮萬分的焦急心情。

當柏利第二次來到江戶灣要求日本政府答覆開國要求時，日本朝野上下仍驚魂未定，對此，時人福地源一郎描述道：

> 「幕府驚恐萬狀，以爲如美艦繞過羽田灘而進入品川，一旦談判破裂，則江戶在彼等大炮之下，化爲煙海。自神奈川至江戶之間，瞭望哨林立，告急文書雪片飛來。
>
> 於將軍所居城堡，忽報夷船駛向江戶，則驚慌失措，忽報夷船駛向浦賀，則又暫安一時，如此忽驚忽安者，日達數次。」[44]

基於這種強烈的危機意識，很多日本有識之士開始明確意識到亙古未見的一個新的、變化劇烈的時代已經到來，並對幕府保守、狹隘的政策提出了激烈的批評。如吉田松陰聽到柏利來航的消息後，迅速趕到現場，他目睹了幕府海防形同「虛設」的情況，7月25日，他在致其兄杉梅太郎的信中，談了對時局變革的認識：

> 「浦賀之事，乃古今未曾有之大變，國威衰頹以致於此，其由來究何在？……幕府之議，糊塗因循，使六十六

[43] 綿貫哲雄：《維新和革命》，大明堂昭和四十八年版，第194頁。
[44] 吉田茂：《激蕩的百年史》，世界知識出版社1981年版，第5頁。

國之人茫茫然而不知所從。懷志於草野者，又何爲而方
可？……方今昇平三百年，俯察仰觀，漸萌變革之勢。」⑮

10月16日，他又在致其兄書中談到如何應對變革局面問
題：

「外患內亂常相互聯繫，自古即不乏其例，今更不煩
縷述。然今日外患當頭，無人不言海防海防，卻未聞有言
民政民政者。夫外患內亂既必然相互聯繫，則海防與民政
並舉，自不待言。」⑯

從上述日本人對柏利來航等事件的反響中，我們看到，19
世紀中葉嚴酷的遠東國際形勢深深地刺激了日本，爲拯救即將
沉沒的日本列島，日本朝野有識之士的危機意識不斷強化，他
們不僅吸取了清政府在鴉片戰爭中失敗的教訓，同時面對美國
「黑船」的叩關，已開始具體籌劃擺脫民族危機的良策。這說
明日本人對於鴉片戰爭後東方民族所面臨嚴重危機的認識，比
中國人要敏感得多。

(三) 被動「開國」

鴉片戰爭結束14年後，英國和法國侵略者分別以「亞羅號
事件」和「西林事件」爲藉口，發動了侵華的第二次鴉片戰
爭。這場戰爭從1856年10月在廣東爆發，到1860年《北京條
約》的簽訂，無論在時間上還是在規模上，都遠遠超過了第一
次鴉片戰爭。戰爭的結果導致了割地、賠款，使中國蒙受了更
爲慘重的損失。戰後，中英、中法《天津條約》和《北京條約》
的簽訂，標誌著近代中國不平等條約制度的形成，從此，中國
國門洞開，更加依賴於世界資本主義體系，標誌著近代中國

---

⑮　同注㉚，第205頁。

⑯　同上，第205－206頁。

「被動開國」過程的基本完成。

關於第二次鴉片戰爭的過程，已有衆多著作作了詳盡論述，這裡不再重覆，只想從中日兩國「開國」歷史相互關聯的角度，對第二次鴉片戰爭對日本「開國」過程的影響，作一些初步的探討。

1856年10月23日早晨，英國侵略軍以「亞羅號事件」爲借口，悍然發炮轟擊中國海防清軍，挑起了第二次鴉片戰爭。1857年2月24日，荷蘭商館長克提俄斯把中英戰爭的消息告知了長崎奉行，其中不少內容含有對幕府的恫嚇和警告：「中國第一處理不當之事，爲終將許可之事先加拒絕，俟被迫處於窘境後又加以允諾。一度拒絕之事，又被迫允諾，故每次損害本國之威嚴；而外國就被拒絕之事進行逼迫，故每次增強外國之威嚴。我國國威受損，彼國國威增強，其利害如何洞若觀火。如開始即知外國之強而進行商談，則英人決不至做出上述之事。」而且，中國土地廣闊，而日本「四面臨海，一旦發生戰爭則至爲緊急，……」「望多加考慮，不把此中國之事作爲外國事件而置若罔聞，必須仔細考察，加以處理。」[47]

克提俄斯把第二次鴉片戰爭的爆發歸因於中國政府不履行條約，目的在於恫嚇日本首先與荷蘭政府簽訂新的通商條約。但他的警告之辭確實使幕府十分震驚，3月，老中崛田正睦向幕府官員發表談話時說：「過去之做法，顯然已不能長期維持，應趁太平無事之際，迅速實行變革，並加以監督，是爲長遠之計」，以不致重蹈「廣州之覆轍」。[48]他表示了改變祖制，變革鎖國，實行開國的決心。同時還制定了開闢對外貿易渠道，派遣駐外官員與留學生等開國政策。

㊼　同上，第238－239頁。

㊽　同上，第239頁。

1857年11月，美國首任駐日大使哈理斯爲逼迫日本與美國簽訂通商條約，來到了江戶。26日，哈理斯會見崛田正睦，進行了長時間的會談。會談過程中，哈理斯時而說理，時而以第二次鴉片戰爭的可怕後果相威脅，他說：目前英國的香港總督包令正計畫航行來日，「來日時，將率領日本人迄今所未曾得見之大軍艦，來到江戶要求談判」，「美國總統之意，以爲日本如與美國締結牢固之條約，則外國亦必以此爲標準，故今後決不必再擔心。」[49]崛田正睦懼怕日本重蹈清政府的覆轍，已進一步傾向與美國締結通商條約，走向開國。

1858年5月20日，英法聯軍向清軍據守的大沽炮台發起進攻。炮台上的清軍將士雖經頑強抵抗，然而未能堅持多久。敵人占領炮台後，直逼天津。咸豐帝急忙派桂良、花沙納爲全權代表，在天津與侵略者簽訂了《天津條約》。幾乎與《天津條約》簽訂的同時，美國駐日總領事哈理斯也正在江戶與日本談判通商條的事宜。在進口稅等問題上，雙方僵持不下，恰在此時，美國「密西西比」號軍艦突然出現在下田港，帶來了英法聯軍兵占大沽口和《天津條約》簽訂的消息。哈理斯決定利用這一事件對日本方面的談判大臣施加壓力，他說：以今日之形勢觀之，英法聯軍在中國戰事結束後恐怕要率大艦隊來日本，「同一個未帶隨從的單身人所訂的條約，和一個率有五十艘戰艦來到海濱的使節所訂的條約，其間是有天壤之別的。」[50]幕府談判大臣懾於第二次鴉片戰爭的壓力，終於在6月29日，與美國全權代表簽訂了《日美修好通商條約》。接著，日本全權代表以日美條約爲樣本，分別與荷蘭代表克提俄斯簽訂了《日本荷蘭修好通商航海條約》，與俄國代表普提雅廷締結了《日

49　同上，第243頁。

50　同注39，第305頁。

本國魯西亞國修好通商條約》，與英國使節額爾金締結了《日本國大不列顛國修好通商條約》，與法國使節葛羅締結了《日本國法蘭西國修好通商條約》。因日本當時的年號是安政，所以歷史上把這五個條約稱作「安政五國條約」。

這裡值得特別指出的是，英、法、俄三國的締約代表，即俄國的普提雅廷、英國的額爾金、法國的葛羅，恰恰是此前三國與清政府簽訂《天津條約》時的特使，這是中日兩國「開國」歷史相互聯繫的絕好證明。

民國年間以「日本通」自許的戴季陶在其代表作《日本論》中曾寫道：「鴉片戰爭和英佛聯軍戰爭兩件大事，更把日本全國的武士的熱血，沸騰起來。一面以亡國的危險，警告國民，一面也學習不少國際情形。所以中國在19世紀初中葉所受外國的壓迫，也是日本維新的大興奮劑。」[51]

(四)中日兩國「開國」進程的比較

縱觀中日兩國開國歷史的全過程，我們可以發現兩國「開國」的大歷史背景是相同的，即都是在西方資本主義列強堅船利炮的攻擊和壓力下，先後被迫打開國門，走上坎坷曲折的「開國」道路的。但從比較角度分析觀察，則會看到兩國的「開國」進程有以下幾點不同，正是這些不同，對中日兩國攝取西方文明，實現現代化，產生了重大的歷史影響。

首先，兩國的「開國」方式不同。中國的「開國」是兩次鴉片戰爭的結果，具有很大的被動性，割地賠款，付出了慘重的代價。而日本雖然也是在西方列強的武力威脅下被迫開國的，但由於日本統治階級對外部世界有著清楚的認識，同時吸取了中國兩次鴉片戰爭慘敗的教訓，採取了合乎時宜的策略，

---

[51]　戴季陶：《日本論》，第43頁。

基本上避免了與西方資本主義列強發生正面衝突，巧妙地實現了「開國」。其「開國」進程是在外力壓迫下外交談判交涉的產物，具有一定程度的主動性。這兩種不同的「開國」方式，極大地影響了兩國日後的歷史發展進程。美籍華裔學者徐中約在《中國之加入國際社會》一書中，對中日兩國「開國」史的不同之點做了如下的分析：

> 「如果說，使日本走上開國道路的是『黑船』的威力，那麼使中國開國的則是鴉片戰爭和亞羅戰爭（第二次鴉片戰爭）這樣實際的戰爭。如果說，日本是通過《親善條約》和《通商條約》這兩個劃時代的條約而實現開國的，那麼中國則是由結束鴉片戰爭而簽訂的《南京條約》而一舉開國，並由結束亞羅戰爭而簽訂的《天津條約》使這一開國更為充分和完善。」[52]

日本學者加藤祐三在《黑船前後的世界》一書中則主要分析了兩國不同的「開國」方式及不平等條約體制對兩國現代化進程的影響，他把中日兩國與西方資本主義列強簽訂的不平等條約分為兩種完全不同的類型，認為：

> 「不平等條約的產生，或為戰爭的結果，或為交涉的結果。作為戰爭結果產生的不平等條約體制叫作『敗戰條約體制』；作為交涉而產生的不平等條約體制叫作『交涉條約體制』。具體地說，前者是《南京條約》後的中國，後者為《日美和親條約》後的日本。『敗戰條約體制』與『交涉條約體制』的主要區別在於：其一，敗戰條約往往伴隨著懲罰性的賠款和領土割讓，而交涉條約則沒有；其二，敗戰條約具有極強的事後拘束力，改正非常困難，而交涉條約則可通過談判加以修訂、取消；其三，在對簽約

---

[52] 同注[30]，「序」第3頁。

國的內政干涉上，敗戰條約更強。」⑤

　　加藤祐三從中日兩國不同的「開國」方式出發，將兩國與西方資本主義列強簽訂的不平等條約分爲「敗戰條約」和「交涉條約」兩種類型，並分析了各自的特性，這有助於我們更加深刻地理解認識中日兩國由封閉走向開放的歷史進程。

　　其次，在中日兩國的「開國」過程中，都曾出現過激烈的「攘夷」運動，從表面上看，兩國的「攘夷」都表現爲擊殺外國人，焚燒外國使館、商館等事件，但如果比較分析兩國攘夷的全過程，就會發現很多細微的不同。

　　在中國，清政府在《南京條約》簽訂後，並沒有清醒地意識到世界歷史大變局時代的到來，非但沒有採取積極進取的開放措施，相反卻採取或明或暗的方式，掀起了「攘夷」運動，主要有火燒洋館、反租河南地、反進城鬥爭等，不斷把攘夷熱推向高潮。應該指出，上述攘夷鬥爭在一定程度上反映了各階層人民反抗西方列強侵略的正義性，但其局限性在於它沒有把反抗侵略與學習西方資本主義先進文明結合起來，對中國的開放進程產生了消極影響。最終導致了第二次鴉片戰爭的爆發，中國的門戶洞開、京師淪陷、割地賠款，使中國蒙受了更爲慘重的損失。

　　而在日本的開國過程中，雖然也出現了與中國相類似的「攘夷」運動。一些激烈的攘夷主義者紛紛進行擊殺外人、焚燒外國使館、炮擊外國船隻等攘夷活動，激化了日本與西方列強間的矛盾，甚至引起了薩摩、長州與英國之間的局部戰爭。但如果仔細觀察，則會發現日本的「攘夷」與中國有所不同，主要表現在：

---

⑤　加藤祐三：《黑船前後的世界》，岩波書店1985年版，第144－145頁。

(1)日本的「攘夷」運動的主體並不排斥西方文明。在日本攘夷派眼裡，西方資本主義列強是「蠶食各國」、「久蓄異志」的豺狼盜賊之國，是國家的大敵，應將其逐出日本。但是，「和中國相比，日本的華夷思想基礎極其薄弱。而且在江戶時代中期以後，由於西洋學的發達，介紹了相當多的西方學術。因而早就存在著不把日本當作世界的中心，而看作是世界一國的思想。……由於對西方學術的認識已達到相當高的程度，所以連一貫主張攘夷的水戶藩主齊昭也承認西方的科學技術，特別是武器的先進，甚至熱心地準備採用。」[54]而中國在鴉片戰爭後興起的攘夷運動則是建立在華夷思想的基礎之上，排斥西方文明的產物。

　　(2)日本的絕大多數攘夷主義者在攘夷運動碰壁後，迅速轉向開國，表現出極強的適應性和靈活性。這以「生麥事件」最為典型。1862年8月，薩摩藩武士在橫濱附近的生麥村以4個英人騎馬擋道為由，當即砍死其中的1人，傷2人。事件發生後，英國政府向幕府及薩摩藩提出強烈抗議，要求賠償損失，懲辦凶手，並於次年派艦隊炮轟了薩摩藩。在英薩戰爭中，薩摩藩軍隊使用的火繩槍在風雨中立即失靈，舊式大炮也因射擊距離近而不能擊毀敵艦。而英國旗艦「尤利阿拉斯」號裝置的阿姆斯特朗炮首次在實戰中使用，即顯示出威力。薩摩藩親身感受到：「外夷方今之戰爭與我國古來之戰爭，乃有天壤之別。」[55]於是，薩摩藩決心在全藩範圍內採用西方軍事技術，實現了由「攘夷」向「師夷」的歷史性轉變。

　　對於日本攘夷主義者表現出來的極強的適應性和靈活性，

───────────────

[54]　伊田熹家：《日中兩國現代化的比較研究》，北京大學出版社1997年版，第43頁。

[55]　同注[30]，第330頁。

美國著名文化人類學家本尼迪克特在《菊與刀》一書中分析道：

> 「英國對薩摩的這次炮擊卻帶來了意外的結果。薩摩藩不是宣布將對英國實行永無止息的報復，而是尋求英國人的友誼。他們看到了敵手的強大，並試圖向敵人請教。他們與英國人建立了通商關係，並於次年在薩摩設立了學校。」[56]

加拿大著名日本史研究者諾曼在其力著《日本維新史》一書中也對日本「攘夷」運動的迅速轉向表示讚揚：「不論排外的領袖諸藩在這種幡然改途的背後有如何複雜的動機，我們對於這種做法所表示的現實主義和沉著卻不能不肅然起敬。」[57]

與中國攘夷派的頑固、愚鈍相比，日本攘夷主義者顯示出極強的靈活性和適應性，這直接影響到日本的開國方式和現代化進程。

再次，在開國過程中，日本的封建統治集團內部湧現出一大批頭腦較為敏銳，對世界形勢有著較為清醒認識的革新派人物，他們制定了一系列攝取西方先進文明和對外開放的措施，推進了日本的開國過程。而中國在鴉片戰爭後封建統治階級仍固守華夷觀念，對西方先進文明採拒固納，扼殺了社會機體中微弱的開放意識，仍然採取頑固保守的閉關主義。

在日本的開國時期，執掌統治大權的封建幕府和各強藩藩主對世界形勢有著較為清醒的認識，採取了一系列非常進步的開國措施。明治時期的著名記者福地源一郎在幕末曾以翻譯身份參與了幕末外交工作，後來他在《幕府衰亡論》一書中對幕府採取的諸項進步開國措施作了如下的概括：

---

[56] 本尼迪克特：《菊與刀》，浙江人民出版社1987年版，第147頁。

[57] 諾曼：《日本維新史》，商務印書館1992年版，第47頁。

「諸如，廢除禁止江戶十里以內放槍的制度；准許各藩在藩邸內進行操練及向江戶運送槍械；解除建造大船的禁令；在大森設立大炮打靶場以資演習；動工興建品川炮台；擴建長崎海岸炮台；建造鳳凰丸等軍艦；……又如在江戶創辦講武所；新編洋槍隊；向荷蘭訂購輪船；在長崎開始訓練海軍；錄用通曉蘭學的人士，創建蕃書調所；拔擢才智之士擔任幕府的要職；凡幕府舊例中屬於虛飾的一律省略；無用的獻賜則予以廢除；……從墨守成規，把舊例當作金科玉律的幕府舊習看來，這些措施的確不能不說是英明果斷了。」

「所以，從嘉永六年（1853年）美國船隻來日，到安政三年（1856年），凡三年半，幕府所採取的非常進步的措施，明確載在當時的歷史上。」[58]

與幕府改革的同時，薩摩、長州等諸強藩也紛紛進行藩政改革，製造西式艦船槍炮，積極學習西方文明，所以這些都加快了日本由封閉走向開放的歷史進程。

相比之下，鴉片戰爭後的中國，由於清政府固守華夷觀念，對世界歷史大變局缺乏清醒的理解和認識，沒有採取什麼開放進取的舉動。鴉片戰爭剛剛結束時，道光帝鑒於西洋火器精良，曾諭令沿海督撫購置洋械，以備不測。還對戰爭期間捐資仿造戰艦、水雷的廣東紳商潘仕成等人給予獎賞，但隨著戰爭硝煙的散去，道光帝又趨於保守，諭令「不得雇用夷人製造或購買輪船」，[59] 轉而陶醉於天朝上國的夢幻之中。對於統治階級的這種麻木愚鈍、苟且偷安的醜態，魏源憤然揭露道：「使有議置造船械，師夷長技者，則曰『糜費』。及一旦糜費十倍於

---

[58] 同注[38]，第67頁。

[59] 范文瀾：《中國近代史》上冊，人民出版社1962年版，第62頁。

此，則又謂權宜救急而不足惜。苟有譯翻夷書、刺夷事者，則必曰『多事』。及一旦有事，則或詢英夷國都與俄羅斯國都相去遠近，或詢英夷何路可通回部，」「竟莫如其方向。」[60] 在這種精神狀態下，清政府不可能意識到開放對國家自強的重要意義，不可能制定出系統的開國措施。

19世紀中葉中日兩國統治階級和知識精英階層面對西方文明挑戰做出的回應之所以如此不同，其原因非常複雜，除了學術界經常論及的文化傳統、政治體制、經濟結構等因素外，一個最爲關鍵的因素在於兩國對西方世界的認識程度。

比較觀察之，我們會發現，19世紀中葉的日本，「通海外之情勢者，除從事西學者外，實惟幕府。蓋彼等習見海外諸國率艦迭來，世界之形勢，漸聞一二，攘夷鎖港之不可，先世人而知，始於崛田、井伊、安藤諸閣臣，下逮井上、川路、永井、岩瀬之輩，當外交之衝者，皆知開港之不可避，主攘夷者非必勇，持開港說者非必怯，彼鎖攘覺，特出激烈之言動，絕不知海外情勢者耳。」[61] 正是由於幕府內部雲集了一大批頗具西學知識的有識之士，才使得日本在開國的重大決策過程中，從政策運籌到實踐操作，基本上沒有發生戰略性失誤，以至於贏得了侵略者的稱讚。明治四年（1871年），哈理斯在美國曾對來訪的日本使節說：1858年日美簽訂通商條約，涉及關稅問題時，雙方爭論非常激烈：

> 「當時余（哈理斯）一面爲美國謀利益，另一面亦力求無損於日本之利益。治外法權之類，乃勢由於不得不然，因非兩國全權代表之本意也。進口關稅之類，余雖身爲民主黨員，主張自由貿易者，但爲使日本獲得關稅收

⑥⑩ 魏源：《海國圖志·籌海篇》。
⑥① 元弼譯：《西力東侵史》，上海文明書局發行，第70頁。

入，乃規定進口稅平均爲20％，酒類及煙草甚至課以35％
之重稅。當時，井上清直和岩瀨忠震等全權代表逐條仔細
推敲，考慮是否有當，曾使余頗不耐煩。由於他們據理力
爭，余之草案被再三塗抹增刪，甚至改動草案主要之外亦
復不少。有如此之全權代表，實日本之幸也。……」[62]

在談判桌上，美國公使哈理斯自述其「力求無損於日本之
利益」，恐未必可信，但井上、岩瀨的據理力爭確實是在捍衛
日本民族的利益。當然，沒有系統的西學知識做後盾，也是難
勝此重任的。

相比之下，清朝統治階級閉目塞聽，茫然不識世界大勢，
在其「開國過程中，「既與英戰，又與英法同盟軍戰，前後敗
績，不思自振，如稍知警醒，略能整頓海陸兵務備，尚未至有
今日之局也。」可見，近代中國的落後挨打並非偶然。

二、攝取西方文化的媒介

中日兩國由「閉鎖」走向「開國」的進程，也就是其認識
世界，攝取西方文明的過程。19世紀中葉，伴隨著鴉片戰爭的
隆隆炮聲和美國「黑船」的轟鳴聲，西方資本主義列強憑借
「堅船利炮」，轟開了中日兩國閉鎖的國門，面對西方資本主義
工業文明咄咄逼人的挑戰，中日兩國要想避免亡國滅種的厄
運，必須迅速摒棄閉關鎖國政策，學習西方先進文化，採用先
進的資本主義生產方式，實現現代化。在這一意義上，攝取西
方文明就成爲包括中日兩國在內的所有非西方國家擺脫民族危
機、實現現代化的具有決定性意義的歷史課題。

在東西文明相激相蕩的開國時代，中日兩國與西方列強間

---

[62]　福地源一郎：《幕府衰亡論》，平凡社1967年版，第60-61頁。

的接觸空前頻繁、廣泛，通過譯書、傳教士、出使等途徑，兩國攝取西方文明的歷史進入了一個新階段。

（一）譯書、著書

在開國時代，中日兩國與外部世界的接觸雖然已較此前頻繁，但在當時的社會經濟和交通條件下，想要遠渡重洋去歐美作實地考察，又終究是多數人可望不可及的。而且從某種程度上說，比起那種短暫的浮光掠影式的海外考察，從書本上接觸西方文化或許具有更高的價值，因而，圖書就成了開國時代中日兩國攝取西方文化的最主要的媒介。

從19世紀40年代到60年代，中國著述譯刊的西學圖書主要有：

作　者	書　名	出版年代（年）
魏　源	《英吉利小記》	1840
林則徐	《澳門月報》	1841
林則徐	《四洲志》	1841
林則徐	《華事夷言》	1841
林則徐	《滑達爾各國律例》	1841
陳逢衡	《英吉利紀略》	1841
汪文泰	《紅毛蕃英吉利考略》	1841
姚　瑩	《英吉利國志》	1842
王蘊香	《海外番夷錄》	1844
魏　源	《海國圖志》	1844
梁廷枏	《海國四說》	1846
姚　瑩	《康輶紀行》	1847
徐繼畬	《瀛環志略》	1848

從19世紀40年代到60年代，日本的西學譯作和著作則通過多種出版渠道大量湧入社會：

(1)諸藩出版的西學著作

書　　名	出　版　者
《海上炮術全書》	大野藩
《海上炮具全書》	大野藩
《英國志》	長州藩
《瀛環志略》	阿波藩
《慕氏兵論》	松山藩
《步兵操練書》	松代藩
《割圖表》	阿波藩
《野戰兵囊》	仙台藩
《東軍要錄》	薩摩藩
《規賀射擲表》	薩摩藩
《航海金針》	薩摩藩

(2)幕府開成所出版的西學著作

書　　名	出　版　者	種　　類
《英吉利單語編》	開成所	
《英吉利文典》	開成所	
《海外新聞》	開成所	
《六合叢談》	開成所	漢譯
《重學淺說》	開成所	
《萬國公法》	准開成所	漢譯
《博物新編》	准開成所	漢譯
《聯邦志略》	准開成所	漢譯
《地球說略》	准開成所	漢譯
《內科新說》	准開成所	漢譯
《日本沿海圖》	准開成所	
《航海輿地圖》	准開成所	
《炮術全書》	准開成所	

書　　名	出　版　者	種　　類
《築城典刑》	幕府陸軍所	洋譯
《炮科新論》	幕府陸軍所	洋譯
《野戰要務》	幕府陸軍所	洋譯
《火攻奏式》	幕府陸軍所	洋譯
《勤方規則》	幕府陸軍所	洋譯
《馬療新編》	幕府陸軍所	洋譯
《步兵操練書》	幕府陸軍所	洋譯
《炮兵程式》	幕府陸軍所	洋譯
《數學問題集》	幕府陸軍所	漢譯
《數學啓蒙》	幕府陸軍所	漢譯
《俄羅斯亞細亞地圖》	幕府陸軍所	洋譯

(4)民間西學譯作和著述

作　　者	書　　名	出版年代（年）
田島柳卿	《荷蘭地球全圖》	1840
廣川晴軒	《世界地圖》	1843
井上春洋	《亞墨竹枝》	1846
無是公子	《洋外通覽》	1848
上田仲敏	《炮術語選》	1848
山村歲助	《西洋雜記》	1848
長山貫	《西洋小史》	1848
杉田玄端	《地學正宗》	1851
本本正榮	《海岸備要》	1851
箕作阮甫	《八紘通志》	1851
上田亨章	《鈴林必攜》	1853
瑪蜂大家庵	《增補煩炮射擲表》	1853
市川齊宮	《遠西武器略說》	1853
上田仲敏	《西洋炮術便覽》	1853

荒木謇	《英吉利紀略》	1853
豐田亮	《合衆國考》	1853
豐田亮	《靖海全書》	1853
無悶子	《英吉利新志》	1853
鎬木昭立	《洋外野戰炮具全圖》	1854
淺野敬德	《遠西火攻精撰撮要》	1854
川勝泰	《火攻採要》	1854
岡新左衛門	《洋炮試驗表》	1854
結城賴省	《和蘭炮具圖說》	1854
中山傳右衛門	《海國圖志墨利加洲部》	1854
鹽谷甲藏	《翻刊海國圖志》	1854
廣賴達	《亞米利加總記》	1854
小關高彥	《新譯合衆國小誌》	1854
正本篤	《美理哥國總記和解》	1854
牧天穆	《和蘭官軍步操軌范》	1855
牧天穆	《和蘭官軍步操軌范圖解》	1855
小關高彥	《山炮略說》	1855
大規禎	《海國圖志佛蘭西總記》	1855
鹽谷甲藏	《翻刊海國圖志譜魯社國》	1855
服部靜遠	《海國圖志訓譯》	1855
南洋梯謙	《海國圖志籌海篇譯解》	1855
上原寬林	《西洋行軍皷譜》	1855
安積貞	《三兵答古知》	1855
小島省吾	《水陸戰考》	1855
大島興	《炮家必須》	1856
長山貫	《炮家須知》	1856
鹽谷甲藏	《翻刊海國圖志英吉利國》	1856
幕維廉	《地理全志》	1856
中山喜一郎	《西洋兵學訓蒙》	1857
幕維廉	《地理全志的世界》	1859

井山春洋	《瀛環志略》	1861
幕維廉	《英國史》	1861
	《官版‧巴達維亞新聞》	1862
福澤諭吉	《西洋事情》	1866

　　將此時期中日兩國西學譯著的情況加以比較，我們會發現以下幾個特點：

　　第一，中國此時期的西學譯著只是官僚士大夫的個人行為，沒有發展成有組織、有目的的政府行為。而日本的西學譯著則既包括幕府控制下的洋學，又包括各藩有識之士的著述，具有極強的目的性和組織性。

　　鴉片戰爭初期，林則徐為了解英國侵略軍的敵情，在其官署中組織了一個專門從事翻譯外文圖書報刊的班子，物色了亞孟、袁德輝、亞林、梁進德等善譯人才，從事外文書報翻譯工作。應該說，這是中國近代史上第一個有目的、有組織的西學翻譯機構。但隨著林則徐的罷官，這一機構便宣告解體。鴉片戰爭結束後清政府為維護「天朝上國」的面子，禁止官方和民間私談戰事。所以，《海國圖志》、《瀛環志略》、《中西紀事》等西學著述均為魏源、徐繼畬、夏燮等思想家個體「開眼看世界」、憤筆疾書的結晶物，在當時的中國社會並不存在一個有組織地攝取西方文化的群體。

　　而在日本，封建幕府鑒於中國鴉片戰爭的教訓，為挽救其統治危機，決定加強對洋學的控制。1855年7月，老中阿部正弘採納簡井等人的建議，設立蕃書調所，翻譯西方書籍，研究海防所需要的學術，培養了解世界的新型人才。蕃書調所的成立，標誌看日本開始走上有組織有系統地移植和研究西方文化的道路。1862年5月，蕃書調所又改名為洋學所。1863年8月，洋書調所又改名為開成所，集中了幕末一流的洋學家，專

力研究西學，出版了許多書籍。除了幕府直接控制的洋學外，佐員、薩摩、水戶、長州等藩的洋學也很發達，湧現了一大批著名的洋學家，並結成了聯繫密切的洋學組織群體。

第二，從兩國西學著譯傳播和交互影響的角度看，西學著作在日本社會的流傳和影響的程度都明顯地大於中國。

以《海國國志》爲例，該書在中國出版後，非但沒有引起轟動效應，相反卻倍受冷落，竟至絕版，而在日本卻大受重視。據日本學者容應萸研究，從1851年開始，《海國圖志》陸續傳入日本，在價格方面，在1851年和1852年約爲130目，但到了1854年該書漲價至180目。1859年價格更提高到436目。這足以見得此書受歡迎的程度。1854年《海國圖志》正式開始在日本發售後，日本便立刻有不同的翻刻本出現，日本洋學者箕作阮甫、鹽谷岩陰把〈籌海篇〉和〈墨利加篇〉訓點翻刻。此後3年間翻列成風，竟達23種之多。幕末維新志士佐久間象山、吉田松陰、橫井小楠等莫不讀此書，從中吸取思想營養。幕末志士鹽谷岩陰在訓點《海國圖志》時作序，感慨地說：「嗚呼！忠智之士憂國而著此書，卻不爲其君所用，反倒用於別國他邦。吾不獨爲魏默深悲，亦爲清帝悲。」[63]一語道出了西學著述在兩國不同的命運。

第三，從此時期兩國西學著作的類型看，日本已大大優於中國。

鴉片戰爭後20餘年間，中國誕生的西學著作，雖然擺脫了道聽塗說的傳聞階段。但從其類型上看，仍僅限於少數留心時事的志士間接地翻譯西書，綜合中外資料而得。中國人走出國門，實地考察西洋的「實地見聞錄」直到1869年方才問世。而

---

[63] 鮎澤信太郎：《鎖國時代日本人的海外知識》，原書房1975年版，第140頁。

日本此時期除了漢譯、洋譯之外，還包括綜合性的西學著述和頗具影響的「實地見聞錄」。此外，由於荷蘭當局停止向幕府提供「荷蘭風說書」，改而直接呈送荷蘭東印度總督府機關報《Jaraschtconrant》（周刊），幕府為繼續了解掌握外國情報，命官方的「洋書調所」將此譯為日文，自1862年起，題名為《官版・巴達維亞新聞》公開發行，是為日本最早公開發行的官方報紙，成為日本人認識世界的最主要渠道。

(二)使節出洋

19世紀40年代至60年代中日兩國攝取西方文化的又一個重要的媒介是出使和留學，這是東方落後國家與西方資本主義強國間一種積極主動的接觸交流方式。從文化史角度看，出洋者對西方「異質文化」的目擊和親身體驗是「書籍接觸」所不能替代的，對中日兩國增進近代西方文化的知識起了巨大的作用。

從歷史上看，中國出使西洋是在兩次鴉片戰爭的沉重打擊下緩慢而被動地實現的，而日本則是在美國「黑船」的壓力下，迅速而主動地採取的「開國」措施。

與中國建立互派公使的近代外交制度，將清政府更加「牢靠地和西方縛在一起」，使之「欲退不能」[64]，是西方資本主義列強盼望已久的事情。早在第一次鴉片戰爭結束後，英國即挾威勸導清政府「必須各派使臣，往來聘問」，「庶兩國消息常通，相互幫助，實屬有益中國」，[65]對此，清政府認為這是洋

[64] 劉培華：《近代中外關係史》上冊，北京大學出版社1986年版，第222頁。

[65] 《籌辦夷務始末》（道光朝）第72卷，中華書局1964年版，第2869頁。

人「妄自尊崇」、「冀我俯就」的狡黠之術，當即給予拒絕。

　　第二次鴉片戰爭期間，美國駐華公使列維廉曾向直隸總督譚廷襄建議：「合眾國特派欽命大臣，應准駐紮京都，或隨時來往。彼赴泰西各國於別國欽派大員，無一不從此制。至兩國官民，遇有酌奪之事，爭論之端，立可上達朝廷，善為調處，此乃各國歷來通行，而大獲其益者也。中國因向不許友好各國欽差與朝廷交往，致沿海督撫亦不肯會晤，人所共知，以致爭端久未了結。若中華大憲與外國欽使面晤往來，既可查考其國政民俗，間遇華民被外國苦害者，方可達知各欽使詳解申理。由此觀之，此款若蒙俞允，彼此均受其益。譬之交際，必須互相見面，方能常存友誼。」[66] 譯廷襄則答稱：「中國富庶，無求於僑民，不必保護之也。」[67] 婉言拒絕了列維廉的請求。直到1860年英法聯軍攻入北京，在侵略者的壓力下，清政府才被迫接受了平素最厭惡的公使駐京等要求。但清政府的絕大多數官員仍然拒絕承認出使西洋的必要性，認為：「各國至中國通商傳教，有事可辦，故當遣使；我中國並無赴外國應辦之事，無須遣使。」[68] 就這樣，一直拖到1866年，洋務派的代表人物奕訢才決定派遣滿族大臣斌椿隨英國人赫德遊歷歐洲各國，步履蹣跚地走出了國門。

　　從上述情況可以看出，鴉片戰爭以來中國的遣使出洋活動的確經歷了極其艱難的發展歷程。從時間上看，直到鴉片戰爭爆發後26年，清政府的第一次出使西洋活動才得以成行，這反映了清政府對外反應的遲鈍和緩慢，虛擲了認識世界、走向世界的大好時光。

---

[66] 同上，（咸豐朝）第21卷，中華書局1979年版，第765頁。
[67] 陳恭祿：《中國近代史》，商務印書館1935年版，第252頁。
[68] 蕭一山：《清代通史》下卷，中華書局1980年版，第705頁。

而在日本，其出使西洋的行動則遠較中國迅速、主動。1853年，美國海軍准將柏利率艦隊深入江戶灣，撞開了日本閉鎖的大門。1858年，幕府又被迫與美國簽訂了不平等的《日美修好通商條約》，日本也面臨著嚴重的半殖民地化危機。面對西方資本主義列強的衝擊，德川幕府主動放棄鎖國政策，採取了一系列非常進步的開國措施，其中，從1860年開始頻繁向歐美派遣大規模使團，主要有：

(1)萬延遣美使團

1858年初，與美國駐日領事哈理斯談判締結《日美修好通商條約》的日方全權代表井上清直、岩瀨忠震爲向海外求知，建議派遣使節團到美國，得到幕府允准。於是，在《日美修好通商條約》的第14條中規定：「條約批准書的交換儀式於兩年後在美國的華盛頓舉行，屆時日本派遣使團前往參加。」[69] 1859年11月，幕府任命新見正興爲正使，村垣範正爲副使，小栗忠順爲監察，組成使節團。爲了壯大使團的聲勢，幕府還特意允訂各藩派人參加，於是，熊本、佐賀、豐后、萩、土佐、仙台、盛岡、上州、甲州、武州等藩紛紛派人參加，使遣美使團人數多達81名。[70]

1860年2月13日，遣美使團乘美國軍艦「波哈丹號」從浦賀出發，橫渡太平洋，經夏威夷，3月底抵達舊金山。對華盛頓等城市進行了訪問，完成了換約的使命。7月1日，使團乘美艦繞過非洲好望角，經香港於11月9日在橫濱登陸，完成了這次環球航行。

---

[69]　坂田精一：《哈理斯》，吉川弘文館，第260頁。

[70]　綿貫哲雄：《閉鎖的日本》，大明堂昭和四十八年版，第144─145頁。

(2)文久遣歐使團

　1861年（文久元年）5月，幕府爲兩港（兵庫、新潟）、兩都（江戶、大阪）開港開市延期問題，向締約各國元首發出了將軍的親筆信，要求延期7年，到1868年1月1日再行開港開埠。談判過程中，英國駐日公使阿禮國建議幕府派遣使團赴歐洲，與各國當面協商解決。據信夫清三郎分析：「阿禮國的著眼點並不僅是爲了解決當前的開港開埠問題，而是有意讓使節認識英國的實力，使幕府傾向於依附英國，並使日本統治階層見識一下資本主義經濟，借以引導他們對於開展貿易採取積極態度。」[71] 幕府也想借機派遣使團赴歐洲，直接體驗西歐諸國的文明，於是決定派遣使團赴歐。1862年1月，正使竹內保德、副使松平康直和目付京極高郎等36人組成的赴歐使團，搭乘英國軍艦「奧丁」號，從橫濱出發，歷訪法、英、荷、普、俄、葡等國，於1863年1月歸國。值得特別提出的是，使團內有福地源一郎、福澤諭吉、松木弘安等洋學家參加，歸國後，福澤諭吉出版了啓蒙書籍《西洋事情》，在日本社會產生了巨大影響。

(3)文久池田遣法使團

　1864年2月，幕府爲橫濱鎖港，任命外國奉行池田長發爲正使、外國奉行河津祐邦爲副使，河田熙爲目付，一行37人，乘法國軍艦離橫濱赴法。在法國逗留期間，使團目睹資本主義工業文明蒸蒸日上的發展勢頭，領悟到封閉港口是不可行的，認爲統一國內輿論和實現富國強兵是首要問題，便急忙結束談判歸國。回到日本後立即向幕府提出建議：「(1)應向歐洲各國派遣外交代辦；(2)同全世界各獨立國家簽訂親善條約；(3)致力於富國強兵，派遣海外留學生，允許國民前往海外；(4)利用

[71] 　同注 [38]，第90頁。

海外報紙，研究世界形勢。」[72] 但這些對世界大勢的眞知灼見卻沒有得到衰亡中的幕府的接受。相反，幕府卻處分了池田長發等人，致使這次遣使法國的出使行動沒有起到應有的作用。

(4)元治薩摩遣英使團

1865年（元治二年）3月，爲了考察西歐形勢，薩摩藩派遣使團赴英考察。使團共計19人。3月22日，使團偷渡成功，經過兩個多月的航行，於5月28日到達倫敦。使團考察了歐洲諸國的鋼鐵廠、製糖廠等新興工業，學習了歐洲諸國的政治、軍事、教育制度，爲薩摩藩的改革創造了條件。

縱觀日本遣使西洋的歷史過程，其突出的特點有以下幾個方面：

第一，作爲對西方資本主義工業文明衝擊的理性回應，日本的遣使西洋的行動具有極大的主動性。首次出洋的萬延遣美使團就是日本幕府官吏主動提出的。據記載，1858年當具有豐富海外知識和外交經驗的幕吏岩瀨忠震與美國公使哈理斯簽訂《日美修好通商條約》時，主動提出2年後日美雙方在美國華盛頓交換條約的批准書，屆時，日本使團將乘蒸汽船，經加利福尼亞前往華盛頓。經哈理斯同意，遂造成1860年萬延遣美使團之盛舉。在使團籌組過程中，參加者除幕吏外，還有各藩藩士，隊伍頗爲壯觀。與使團同行的還有幕府剛從荷蘭購來的輪船「咸臨丸」號，迎風劈浪，橫渡太平洋，表現了日本民族雄勁的開放氣度，與中國守舊士大夫苦於出洋的畏縮窘相形成了鮮明的對照。

第二，參加出洋使團的維新志士和一些開明的幕府官僚歸國後，將出洋的所見所聞撰寫成日記和見聞錄，通俗地介紹了西方文明的政治、經濟、軍事、文化和社會情況，爲日本繪出

[72] 同注 ⑤，第101頁。

了一幅立體的西樣文明全圖，使日本國民對西方文明的認識進入了一個新的階段。如萬延元年（1860年）遣美使團歸國後，就留下了十餘部比較著名的出使日記，主要有：

作　　者	書　　名	時　　間
村垣淡路守	《遣米史日記》	萬延元年
新見正興	《航海日記》	同年
佐藤秀長	《米行日記》	同年
木村喜毅	《奉使米利堅紀行》	同年
勝麟太郎安芳	《航海日記》	同年
玉蟲氏	《航米日記》	同年
加藤素毛	《二夜語》	同年
廣瀨保庵	《環海航路日記》 《亞國上下其外日記》	同年 同年
福島義言	《航米日記》	同年

（三）留學

留學是民族國家間文化交流、借取的一種重要手段。對留學的態度，往往體現了一個民族國家的「文化自我意識」和對異文化的態度。所以，在研究中日兩國攝取西方文化問題時，留學問題是絕對不能迴避的。

中日兩國對待留學問題上的觀點、態度和行動，與兩國在東亞文明體系中的地位和作用密切相關。從歷史上看，東亞文明具有兩個最爲突出的特點：其一，東亞文明具有獨具特色的孤立性。如前所述，「孤立性」本是地理大發現前人類文明史發展的普遍規律，但相對而言，西洋區域文明隔地中海與尼羅河文明、兩河流域文明相望，在漫長的歷史歲月中相互交融，取長補短，聯繫較爲密切。與之相比，東亞文明在世界屋脊、

無際沙漠和浩瀚大海的阻隔下，無法與其他文明直接交流對話。在相對孤立的環境中，東亞文明形成了別具特色的文明體系。其二，古代東亞文明在很長一段時間裡一直以中國華夏文明爲中心文明。中華古典文明發源於黃河流域，其文明呈放射狀散播周邊各族、各國。華夏文明因其文明發展的領先境地而使其長期居於東亞文明的核心地位。而日本、朝鮮等國則屬於「邊緣文明」。在漫長的農業時代，中華「主體文明」對周邊的「邊緣文明」影響極大，主要表現爲：在思想上，儒家思想在相當長的時間裡成爲東亞多數國家占統治地位的思想文化觀念。漢字對於東亞諸國的影響更大。在這一意義上，有的學者甚至將東亞文明視爲「儒教文化圈」或「漢字文化圈」。而在政治上，東亞周邊諸國與中國封建王朝保持著封建宗藩關係，聯繫極爲緊密。

　　東亞文明體系上述的兩個基本特點決定了在東亞文明發展演進的歷史進程中，中國大陸周邊的游牧民族，或是通過和平的互市，或是通過鐵血式的戰爭，從中原吸吮先進文明的乳汁，各民族由野蠻步入文明的道路，無不深深地打上華夏文明影響的烙印。同時，日本、朝鮮等周邊國家的許多人也不畏艱辛，涉洋逾關，前來中國學習先進文化。隋唐時期的日本「遣隋使」和「遣唐使」就堪稱是古典文明時代東亞「邊緣文明」國家向「中心文明」國家派出的規模最大的「留學生群體」，他們的留學遣使活動對日本攝取高度發達的中國封建古典文化，實現社會的飛躍式變革起到了關鍵性的作用，同時也表現出一種極爲可貴的攝取外來文化的學習精神。而反觀處於東亞「中心文明」地位的中國，則因其文明發展的先進性而拒絕與外部世界平等交往，缺少對外學習意識。在漫長的古代社會，除了南北朝和隋唐時期有一些佛教僧人出於對宗教信仰的狂熱

追求而不畏艱險，捨命赴印度取經「留學」外，基本上沒有出現出洋留學活動。這種由古代社會積澱下來的對外觀念和意識對中日兩國近代留學運動的興起，產生了十分重要的影響。

在鴉片戰爭和「黑船」事件之後，中日兩國先後步入「開國」時代。從時間上看，日本的「開國」雖然比中國晚了10多年，但在出洋留學的問題上卻是捷足先登，居於領先地位。概而言之，「開國」時代日本的海外留學可以分為以下幾種類型：

(1)個體出洋留學

早在鴉片戰爭爆發的40年代，日本的許多有識之士就以強烈的危機意識，把目光投向神秘的海外，試圖探尋外部世界這亙古未見的巨變。但當時幕府仍堅持鎖國體制，嚴厲禁止日本人出洋，因此，日本的有識之士要想實現海外留學、考察的夢想，就必須冒著生命危險，打破鎖國禁令，採取偷渡的方式出洋。被稱為幕末「反封建思想家」的安藤昌益在其撰著的《統道真傳》一書中就曾披露：「自己曾拜託長崎奉行的低級官吏，請他幫助秘密偷渡出國，但因幕府鎖國禁令過於嚴格而未能實現。頓感遺憾不已。」[73]

另一位幕末著名維新思想家佐久間象山經過對西方各國情況的認真研究，認為日本要想擺脫民族危機，必須打破消極保守的海禁政策，向西方學習，他主張：「幡然改變既往苟且之故轍，如俄羅斯之彼得大帝，應選人才派往國外，使之學彼所長諸術，並真正探索其形勢時，有廣為招引外國名士，披肝瀝膽予以優待，作為我國所無技術之師，發展諸學科，變城制，禁游民，省刑罰，大興器械之學，開設工場，多造大船，復航海之法，……本國之實力將超過英、法、美各國。希望期以時

---

[73]　奈良本辰也：《維新的群像》，第10頁。

日，進行周到之處置。」[74]為了像彼得大帝那樣親自赴西方考察，象山決定採取偷渡手段出洋。他物色了吉田松陰和松陰的門生金子重輔來完成偷渡出洋的使命，1854年3月，在佐久間象山的幫助下，二人冒著生命危險欲搭乘美國軍艦出洋，但不料師徒二人登上軍艦後卻遭到拒絕，被遣返向岸，遭到長州藩的監禁。此次偷渡計畫雖然失敗，但卻表明了日本維新志士學習西方文明的決心和勇氣，揭開了幕末個體出洋留學的序幕。此後，「日本最早前往荷蘭的留學生，也是抱著決死的心情和志願出國留學的」。[75]

(2)幕府的留學生派遣

1861年，幕府為加強海軍建設，決定向美國訂購兩艘軍艦，同時計畫派遣一批留學生學習海軍技術和造船學。計畫公開後，很多藩士都踴躍報名，「這時，蕃書調所助教西周和津田真道，決心加入留學生行列，於是拜謁遣美使節候選人之一的永井玄所長。見面時，永井一眼便看破來客心思，在二人開口之前，說道：『足下想是為赴美的事而來的吧！』」[76]後因美國爆發了南北戰爭，幕府改向荷蘭訂購軍艦，留學生也隨之派往荷蘭。

1861年春，幕府選拔的第一批留學生內田恆次郎等人一行15人乘坐荷蘭商船「卡利浦斯」號離開日本，來到荷蘭，揭開了日本歷史上官派留學的開端。

1862年，幕府又計畫派遣使節赴歐美。「西周氏向下野守竹內氏呈遞留學志願書，下野守答道：『足下之申請將予鄭重

---

[74]　伊文成等：《日本歷史人物傳》（近現代篇），黑龍江人民出版社1987年版，第66頁。

[75]　實藤惠秀：《中國人留學日本史》，三聯書店1983年版，第8頁。

[76]　同上，第9頁。

考慮，惟志願人數甚多，吾等未知如何應付耳。』」⑦⑦這說明幕末日本的廣大有識之士都非常渴望出洋留學，日本列島上已掀起了一個小小的留學熱潮。

(3)諸藩的留學生派遣

在日本幕藩體制下，諸藩具有一定的獨立性，在向海外派遣留學生的問題上表現得也十分明顯。長州、薩摩等強藩繼幕府向海外派遣留學生之後，率先派出了自己的留學生，以便更直接、便利地攝取西方文化。

1863年5月12日，在長州藩的默許下，長州藩士井上聞多、伊藤博文等5名藩士從橫濱偷渡，赴英國留學。半年前，這幾人還是攘夷的急先鋒，曾燒毀品川御殿山新建的英國公使館。後來他們發現日本在軍事上已遠遠落後於歐美資本主義列強，日本要想變得強大，必須建立強大的海軍，於是決意留學英國。

在英國，伊藤、井上等人看到西方資本主義工業文明正蒸蒸日上地向前飛速發展，無論在物質上還是精神上都遠超日本，思想發生很大變化。後來，伊藤博文這樣回顧自己早年偷渡英國時思想上發生變化的過程：

> 「雖然當時我亦爲攘夷論者，但當我初渡海外，目睹歐洲之大勢，察其文化之進步後，方覺攘夷論實無立足之處。列強文明開化之狀況與日本實不可同日而語，而鎖國之論調亦漸不可取矣。我以爲鎖國即害國也。歸國之後我即向上進言道：攘夷之説不可行，應倡導與外國和平共處，接受歐洲之進步文明。」⑦⑧

---

⑦⑦　同上。
⑦⑧　家永三郎：《外來文化攝取史論》，吉林教育出版社1990年版，第77頁。

這大體反映了留學歐美者思想的變化過程。1867年春，長州藩又決定派遣第二批留學生出洋，基本情況如下：⑦⑨

姓　　名	年　齡	派遣國	出國時間	專　業	回國時間	任　　職
福原駒之進	21	英國	1867.5	海軍學	1874.8	大審院判事
毛利藤四郎	16	英國	1867.5	海軍學	1872.10	
河瀨安四郎	28	英國	1867.5	海軍學	1871.7	駐英公使
藤本鼻造	24	英國	1867.5	海軍學	1873	製作寮權助
河北義次郎	24	美國	1867.8	海軍學	1874	駐朝鮮公使
天野清三郎	25	美國	1867.8	海軍學	1871	遞信省司檢官
飯田吉次郎	21	荷蘭	1867.8	海軍學	1873	鐵道寮權助

通過對上述幾種留學類型的考察敘述，我們可以發現，在西方資本主義列強撞開日本國門，整個日本列島面臨論爲列強殖民地的危急關頭，被稱爲「遠東孤兒」的日本民族充分發揮了其傳統文化中固有的學習、吸取外來文化的精神，大膽走出國門，親身到歐美國家學習和體驗先進的資本主義文明，爲日本認識世界，實現現代化提供了有力的精神和人力的支持。

與日本幕末官方和民間積極踴躍地捨命冒險赴西洋留學的情形不同，鴉片戰爭後的清政府，仍以「天朝上國」自居，拒絕學習外國，當然也就不會有留學外洋的舉措了。《南京條約》簽訂後，耆英從廣東購回一些洋槍，派人攜入京城進呈，道光帝對洋槍的精妙讚不絕口，說：「卿云仿造二字，朕知其必成望洋之嘆也。」⑧⓪根本沒有派員出洋學習之意。在中國近代史

---

⑦⑨　此表轉引自鄭彭年著：《日本西方文化攝取史》，杭州大學出版社1996年版，第226頁。

⑧⓪　同注⑥⑦，第91頁。

上，第一個以個人身份出洋留學的是容閎。那是1846年冬，正在香港馬禮遜學堂學習的容閎，深受美國教師勃朗的賞識。容閎後來回憶道：此時勃朗因病歸國，「極願攜三五舊徒，同赴新大陸（美國），俾受完全之教育。諸生中如有願意同行者，可即起立。……予首先起立，次黃勝，次黃寬」。[81]於是，在1847年1月4日，容閎、黃胜、黃寬等3人從黃埔港上了「亨特利思」號帆船，開始了留學美國的旅程。可見，容閎留學美國之所以能夠成功，主要是美國教師勃朗之功，並無幕末日本武士為了了解海外情況而捨命秘密偷渡時的那種悲壯場面。後來容閎也不無感慨地回憶道：

> 「是時中國為純粹之舊世界，仕進顯達，賴八股為敲門磚。……父母獨命予入西塾，此則百思不得其故。意者，通商而後，所謂洋務漸趨重要，吾父母欲先著人鞭，冀兒子能出人頭地，得一翻譯或洋務委員之優缺乎？」[82]

的確，在通過科舉制度錄用官吏的情況下，社會上絕大多數精英分子都熱衷於科舉考試，希圖用科舉來敲開晉身官場之門，根本沒有人對西學感興趣。甚至到了19世紀60年代，中國社會上常與洋人打交道的通事「其人率皆市井佻達游閑，不齒鄉里，無所得衣食者始為之。其質魯，其識淺，其心術又鄙，聲色貨利之外，不知其他。且其能不進略通夷語，間識夷字，僅知貨目數名，與俚淺文理而已。安望其留心學問乎！」[83]所以，在19世紀40至60年代，中國社會上根本不可能興起稍具規模的出洋留學熱潮。

---

[81] 容閎：《西學東漸記》，轉引自鐘叔河《走向世界叢書》，岳麓書社1986年版，第410頁。

[82] 同上，第412頁。

[83] 《叢刊・戊戌變法》第1冊，上海人民出版社1961年版，第27頁。

而近代中國官方派遣留學的舉動更晚，直到1872年才得以成行，比日本足足晚了10年。

三、攝取西方文化的進程

在中日兩國的「開國」時代，通過譯書、遣使、留學等媒介，西方新的物質文化和精神文化開始陸續傳入，並在兩國社會中產生了深遠的歷史影響。

(一)西洋軍事技術的引進

清朝在兩次鴉片戰爭中的慘敗和美國柏利的「黑船」叩關，給中日兩國朝野人士刺激最深的是，這些來自西方的「金髮碧眼」的歐美侵略者之所以能橫衝直撞地破關而入，逼迫兩國簽訂屈辱的「城下之盟」，最根本的原因是西方在軍事技術方面擁有「堅船利炮」，這是亞洲諸國所萬不能及的。因此，要想成功地抵禦西方資本主義列強的侵略，必須首先學習西方的軍事技術。於是，在19世紀40年代至60年代，中日兩國都出現了一個空前的引進西方軍事技術的高潮，這兩個在時間上幾乎平行的學習西方軍事技術高潮的內容和發展走向，對中日兩國前期現代化產生了重大影響。

首先，我們來看看鴉片戰爭時期清政府對西方軍事技術的認識和引進情況。早在鴉片戰爭初期，身處抗英最前線的林則徐即認識到引進、仿造西方船炮的重要性。即使在獲咎罷官、發配伊犁的前夜，他仍向道光帝進言：「粵東關稅，既比他省豐饒，則以通夷之銀，量為防夷之用，從此製炮必求極利，造船必求極堅。」[84]這裡林氏所說的「通夷之銀」是指用粵海關

---

[84]　《林則徐集·奏稿》中冊，中華書局1985年版，第885頁。

所收與「外夷」通商所得之稅款作爲造炮造船的經費。粵海關向來被皇家視爲利藪，林則徐竟敢提出要求移關稅研製新武器，表現出了他的大無畏精神。在貶赴新疆的途中，林仍在致友人信中力陳學習西方長技的迫切性，他說：「彼之大炮遠及十里內外，若我炮不能及彼，彼炮先已及我，是器不良也，……不此之務，既遠調百萬貔貅，恐只供臨敵一哄！……第一要大炮得用，今此物置之不講，眞令岳韓束手，奈何奈何！」[85] 表達了他「師夷長技」的反侵略思想。

除了林則徐之外，其他親臨抗英疆場的將領也都意識到西洋軍事裝備的先進性，力主學習。如在廣東，「靖逆將軍」奕山雖然在抗英戰鬥中屢吃敗仗，但卻是學習西洋長技的熱心提倡者。1841年5月，他在廣州戰役慘敗之後，即痛感清軍在船炮方面的落後，下令招商購買堅實木料，「仿照外夷夾板船作法」製造戰艦，建議停造廣東舊式師船，集中經費製造大號洋式戰艦。同時奕山還力主購買夷船、夷炮及自來火槍，獎勵推廣仿製水雷等。

此外，還有一些清朝中下級官吏和一般士大夫也熱心提倡學習西方先進軍事技術。如福建泉州人丁拱辰，早年曾周遊澳門、南洋，平素留心西洋軍事技術。1841年，當中英戰事正酣之時，他攜帶象限儀、演炮圖說投效奕山軍營，主持仿製西洋大炮、火藥，推廣西洋演炮測準之法。再如安徽歙縣人鄭復光、餘姚知縣汪仲洋、湖南長沙人黃冕等，也都參與了仿製西洋新式武器的工作。

最後，值得注意的是作爲封建最高統治者道光帝對西洋長技的認識變化過程。鴉片戰爭前夕，道光帝的西學知識水平十

---

[85]　林則徐：〈致姚春木王冬壽書〉，《道咸同光名人手札》第2集，卷一。

分低下，認爲英人不過是一小小的「島夷」，不難一舉蕩滅之。但當清軍在前線屢遭敗績的消息不斷傳入紫禁城時，嚴峻的形勢迫使道光帝不得不正視英國侵略者手中擁有的這些長技。1842年7月21日，當鎮江失守的消息傳到北京，道光帝急忙發布上諭，令川鄂當局趕緊製造堅固大船：

> 「逆夷兩載以來，流毒閩、粵、江、浙，近復由海入江，擾及京口：總緣各該省武備廢弛，水師戰船，有名無實，以致沿海郡縣，屢遭失挫。因思逆夷所恃，惟有船堅炮利，設我沿海各省，亦有大小戰船可以多安炮位，一聞夷警，各赴應援，主客之勢既殊，勞逸之勢迥異，彼以孤軍深入，我可首尾夾攻。且跨海遠來，後無所繼，我能制其死命，逆必不敢跳梁。惟廣東、福建、浙江、江蘇現在用兵，無暇辦理；況製造大船，必資巨木，四川、湖廣，向係產木之區，著寶興（川督）裕泰（鄂督）廣購木料。雇覓工匠，約計每年可得船若干隻，如何駛往閩、粵、江、浙等省，妥議章程，先行具奏，一面趕緊製造，務須十分堅固，度其力量，堪與逆夷接仗，方爲適用。其工匠應由各省調取者，即行調取，毋稍遲誤。」[86]

8月20日，道光帝又諭令廣東積極製造西洋式大船，作爲肅整沿海水師之先聲。他對造船式樣及炮位設置都有詳盡諭令：

> 「惟此項戰船，無論大小，總以堅固適用爲主，並能於中間安設炮位。若僅依向來水師戰船修造，仍屬有名無實。著該將軍等極力講求，雇覓工匠，迅將各項大小戰船，趕緊製造。其式樣如何，若先繪圖帖說，馳奏呈覽。如木料不能堅實，製造不能如法，將來經朕派員查出，惟

---

86 同注 65，（道光朝）第55卷，第43—44頁。

奕山等是問。倘一時不克湊集,如有可購買之處,著先行設法購買。」[87]

上述兩份長論標誌著道光帝對西洋軍事技術由「漠視」到「重視」,並積極籌劃「師夷長技」,對戰後清朝上下學習西洋堅船利炮的熱潮起了一定的推動作用。

在清廷朝野上下上述認識的基礎上,鴉片戰爭時期各省份引進、仿製西洋「堅船利炮」的工作有了一定的進展,表現在以下幾個方面:

(1)學習仿製西洋「利炮」

鴉片戰爭時期最先著手引進、仿製西洋大炮的,應首推林則徐。鑒於抗英形勢緊迫,他認為在火炮方面「恐鑄炮不及,且不如法,則先購買夷炮」。[88]在這防炮台布防時,林則徐添置了一些西洋大炮。以虎門炮台為例,他擔心虎門各炮台原來安裝的舊炮不夠得力,就「設法密購西洋大銅炮及他夷精製之生鐵大炮自五千斤至八九千斤不等,務使利於遠攻」。[89]經過改裝的虎門炮台,火力大大加強了。

繼林則徐之後,奕山、祁塤等人在廣東主持仿造洋式大炮、炮彈。經過一年多的時間,陸續鑄造銅鐵大小炮千餘位,改製和新造炮架1500餘座,多仿洋式炮架製成。

鴉片戰爭時期清政府仿造西洋大炮的情況,也可從參加侵華戰爭的英國方面的記載中得到一些佐證。如賓漢在《英軍在華作戰記》一書中回憶1841年英國再次攻陷舟山時,就「發現兵器庫中有大量的軍需儲藏,……在炮台中發現許多火炮,其

---

[87] 同注[65]。(道光朝)第58卷,第36—37頁。

[88] 林則徐:〈復吳子序編修書〉,《國朝名人書札》,卷二。

[89] 《英夷續來兵船情形》,《叢刊‧鴉片戰爭》第2冊,神州國光社1954年版,第215頁。

中36門是新的、黃銅的、鑄造得很好的」，還有4架炮車「裝在回轉架上，和輪船上的相類似」。⑨

　　另據一位侵華英國海軍軍官回憶，在他們攻陷上海時，發現一座小型兵工廠。他驚訝地寫道：「在那裡我們看到有10門游擊炮隊利用的大炮，這些都是安裝在手推車上，……還發現一些全新的12磅彈銅炮，這些炮是按照放在旁邊的嵌有王冠的G. R. 1826型大炮仿造的，式樣完全相同，唯一的區別就是中國字代替了王冠。靠近這些炮的地方，還有拍罕炮 (Paixhangun)應用的新的圓形滑台。這種滑台的設計圖樣，可能是由我們偶然拘留在我們船上的中國人看到後而回去畫出來的。」⑨ 從上面兩則外人的記載看，鴉片戰爭時期清政府學習西洋「利炮」方面，無論是在廣東，還是在江浙一帶，都有較大的發展。

　　(2)學習仿製西洋「堅船」

　　鴉片戰爭爆發之初，林則徐初步認識到改進中國水師戰船的重要性，他設法購買了兩艘西洋兵船，並指揮部下進行仿造工作，只是因為當時中英戰事尚未全面展開而未能將此項事業廣泛開展。

　　後來，奕山在廣東期間對英國侵略者的「堅船」有了更進一步的認識，他認為清軍水師要想在海上與英人抗衡，就必須「仿照夷船式樣、作法」才能奏效。為了發動民間商紳力量參與到仿造洋舶的熱潮中來，奕山還頒行獎勵政策，鼓勵富商出資購買仿製，一時間應者踴躍，其中影響最大的應首推廣東鹽茶商人潘仕成。

　　潘仕成是廣州商行買辦，同孚行商潘正煒之侄，富有愛國

⑨　賓漢：《英軍在華作戰記》，《叢刊·鴉片戰爭》第5冊，第183頁，第273－274頁。

⑨　《鴉片戰爭末期英軍在長江下游的侵略罪行》，第141頁。

熱情。鴉片戰爭初期報效軍需銀8萬兩,捐得候補道員銜,後又積極響應奕山提出的購買、仿造洋舶的建議,造艦成績極為出色,對此,奕山、祁塇等在呈遞京師的奏報中有詳細的介紹和描述:

> 「惟查上年紳士潘仕成（在籍郎中）捐造船一隻,仿效夷船作法,木料板片,極其堅實,船底全用銅片包裹,以防蟲蛀。現已調撥水師營弁兵駕駛,逐日演放大炮,奴才等親往白鵝潭常川督令操練,炮手已臻嫻熟,轟擊甚為得力。現在潘仕成續又造成新船一隻（費銀一萬九千兩）,照舊船加長,工料亦仍舊堅固,尚有未造成二隻,與此船同式。督工趕辦,約九月內亦可造竣。」[92]

從奕山、祁塇上述的介紹看,潘仕成捐建的仿造西洋戰艦已初具觀模,應屬鴉片戰爭時期國人仿造西洋「堅船」中的成功之作。

在同一份奏折內,奕山、祁塇還談了廣東水師提督吳建勛仿造美式戰艦的經過:

> 「本年夏間,有米利堅國兵船兩隻,護送夷貨,駛至黃浦,該船夷人告通事等云,伊外國兵船結實長大,如天朝官員想上船看視,盡管來看等語。惟時南贛鎮總兵馬殿甲,署督糧道西拉本赴東路一帶稽查壯勇,與奴才吳建勛（水師提督）等登其兵船,該兵頭呈獻小三板船一隻,伊國地理圖一冊,隨優加賞賜,以示懷柔。當即逐細察看,……隨覓巧匠,照該船形式,製造船樣一個。……此時如講求最為得力之船,必須仿照夷船式樣作法,庶堪與該夷對敵。惟最大夷船,炮位三層,可安大炮七千餘位,船身長十七八丈,亦覺製造維艱。茲擬就其中等兵船式樣,如

---

[92]　同注 [65]（道光朝）第61卷,第38－40頁。

法製造。……」[93]

從上面這則史料可以看出，清朝的廣州官吏通過參觀美國軍艦，一致承認洋船的優越性，並根據一隻「三桅戰艦模型」仿造洋式戰艦。據奕山後來奏報，吳建勛負責督造的戰艦，長十三丈，寬二丈九尺，深一丈八尺。船頭和船尾均用銅皮包裹，全船可裝炮位40餘個，載兵300多人，規模已頗爲可觀。

關於火輪船製造，鴉片戰爭時期亦開其端緒。當時國人見西洋火輪船不靠人力、水力，只「資力於火」就可「行動如飛」，莫不瞠目結舌，於是便有人竭力主張模仿。1840年，夏龔振麟被調至寧波軍營，他見橫行海上的英國火輪船「逆帆林立，中有船以筒貯火，以輪擊火，測沙線，探形勢，爲各船向導，出沒波濤，維意所適，人僉驚其異，而神其資力於火」，遂「欲仿其製」。[94]但龔振麟沒有解決火輪船的動力問題，故仿造行動宣告擱淺。

在火輪船製造方面成效較爲顯著的是廣東紳士潘世榮，他雇傭洋匠，造成一艘小型火輪船，引起很大轟動。道光帝也產生了濃厚興趣，命奕山、祁塤「繪圖進呈」，奕山等奏報道：

> 「至於火輪船式，曾於本年春間，有紳士潘世榮，覓雇夷匠，製造小船一隻，放入內河，不甚靈便。緣該船必須機關靈巧，始可適用，內地匠役，往往不諳其法。聞澳門尚有夷匠，頗能製造。而夷人每造一火輪船，工價自數萬元至十餘萬元不等。將來或雇覓夷匠，仿式製造，或購置夷人造成之船，由臣祁塤等隨時酌量情形，奏明辦理。」[95]

---

93 同注⑧，第520頁。

94 龔振麟：《鑄炮鐵模圖說·自序》，《海國圖志》卷八十六。

95 同注⑥，（道光朝）第63卷，第16頁。

在這裡，奕山等談到了雇佣洋匠製造火輪船的做法，反映了他「借夷長技」的思想，這在清朝朝野上下大談華夷之辨的氛圍裡還是難能可貴的。

(3)學習仿造西洋水雷

奕山在鴉片戰爭結束不久還奏報廣東紳士潘仕成雇佣樣匠仿製水雷一事，他寫道：

> 「再查本年六月間，紳士潘仕成獨力報效，不惜重資，雇覓米利堅國夷官壬雷斯在僻靜寺觀，配合火藥，又能製造水雷。據該紳士聲稱，所製水雷一物，尤爲精巧利用。奴才等曾派人在彼學習技術，俟將來造成後，如果演試有效，核紳士自行派人費送到京，聽候閱驗。」[96]

從上述事實可以看出，19世紀40年代，在鴉片戰爭慘敗的刺激下，中國社會確曾出現了一個短暫但又很強勁的學習、仿製、引進西方「堅船利炮」的熱潮。清政府上自道光皇帝，下至封疆大吏、士紳富商都積極參與了這一活動，應該說這是中華民族面對西方資本主義列強「堅船利炮」嚴峻挑戰下一種積極的、理智的回應。其中包含著許多對鴉片戰爭中國慘敗原因的深刻總結。如耆英在《南京條約》簽訂後，旨授兩江總督，親赴中英戰爭的戰場，訪察實況，密奏道光帝英國大炮摧殘之威力，所攻之處，廬舍炮台盡成瓦礫，目不忍睹，據此，他得出結論：

> 「不能取勝，並非戰之不力，亦非防之不嚴，不獨吳淞一口爲然，即閩廣浙江等省之失利，亦無不皆然。臣所以見，證諸所聞，忿恨之餘，不禁爲陣亡殉節諸臣及被難居民痛哭也。」[97]

---

[96] 同上。

[97] 同注[67]，第90頁。

如果清政府確實能夠從正面深刻總結戰爭失敗教訓，放下「天朝上國」的虛驕架子，傾心持久地向西方學習，就可漸圖富強，擺脫落後挨打的被動處境。但遺憾的是，此時期的清政府已是個「糜爛的天朝」，整個官僚機構腐敗嚴重，辦事效率低下。大小官吏皆以「天朝」自居，視英國人爲野蠻落後的「夷狄」，恥於與之交往學習。在這巨大的歷史惰性的重壓之下，清政府不可能認識到「師夷長技」的眞正意義，不可能意識到英國「東方遠征軍」那隆隆的重炮聲，已經預示著一個新時代的到來。於是，鴉片戰爭時期勃興的這股學習西方軍事技術的熱潮，很快就隨著戰爭硝煙的散去而走向衰落，最終不了了之，草草收場。清政府爲了加強對人民的防範和控制，開始限制對西方武器的仿製和使用，道光帝甚至諭令洋式武器連平時訓練時也不許拿出來使用，理由是「以歸簡易而藏妙用」。(98)後來竟發出「不得雇用美人製造或購買輪船」的指令(99)，完全退回到閉關鎖國的時代。

關於鴉片戰爭時期清朝學習仿製西洋「堅船利炮」熱潮中斷的原因，郭廷以先生在《近代中國史綱》中有如下幾點分析：「造船製炮所需的設備與財力，當時中國悉未具備。1842年11月，道光帝已因廣東所造輪船不能使用，命無庸覓洋匠製造，亦無庸購買，他根本缺乏決心。沿海督撫復有對外的顧忌，英國兵船尙散處粵、閩、浙各洋，我若大事經營，『先示以猜防之跡，則彼之懷疑愈甚，設令復生變詐，轉恐剿撫皆難。』中英條約並無限制中國整軍的條款，互換照會中且有聽憑中國修治海防的明文。但戰敗的中國，畏英如虎，處處顧慮，造船製炮，卒成一時紙上空談。」(100)郭氏的上述觀點只分

---

(98) 《淸宣宗實錄》中華書局影印大本，卷四二四，第328頁。

(99) 同注(59)，第63頁。

析了學習西洋「堅船利炮」熱潮中斷的具體原因，而沒有觸及問題的深層緣由。事實上，鴉片戰爭時期學習西洋長技熱潮的中斷反映了古老的中華帝國告別中世紀，邁向近代社會過程中，開放與封閉、愛國與排外、改革創新與因循保守之間的衝突和撞擊。它說明古老的中國由傳統通向近代的道路不可能是平坦的大路，而是荊棘叢生、異常艱難曲折。

下面我們再來看看同時期日本學習引進西方軍事技術的情況。早在19世紀40年代前，日本人通過蘭學管窺世界，對西方資本主義列強的「堅船利炮」有了一定的認識。為加強海防力量，幕府從1833年起聘請西博爾德的學生播崎鼎（水戶藩士）翻澤西洋鑄炮和造船技術的資料。1836年，眞田侯鑄造72門大炮，並建立炮台；1837年，德川齊昭計畫建造洋式大船。所有這些情況都說明，在鴉片戰爭爆發之前，日本已經對西洋軍事長技有了一定程度的認識，並已經開始學習仿造，明顯地走在了清政府的前面，居於領先地位。

1840年6月中英鴉片戰爭爆發，戰爭消息很快傳到日本，引起了極大的震驚。幕府的老中水野忠邦認為日本必須引以為戒，加強國防。正在這時，精通西洋炮術的長崎地方官員高島秋帆，通過長崎奉行向幕府提出改進炮術以加強武備的意見書，指出當時日本「諸炮家之炮術，乃西洋已經廢棄之數百年前遲鈍之術，或為無稽之華法」，強調「防禦蠻夷而熟悉其術，乃至關緊要之事」。[100]

幕府內保守派代表人物烏居耀藏反對高馬秋帆的意見，認

⑩　郭廷以：《近代中國史綱》，香港中文大學出版社1989年版，第79頁。

⑩　同注⑳，第165頁。

為「清朝在鴉片戰爭中失敗的原因，一方面是由於清朝兩百餘年的開平景象使武備鬆弛，另一方面則由於英國經常進行戰爭，已經十分熟練，『未必僅由槍炮之利鈍所致』」。堅持主張「以日漢之智謀而獲勝之兵法」。[102]而幕府改革派人物江川英龍則反對鳥居耀藏的看法，指出：現在日本和中國兵法中已經採用的步槍也是由西方傳來的，「皆不能謂為好奇」。「所謂智謀者，乃常以知己知彼等名言銘記於心，屆時而智謀出，如對抗英吉利人，乃與風習及行軍用兵之法均不相同之國家對戰，如不知彼情，又安能有何等智謀耶」，「中國兵敗之情由，竊以為亦由此種空論而招致也。」[103]

老中水野忠邦沒有受江川英龍和鳥居耀藏爭論的影響，他接到高島秋帆意見書後不久，就將其調到江戶。並於1841年6月命秋帆在武藏國德丸原（今東京都板橋附近荒川沿岸的田野）集合步兵、炮兵進行操練，學習西方炮術，進行實彈射擊。幾天後，一些幕府官員和藩士紛紛投到高島秋帆的門下，竟達98人之多。此時，清軍與英國侵略者激戰正酣，可以想像，無論是中國東南沿海抗英前線的封疆大吏，還是書房內憤筆疾書的一般士大夫，都不會想到，發生在中國沿海的這場尚未結束的戰爭，竟會對大洋彼岸的日本人產生如此巨大的影響。

鴉片戰爭爆發的消息傳到日本後，日本幕府及各藩有識之士都加快了學習西方軍事技術的步伐，自18世紀初勃興的蘭學也以此為界線，由過去以民生知識和技術為重點向軍事技術領域轉變。

(1)建造洋武反射爐

在當時的條件下，鐵製大炮的鑄造必須以建造洋式反射爐

---

[102] 同上。

[103] 同上，第166頁。

為前提，於是幕府和各藩紛紛建造樣式反射爐，開拓煉鐵技術。

1850年，佐賀藩在佐賀城西北設立了反射爐和鑽孔台，由杉谷雍助負責開發鑽研，經過多次反覆失敗，終於試驗成功，這標誌著日本的西洋式近代機械工業的開始。

1852年，薩摩藩根據佐賀藩提供的荷蘭文技術資料，在花園舊址建造反射爐，結果失敗。第二年又在鹿兒島建造荷蘭式大型反射爐，獲得成功。

1853年，水戶藩在學習佐賀、薩摩反射爐建造經驗的基礎上，由大島高任主持建造了一批反射爐。

幕末各藩建造的反射爐[104]

藩 名	開 工 時 間	爐 數	製 炮 數
佐賀	1851	4	約 200 門
佐賀	1854	4	約 200 門
薩摩	1853	4	58 門
菲山	1855	4	2 門
水戶	1856	2	近 20 門
島原	1855	2	12 至 20 門
鳥取	1857	2	53 門以上
長州	1858	2	
岡山	1862	2	10 門

1860年，幕府在長崎建立製鐵所，開始採用荷蘭煉鐵法。

幕府和各藩大力興建洋式反射爐和製鐵所，揭開了日本近代煉鐵業的序幕，為鑄造大炮提供了必需的材料。

---

[104] 中山茂編：《幕末的洋學》，第129頁。

(2)鑄造西式大炮

在大力營建洋式反射爐的基礎上，幕府和各藩都積極鑄造西式槍炮。1841年，佐賀藩在其領地設立荷蘭式火炮製造所，開始製造西式大炮。1863年，佐賀藩又仿製英國最新式的武器「史東朗炮」，該種大炮由英國技師史東朗‧喬治發明，可以連射，是一種破壞力很強的鋼鐵大炮。爲仿製「史東朗炮」，佐賀藩特派藩士赴長崎學習，經過反覆試驗，終於仿製成功，很快在日本列島流行開來。

此外，**薩摩藩**在仿鑄西式大炮方面也走在諸藩前列。1864年8月，該藩建成集成館，擁有7座熔礦爐及機械、鑄造車間，能製造各種槍炮和炮架。

(3)引進仿製西洋軍艦

1842年時，「幕府及其臣下所擁有的水軍力量據說是224艘船隻，此外還有貨船47艘，但都不能用以進行海戰。」顯然，沒有近代西式艦船，日本的海防實在是不堪一擊。鑒此，佐久間象山同年寫給老中眞田幸貫的「海防八策」中，就提出：應仿洋製，造軍艦，專門訓練海軍。幕府爲了維護自身的利益，沒有解除建造大船的禁令。但各藩卻紛紛打破幕府禁令，在自己的領地上開始建造西式艦船的準備工作。

從1851年開始，在藩主島津齊彬的領導下，**薩摩藩**首先著手於船用蒸汽機的製造。他們根據1849年蘭學者箕作阮甫翻譯的《水蒸船略說》一書，終於在柏利來航前一年的1852年，成功地製造出船用蒸汽機。[105]1854年，島津齊彬又制定雄心勃勃的造艦計畫，準備建造包括3艘蒸汽船在內的15艘軍艦，後來他又改變主意，決定從外國購買西式戰艦。1857年，島津齊彬制定了向法國、荷蘭購買軍艦的計畫，但不幸的是，同年8

[105] 同注 [30]，第225頁。

月，他突患赤痢死去。

柏利來航後，鑒於日益惡化的國際形勢，幕府也加快了建造西式大船的步伐，除頒布解除建造大船禁令外，還請求荷蘭幫助實現建設海軍的計畫。1853年10月，幕府向荷蘭訂購了護衛艦和蒸汽巡洋艦，後雖因故未能成交，但荷蘭商館長克提俄斯卻以荷蘭政府的名義，把一艘名叫「桑賓」號的蒸汽船贈送給幕府，作為訓練海軍之用。

1855年，幕府又聘請荷蘭人貝爾斯·雷根等海軍軍官來長崎傳授西方近代海軍科學技術，並向荷蘭訂購軍艦。1857年「耶班」號竣工，駛至日本，後改名「咸臨丸」，成為幕末萬延遣美使節的隨行艦。

此外，1862年，水戶藩的石川島造船所動工建造了日本最早的蒸汽軍艦「千代田丸」。1863年，佐賀藩三重津造船所費時2年完成了小型輪船「凌風丸」。

縱觀「開國」時代中日兩國學習仿製西洋船炮的熱潮，可以發現，這一熱潮出現的外部原因是鴉片戰爭和「黑船事件」的衝擊和影響，其內部原因則是中日兩國反對外來侵略，捍衛民族獨立的需要。在這一意義上，兩國的學習仿製西洋船炮熱潮代表了歷史前進的方向，值得肯定。

但如果從比較分析角度看，我們則會發現中日兩國「開國」時代學習仿製西洋船炮的熱潮具有明顯的不同：

首先，從時間上看，日本的仿製西方船炮活動開始於19世紀30年代，在鴉片戰爭後、柏利「黑船」叩關之後、第二次鴉片戰爭後形成了3次高潮，聲勢頗勁。而中國只是在鴉片戰爭期間和戰後興起了為時短暫的仿製西方船炮熱潮，由於清朝統治階級的巨大歷史惰性，使他們難以對19世紀中葉以來世界歷史的空前變局有深刻體認，難以擺脫華夷觀念的影響和束縛，

認識不到「師夷長技」的重要性和長遠意義，從而使鴉片戰爭後勃興的這股學習西方船炮的進步熱潮，很快就隨著戰爭硝煙的散去而走向衰落，最終不了了之，草草收場。

其次，從學習仿製西方船炮運動發起者的情況看，在日本主要有幕府的高級官員、各藩藩主及下級武士、洋學家等，形成了一個自上而下的組織系統。其所進行的仿製西式炮船活動始終有幕府和各藩的參與和支持，有較強的後盾。而在清政府方面，道光帝雖然在鴉片戰爭結束前後痛於戰敗之恥辱，在幾份諭旨中對仿製西式炮船表示支持，但戰後不久就收回了這一政策，轉而採取限制政策。道光帝態度的轉變，是鴉片戰爭時期中國學習仿製西方炮船熱潮衰落的主要原因。至於林則徐、奕山等封疆大吏雖然也曾對仿製西式炮船活動表示熱心支持，但他們在戰爭期間或戰後，不是被罷官就是被調離，使仿製西式船炮活動難以得到持久有力的支持。鴉片戰爭時期，廣東商行的買辦潘仕成等民間人士曾主動出資，參與仿造戰船、火炮活動，表現出相當積極的愛國熱情，且取得了一定的成效。但在「重農抑商」的中國，行商的地位十分低下，在鴉片戰爭結束後，既然官方已經對仿造炮船活動採取不提倡政策，這些行商當然也就不敢越雷池一步了。

再次，從這一時期中日兩國學習仿製西洋炮船熱潮所取得的成效看，日本也勝於中國。從當時的情況看，日本不僅直接仿製西式炮船，還建造了冶煉鋼鐵的反射爐，初步形成了製造體系。而且，日本還建立了講武所、軍艦操練所等軍事學校，學習西方軍事管理和技術應用，使仿製西式炮船活動走向深化。而在中國，除了廣東、浙江等省份在戰爭期間取得一定成效外，在戰後，隨著仿製西式炮船運動的衰落，基本上都草草收場。

(二)對歐美國家制度的介紹

從本質上看，19世紀中葉以來中日兩國與西方列強間的接觸，是封建主義與資本主義間的接觸。因此，無論是清王朝的官僚士大夫，還是日本德川幕府的官吏、武士，當他們放眼瞭望西方世界時，都對西方資本主義國家的政治制度表示特殊關注，留下了大量的介紹和評論，雖然這時期中日兩國都未進入「政治制度」變革時期，但兩國有識之士對歐美國家制度介紹評價的文字，卻在後來產生了深遠的歷史影響。

鴉片戰爭時期，在林則徐、魏源、徐繼畬、梁廷枬的著作裡，都從正面介紹了歐美國家政治制度的情況。如林則徐在《四洲志》中對英國議會制度介紹道：

> 「凡國王將嗣位，則官民先集巴厘滿衙門會議，必新王背加特力教而尊波羅特士頓教始即位。國中有大事，王及官民俱至巴厘滿衙門公議乃行。大事則三年始一會議，設有用兵和戰之事，呈國王裁奪，亦必由巴厘滿議允。國王行事有失，將承行之人交巴厘滿議罰。凡新改條例，新設職官，增減稅餉及行楮幣，皆王頒巴厘滿，轉行甘文好可而分布之。惟除授大臣及刑官，則權在國王。各官承行之事，得失勤怠，每歲終會議於巴厘滿而行其黜陟。」[106]

上文中的「巴厘滿」，是英文parliament的音譯，意即國會或議會。

魏源在《海國圖志》中對美國實行的民主共和制度和總統選舉制度也作這詳盡介紹：

> 「合眾國，又名彌利堅，又名花旗國。……百姓約二

---

[106] 《四洲志·英吉利國》，《小方壺齋輿地叢鈔再補編》，1913年上海石印本。

千萬之數，都城地名瓦升敦。部分三十，每部各立一賢士以爲總統，各總統公舉一極正至公之賢士，總攝三十部之全政，名伯理師天德（總統之音譯——編者）。又各部總統或一年、或二年爲一任，惟總攝國政者四年爲一任，按期退職，公舉選更。」⑩

「如綜理允協，通國悅服，亦有再留一任者。總無世襲終身之事。」⑩

關於美國的國會制度，魏源也有詳細記載：

「其國律例合民意則設，否則廢之。每三年庶民擇一長領統管各部。……立兩會，一曰尊會（即參議院），即長領並大官辦重務；一曰民會（即眾議院），論民人所獻之議、所稟求之事，每四萬人擇一人，各國皆同。」⑩

較《海國圖志》成書稍晚的梁廷枏的《海國四說》和徐繼畬的《瀛環志略》兩書，除系統介紹西方國家政治、經濟、文化情況外，還對資本主義的民主政治制度作了更多的記敘，其認識水平較前有很大提高。如梁廷枏在《合省國說》中，以讚許的口吻詳述總統輪換制、議員選舉制、三權分立制等，肯定美國政治制度的民主法制色彩。他寫道：在美國

「凡事無大小緩急，必集議而後行，議必按例（指法律），否則雖統領（指總統）不自專。故凡統領初受事，輒誓於眾曰：我必循例，自正其身而後盡力民事云……蓋稍涉偏私，則舉國必不服，而議事官（指議員）先不會議，即議亦斷不可行也。」⑩

---

⑩　《海國圖志》卷六十一，第1頁。

⑩　同上，卷六十，第4頁。

⑩　同上，卷六十一，第8頁。

這裡值得特別注意的是，梁廷枬在《蘭侖偶說》中還提到了英國歷史上 1215 年的《大憲章》，認為它是確立英國君主立憲制的法律淵源。梁寫道：「至若翰（指約翰——編者）性暴戾，虐遇其衆。教師因民情不忍，聚衆困迫之，國內舊受封爵者亦群起圍所居，不得已與民約，凡事聽民自專不問，沿為風俗。」[⑩] 這反映梁氏已能從歷史淵源的追溯中來理解分析資本主義民主立憲制度。

再如徐繼畬在《瀛環志略》中論及英國議會制度時說：

> 「英國之制……都城設有公會所。內分兩所，一曰爵房，一曰鄉紳房。爵房者，有爵位貴人及耶穌教師處之；鄉紳房者，由庶民推擇有才識學術者外之。國有大事，王諭相，相告爵房，聚衆公議，參議條例，決其可否。復轉告鄉紳房，鄉紳酌核，上之爵房。爵房酌議，可行則上之相而聞於王，否則報罷……大抵刑賞、征伐、條例諸事，有爵者主議；增減課稅、籌辦帑餉，則全由鄉紳主議。此制歐羅巴國皆從同，不獨英吉利也。」[⑫]

上文中所說「公會所」即議會，「爵房」即貴族院，也就是上議院，「鄉紳房」即平民院也就是下議院。應該說，徐氏對英國議會制度的這段介紹在當時來說還是比較到位的。

綜觀鴉片戰爭時期從林則徐到徐繼畬對歐美國家政治制度的介紹和評價，可以發現，由於文化和歷史的隔閡，使得 19 世紀中葉的中國思想家還不能真正理解西方資本主義政治制度的本質，不能理解「三權分立」、「司法獨立」的真正內涵，因而在介紹、表述西方政治制度的內容時，不可避免地發生一些

⑩　梁廷枬：《合省國說》卷二。
⑪　梁廷枬：《蘭侖偶說》卷一。
⑫　徐繼畬：《瀛環志略》卷七，第 44 頁。

錯誤，如把國會看成衙門，把議員看成是官吏，把國會視為審判機關等。但從整體上看，上述那些介紹實際上已基本描繪出近代資本主義政治制度的藍圖，使國人看到了一個與「天朝」制度迥然不同的新世界。

而且，透過這些令人倍感新鮮的介紹文字，使國人開始看到了西方資本主義國家絕不是「化外蠻夷」，他們也擁有高度發達的物質文明和政治制度；這些介紹文字還使國人朦朧意識到了西方諸國的富強及緣由，向中國社會初步揭示了西方資本主義制度的優越性。如魏源就稱美國總統制「匪惟不世及，且不四載即受代，一變古今官家之局，而人心翕然，不不謂公乎！議事聽訟，選官舉賢皆自下始，眾可可之，眾好好之，眾惡惡之……可不謂周乎！」[113]徐繼畬的認識則更加深了一步，他稱讚開美國選舉制度先河的華盛頓「開疆萬里，乃不僭位號，不傳子孫，而創為推舉之法，幾乎天下為公，駸駸乎三代之遺意」；「不設王侯之號，不循世及之規，公器付之公論，創古今未有之局，一何奇也！」[114]並指出基於選舉制基礎上的總統制使「各部同心，號令齊一，故諸大國與之輯睦，無敢凌侮之者」。[115]梁廷枏更從民主法制角度探討了美國政治制度的優越性：「予蓋觀於米利堅之合眾為國，行之久而不變，然後知古者『可畏非民』之未為虛語也。彼自立國以來，凡一國之賞罰禁令，咸於民定其議而後擇人以守之，未有統領先有國法，法也者，民心之公也。統領限年而易，殆如中國之命吏，雖有善者，終未嘗以人變法。既不能據而不退，又不能舉以自代，其舉其退，一公之民，持鄉舉里選之意，擇無可爭奪、無

---

[113]　《海國圖志》卷三十九，〈外大西洋總敘〉。
[114]　徐繼畬：《瀛環志略》卷九，第35頁。
[115]　同上，第16頁。

可擁戴之人，置之不能作威、不能久據之地，而群聽命焉。蓋取所謂『視聽自民』之茫無可據者，至是乃彰明較著而行之，實事求是而證之。爲統領者，既知黨非我樹，私非我濟，則亦惟有力守其法，於瞬息四年中，殫精竭神，求足以生去後之思，而無使覆當前之鍊斯己耳！又安有貪侈凶暴，以必不可固之位、必不可再之時，而徒貽其民以口實者哉？」[116] 深入分析了民主選舉對權力的監督作用，這實際上已經觸及了資本主義民主制度的本質特徵，說明鴉片戰爭時期以林則徐、魏源爲代表的「先進中國人」，在西方資本主義工業文明咄咄逼人的挑戰面前，經過一段時間的摸索研究後，逐漸意識到西方國家的強大，不僅僅是因爲「船堅炮利」，還有其經濟乃至政治上的原因。這標誌著國人對西方文明認識的深化，爲19世紀下半葉中國從「制度層面」學習西方準備了條件。

　　下面我們再來看看幕末日本對歐美國家制度介紹認識的情況。最早在日本介紹歐美議會制度的日本人應該是青地林宗。1827年，他奉幕府之命翻譯荷蘭文書籍，取名爲《輿地志略》，該書「暗厄利亞（英國）部」中曾提到過英國的議會制度，「但極爲簡略，並未引起人們的注意」。[117]

　　第一次鴉片戰爭結束後，日本對戰勝國英國的研究興趣大增，開始逐漸認識到英國政治制度的特殊性。因此，這一時期，日本學者著述中以及日人實地考察見聞中對歐美政治制度的介紹開始增加，與此同時，介紹西方政治制度的中國學者著述以及漢譯西方著作也大量傳入日本，如《聯邦志略》、《瀛環志略》等都在日本影響很大。

[116]　同注[110]，「自序」。

[117]　《中國與亞洲國家關係史論叢》，江西人民出版社1984年版，第15頁。

應該說，這一時期日本人介紹西方政治體制的文字比較眞實、全面，但仍不免有些局限。

1846年，箕作省吾撰寫《坤輿圖識補》，他在書中寫道：「闔州之政治，於上廳、下廳二處判決。」「上廳處理貴官、親族、寺院法教之事，其官職大小分三百餘級」；「下廳使令市街村落之百事，其職領分爲六百五十八級。」[118] 上述所說的「上廳」指的是上院，「下廳」即下院，在這裡，箕作省吾把上院和下院看成是一種衙門，這顯然是錯誤的。

1851年，箕作阮甫在《八紘通志》中對西方議會制度也有一段概括性描述：他把國會稱作「政廷」，上院稱作「上政省」，下院稱作「下政省」，議員稱作「官員」，並說：「上政省由國之名族任之，即高僧官及親王也」，「下政省有五百九十八員，由士民身份中選舉貢上任官」。「政廷有立律之力量」，「國王有生殺與奪之權」，「以王爲首位，上政省、下政省次之」。[119] 上面的概括在國會的構成等方面基本符合實際，但對國會權限的理解卻仍是錯誤的。

1860年，日本萬延遣美使團在美國逗留期間，目睹了美國國會的辯論場景，副使淡路守村垣在《航海日記》中記載道：

「4月4日，晴，午後，……步入國會大廳，……正面高處端坐看副統領，前面稍高處坐著兩位書記官，其前擺置著椅子，總共有四五十人並排坐在那裡。突然，其中一人起立，大聲斥罵，並作手勢，如同狂人一般。……正當眾議之中，無休無止評議國政之時，那位身著緊身衣褲之人大聲斥罵之狀，副統領立於高處之景，宛如我國日本橋

---

[118] 伊田熹家：《日中兩國現代化比較研究》，北京大學出版社1997年版，第61頁。

[119] 同上。

之魚市。」⑫

1863年，在遣歐使團中有位名叫高島祐啓的醫生，著有《歐西紀行》，談到英國國會的情況時說：

> 「如此方正之場所，其權雖國帝亦莫可如何。故論理無一定時，將其議論登上報紙，以國民之評論見諸報端，以是復提上議事堂，將諸官之評論議決，奏聞圍帝，然後號令國人。以是巴力門之政治誠公平也，國人亦無不心服。」⑫

同時期赴歐考察的福澤諭吉對英國議會制度則另有一番論述：

> 「……如政治上，日本稱三人以上聚議者爲徒黨，政府之揭示牌上明記徒黨必將爲非作歹，極其嚴厲地予以禁止。而據云英國有所謂政黨，青天白日之下爭執政權之受授。如斯則英國允許處士橫議，直接誹謗現時政府亦不論罪乎？如此亂暴能維持一國之治安，實令人萬萬不可思議。因絲毫不了解其原因，由此而產生種種懷疑。通過一問一答，隨著逐漸聽到國家議院之由來、與帝室之關係、輿論之力量及內閣更迭之習慣等，方對其事實似懂非懂。」⑫

從上面幾段材料可以看出，雖然19世紀50、60年代很多日本人耳聞或親眼目睹資本主義議會制度的實際情形，對其制度的結構和功能頗感讚嘆，並向國內如實予以了介紹，但總體看來，仍未弄懂西方議會制度的眞諦，其認識水平尙不及當時的中國。60年代，日本的很多倒幕志士是通過漢譯書籍了解和

---

⑫　綿貫哲雄：《閉鎖的日本》，大明堂昭和四十八年版，第113頁。

⑫　同注 ⑱，第65－66頁。

⑫　同上，第66頁。

接受歐美議會制度思想的。

　　但如果從將歐美政治制度運用於本國政治改造實踐的角度看，日本則遠遠超過了中國。正如日本學者伊田熹家所言：日本「對歐美制度的理解雖然不夠，但值得注意的是企圖把這一制度運用於日本。中國在這一時期雖然基本上同樣介紹了歐美的政治制度，但幾乎沒有產生什麼影響」。[123]

　　早在1862至1863年，日本越前藩主松平春岳就已經認識到：

　　　　「議天下公共之論而用之，不可無巴力門、高門士即上院下院之舉。滿清、日本之制度，政府自掌權柄，恣用賞罰黜陟。觀西洋各洲之歷史，有巴力門與高門士，國中之政事登公共之議論，使其賞罰黜陟。生殺與奪亦然。雖英王法帝亦不得自由爲之。今皇朝之制度亦應一變，於京都、江戶分別創建巴力門、高門士。此巴力門應限於幕府之臣及諸侯之內，高門士應爲諸藩有名之士。……朝廷將天下之政事委任於幕府，幕府如因奉朝命而不改古來之制，則其罪尤重。以是不可無巴力門、高門士之舉，以求天下公共之論。」[124]

　　此外，在1866年，倒幕派的著名代表人物，土佐藩下級武士坂本龍馬曾提出這所謂「船中八策」，系統全面地闡述了倒幕派的政治綱領，其中的核心內容就是：

　　　　「天下政權奉還朝廷，政令應出自朝廷，……設上下議政局，置議員，參贊萬機，萬機應決於公議。……察方今天下形勢，微諸宇內萬國，捨此則無救時急務。」[125]

---

[123]　同上，第70頁。

[124]　同上。

[125]　《幕末維新的內戰》，第189、190頁。

由此可以看出，到19世紀60年代，以越前藩主松平春岳和土佐下級武士坂本龍馬爲代表的日本激進派代表，已經在初步了解歐美政治制度的基礎上，提出將日本的「尊王論」和西方議會政治相結合，作爲挽救日本民族危機的唯一手段和方法。後來，坂本龍馬把這一政權設想向土佐藩主山內容堂進言，發展成山內容堂對幕府的大政奉還建議書，又以大政奉還的實現，進一步發展成1868年明治政府的《五條誓文》，可見，「船中八策」作爲幕末維新志士學習攝取西方政治制度，並將其與本國實際相結合的典型事例，是成功的，值得在日本近現代政治史上大書一筆。

與日本相比，此時期的中國思想精英們只是在書本上談論歐美政治制度。他們也表現出了對西方制度的欽慕、讚嘆之情，如地主階級改革派代表人物馮桂芬即感嘆中國的政治制度在「君不隔」方面不如歐美國家，隱約表現出學習之意，但卻沒有也不敢明確提出攝取的意向。

中日兩國在認識和攝取西方政治制度方面之所以存在著上述差異，原因極其複雜。其中比較重要的一點是，中國自秦漢以來便建立了以皇權爲核心的高度集權的政治制度，到清季更是達到了登峰造極的地步，它與科舉制和官僚制結合在一起，擁有極其廣泛的社會基礎和長期存在的條件，使人們產生了它堅如磐石、萬古長存的思想，很難產生改造變易的想法。而幕藩割據下的日本，此時期面臨西方列強的侵略，暴露其政治體制的諸多缺點，使日本的許多有識之士都意識到改造日本幕藩體制的必要性。爲適應這一需要，幕末維新志士迫不及待地要將西方政治制度運用於日本，也就是可以理解的事情了。

(三)西洋物質文化的傳入

中日兩國在「開國」時代主動或被動輸入西方的思想文化的同時，也開始輸入西方的物質文化。在這方面，兩國除了大力引進仿製西方軍事科學技術之外，還開始對火車、電話機、照相機、印刷機等工業革命時代具有代表性的西方器物文明進行初步介紹和移植。

在日本學者辻善之助主編的《增訂海外交通史話》一書中，對幕末「開國」時期日本人對西方物質文化的認識和移植情況多有描述：

火車 1854年，美國柏利使團給日本一件火車模型，「這對於當時人來說實在是令人驚異的怪物」。江川太郎左衛門聞訊後，特意前往橫濱觀看火車模型演示，「深嘆其奇」。事後，在場一同觀看模型演示的幕吏古賀謹一郎在其日記中寫道：「250餘里的路程，僅用兩日即可到達目的地，車內還沒有食店，真是自古未聞的怪事，打開外國地圖，即可見海外火車之盛，各國鐵路網縱橫交錯。而反觀我國，連火輪船尚未建成，而何談火車，惜哉！」[126]

上述這段日本幕吏有關火車的議論和感慨，也可從這一時期中國人羅森的日記中得到證實。1854年柏利第二次赴日本時，曾帶中國人羅森作為譯員同行，使得羅森得以親眼目睹日本在美國「黑船」壓迫下被迫「開國」的情形，他在日記中寫道：日美簽約後，美國方面向日本「大君」贈送了包括火車模型在內的禮品，日本代表高興地收下了這些禮物，「即於橫濱之郊築一圓路，燒試火車，旋轉極快，人多稱奇」。[127]

---

[126] 辻善之助：《增訂海外交通史話》，內外書籍株式會社1940年版，第800－801頁。

電報機　1854年正月，美國柏利艦隊登岸後，在橫濱也進行了電信機（電報機）的操作實驗。其方法是以銅線接通於此處與彼處，即使是遠隔四五十里，只要接通銅線，就能將此處之音信立即傳達到彼處。日本人稱電信機爲應急之具，還是比較貼切的。

　　同年7月，荷蘭贈給幕府電信機數部。次年7月，「在江戶之濱，自海手茶屋至松茶屋間安裝了電報機，江川太郎左衛門親臨現場檢查」。後來，村垣淡路守在其公務日記中對電報機讚不絕口：「奇妙無比，一言難盡！」[127]

　　寫真術　19世紀上半葉，照相機和攝影術已開始傳入日本，引起了日本人的極大好奇。從嘉永六年（1853年）到安政元年（1854年）間隨川路左衛門尉往來於長崎的箕作阮甫，在其《西征紀行》書中留有很多關於西式攝影技術的記載，其中有一段是這樣寫的：「安正元年正月十三日，來到出島的荷蘭商館，被請入荷蘭甲比丹的書房裡，只見正面的牆壁上掛著一位婦人、兩個幼兒的照片，係採用印象鏡法將人物的狀貌印在上面的。看後令人驚詫不已。」[129]

　　其實，到安政元年時，日本已有了像下岡蓮杖這樣的著名本土攝影師。而下風蓮杖本人曾先後向荷蘭人和美國駐日公使哈理斯學習過攝影技術和理論。

　　瓦斯燈　「安政四年（1857年），薩摩藩開始使用瓦斯燈。此燈是根據翻譯的蘭書造成的。這是日本瓦斯燈點火之開始。」[130]

---

[127]　鐘叔河：《近代知識分子考察西方的歷史》，中華書局1985年版，第120頁。

[128]　同注[126]，第80頁。

[129]　同上，第804頁。

西洋服飾　幕末隨著日本與西方頻繁地接觸，西洋服飾等西俗也開始傳入日本。在喜田川守點撰寫的《守貞漫稿》中有這樣一段記載：

> 「西方諸蠻在橫濱登陸，見日本人服飾與世界萬國殊為不同，想起來常有自賤之感。」[131]

看到自己的服飾與世界萬國不同，而產生自賤意識，話語中已流露出一種強烈的對西洋服飾的崇拜意識。

另外值得注意的是，中世紀南蠻時代曾流行的「蠻服」在幕末也重新開始流行。

西洋傘、西洋料理店　「從慶應末年開始，日本社會上洋傘開始流行，從武士到一般百姓都使用之。同時期西洋料理店也開始出現。」[132]

而與日本開國時期攝取西方文化的積極踴躍相比，同時期的清朝官方和民間對西方文化認識和攝取的情況則比較複雜，主要表現在：一方面以林則徐、魏源、徐繼畬為代表的思想精英，「開眼看世界」，對西方資本主義先進文明大加讚揚，並力主學習攝取；另一方面，就清政府絕大多數官僚士大夫而言，仍然囿於傳統的「夷夏之防」和腐朽的天朝自大觀念，不願也不敢學習西方，對西方文化較為冷漠，缺乏攝取熱情。而且，隨著鴉片戰爭硝煙的散去，學習西方的進步思想逐漸被「閉關主義」的濁浪所吞沒，醸成了中國近代化延誤的悲劇。

鴉片戰爭結束後，五口通商，西人強據租界，外國商人也掀起了對華商品傾銷的狂潮，西方物質文化也漂洋過海，由通商口岸登陸，並逐步向內地傳播。翻閱此時期官僚士大夫留下

---

[130]　同上，第806頁。
[131]　同上，第814頁。
[132]　同上。

的書信、日記、筆記，可以窺見許多西方物質文化初入中國時的種種信息：

西洋火車、輪船　魏源在《海國圖志》中，最早向國人介紹了蒸汽機，他寫道：「今西方各國，最奇巧有益之事，乃是火蒸水氣，舟車所動之機關，其勢若大風無可當也。或用以推船推車，至大之工，不借風水人力行走若飛；或用之於造成布匹，妙細之業，無不能為，甚如可奇可贊。」[133]梁廷枏也對火車、輪船大加稱讚，稱火車「無馬無驢，如翼如飛」，火輪船「翻濤噴雪，溯流破浪，其速如飛」。[134]

西洋攝影術　19世紀中葉，西洋攝影術初入中國的落足點是上海、廣州等通商口岸。有些外國人攜帶照相機在通商口岸為人拍照，所攝照片，如活人再現，引起國人不小的轟動，人們不明曉其原理，多視其為神異之物。1846年，清朝進士周壽昌在《思益堂日札》中曾對西洋照相機描述道：「西洋奇器最為奇妙著稱為『畫小照法』，能攝照人像。其攝法為，令人坐一平台上，面向東方，攝相術人裝入一鏡，從日光中取景，和藥少數塗抹四周，用漆框之，不令洩氣，片刻，人物鬚眉衣服呈現，神情如同寫真，照片始成，此鏡不破，即可保留終身。攝影必擇天晴之日。」

西洋飲食文化　1842年鴉片戰爭結束後，隨著五口通商和租界的建立，西洋飲食文化在旅居沿海城市的外國人當中頗為風行，但在中國人的生活中影響仍然很小。洋酒類的西洋飲品則頗受一般國人歡迎，當時陸續傳入中國的洋酒主要有「比爾酒」、「皮酒」（啤酒）、「卜藍地酒」（白蘭地酒）、「商班酒」、「香冰酒」（香檳酒）、「舍利酒」（雪利酒）等等，但這

---

[133]　《海國圖志》卷三十八。

[134]　《貿易通志》，見《小方壺齋輿地叢鈔》第12帙。

些西洋飲品只是在上層社會流行。此外，1853年，上海英商老德記藥房開始生產汽水、冰激凌等。

第 四 章

文明的衝突與融合

　　19世紀60年代到90年代，是中日兩國早期現代化具有決定性意義的歷史時期。在這短短的30餘年時間裡，中日兩國近代歷史演進的行程發生了較「開國」時代更爲深刻和劇熱的變革：在中國，清王朝在太平天國起義和英法聯軍的打擊下，其統治岌岌可危，只是依靠以曾國藩、左宗棠、李鴻章爲代表的地主階級洋務派的力量，才得以死裡逃生。爲了修補業已糜爛的「天朝」大廈，清政府只好依賴洋務派發起了以攝取西方「器物」文明爲主要內容的洋務運動，這樣，中國在付出了沉重的歷史代價之後，邁出了現代化過程艱難的一步。而就在洋務派小心翼翼地將鴉片戰爭時期林則徐、魏源提出的「師夷長技」思想付諸實踐之時，日本列島上發生了亞洲近代史上意義最爲深遠的歷史性變革——明治維新。1868年1月3日，睦仁天皇發布「王政復古大號令」，宣布廢除幕府。經過討伐幕府的「戊辰戰爭」，推翻了統治日本長達200餘年的德川幕府的封建統治，建立了明治新政權，走上了獨立發展資本主義的道路。在「求知識於世界」、「文明開化」等口號下，明治政權掀起了大規模的攝取西方文化運動，極大地推進了日本現代化的歷史過程。

　　由此，我們在東亞世界範圍內，便可發現兩個在時間上大致平行的攝取西方文化的運動——洋務運動和明治維新。從歷

史角度看，這兩個這動不是孤立的，而是相互關聯的，在某種意義上就是一場「現代化競賽」。到19世紀90年代，通過甲午戰爭，日本打敗了素所敬畏的中華帝國，取得了這場「競賽」的勝利。「競賽」結局的歷史影響是世紀性的，它決定了20世紀上半葉中日關係的基本格局和中國現代化曲折坎坷的命運，這正如史學家陳旭麓所形容的那樣：「把1937年之後『九一八』的炮聲看做黃海海面炮聲的歷史回響並不為過。」① 因此，反思中國現代化百年之榮辱成敗，離不開對「明治維新」、「洋務運動」、「甲午戰爭」這一系列歷史事件的比較分析。當然，分析研究這一問題的視角應該是多維的，但筆者認為，對60年代至90年代中日兩國攝取西方文明的歷史軌跡做一動態的縱向考察，是我們解開中日早期現代化不同命運之謎最重要的一環。

一、求知識於世界的舉措

如前所述，從19世紀60年代到20世紀初年，在西方資本主義侵略的壓力下，中日兩國的統治階級和社會精英人物都對鴉片戰爭以來激變的國際形勢有了更為深刻的認識，並在「開國」時代攝取西方文化的基礎上進而推出了一系列攝取西方文化的新的重大舉措，主要有遣使、留學、聘用外人等。

(一)遣使西洋

從19世紀70年代開始，日本新建立的明治政府適應西方勢力東侵客觀形勢的要求，承幕府「開國外交」之餘緒，比較

① 陳旭麓：《近代中國社會的新陳代謝》，上海人民出版社1992年版，第152頁。

174

西風東漸——中日攝取西方文化的比較研究

主動地實施了一系列對外開放的措施，其中最重要的內容便是派遣使團遠赴歐美諸國考察，主要有1871年岩倉使團訪問歐美諸國；1872年寺島宗則出使英、法；1872年森有禮出使美國；1878年青木周藏出使法、德等。其中以岩倉使團出訪歐美諸國的影響最大。

1870年10月，太政官大臣三條實美向外務卿岩倉具視提出一份《派遣特命全權大使事由書》，強調：「國與國之間權利對等，乃當然之理」，因而「條約亦應保持權利對等」，要「修改以往之條約，確定獨立之體制」，故有必要「向各國特派全權使節，一則借政體更新，修聘問之禮，以篤友好之誼；一則借修改條約，向各國政府闡明並洽商我國政府之目的與期望」。[2]同時，「為了體驗改革的實效，擬請求考察歐亞諸洲開化最盛之國體」。[3]由此可知，以岩倉使團為代表的明治時代遣使出洋活動，其目的主要有兩點：修改不平等條約，考察歐美各國先進的政治、經濟和科學文化制度，以尋求理想的日本現代化模式。

以此為契機，1871年11月，日本明治政府組成了以右大臣岩倉具視為特命全權大使，參議木戶孝允、大藏卿大久保利通、工部大輔伊藤博文、外務少輔山口尚芳為副使的赴美歐使節團，總人數共計51人。使團於12月23日乘船從橫濱出發，依次訪問了美國、英國、法國、比利時、荷蘭、德國、俄國、丹麥、瑞典、義大利、奧地利、瑞士等12個國家。到1873年9月，使團成員先後回國。在這次歷時兩載的日本有史以來規模最大的西洋考察活動中，使團成員目睹了蒸蒸日上的歐美資本

---

② 信夫清三郎：《日本外交史》上冊，商務印書館1992年版，第138頁。

③ 《史料日本近現代史》第1冊，第50頁。

主義文明，思想上大受衝擊，據使團成員中江兆民回憶說：
「目睹彼邦數百年來收獲蓄積之文明成果，燦然奪目，始驚、次醉、終狂。」④

這次出使收獲甚大。出使期間，使團曾按預先安排，就修改不平等條約問題向美、英等資本主義列強提出交涉，不料卻遭到了粗暴的拒絕，外交成果甚微。但在德國會見「鐵血宰相」俾斯麥時，日本使團卻意外地得到了很大的收獲。俾斯麥向使團講述了「19世紀國際社會中強權政治的活生生的現實」，「講述了當年不過一個弱小國家的普魯士，在弱肉強食的殘酷國際社會中生存下來，並成長為大德意志帝國的艱苦鬥爭的歷史，給使節團一行留下深刻的印象」，⑤開始感到日本的前途大有希望了。正是通過這次出使，日本人對於弱肉強食的國際關係有了深刻體驗，樹立了自強意識，從而為日後廢除不平等條約作好了準備。

修改不平等條約的合理請求雖然遭到歐美資本主義列強的粗暴拒絕，未取得任何成果，但使團成員通過「實地見聞」式的考察，卻加深了對西洋文明的認識和理解。在英國，他們看到「無論到何處，竟無一物產於地上，唯有煤與鐵而已。產品皆自他國輸入（加工後）再輸往他國。工場之盛更甚於以往傳聞，所到之處，黑煙滿天，無不設大小工場」。⑥正是因為有了上述雄厚的工業基礎，英國才得以成為「雄視橫行世界之國」。⑦在上述實地考察認識的基礎上，使團在歸國後提出了發

④　小西四郎、遠山茂樹編：《明治國家的權力與思想》，吉川弘文館1979年版，第158—159頁。
⑤　同注②，第143頁。
⑥　同注④，第126頁。
⑦　久米邦武：《特命全權大使美歐回覽實紀》第二編，宗高書房1975年版，第11頁。

展本國資本主義實業的系統設想，這在副使大久保利通草擬的
《關於殖產興業的建議書》中表現得最爲集中，他認爲：「大
凡國之強弱基於人民之貧富，而人民之貧富基於物產之多寡。
物產之多寡，雖取決於人民致力於工業與否，但歸根結蒂，又
無不依賴政府官員的誘導獎勵……領導者當深思熟慮，舉凡工
業物產之利，水陸運輸之便，凡屬保護人民的重要事項，均宜
按各地風土習俗、民衆之性情知識制定辦法，以此作爲當前行
政上的根本。其已建成者保護之，尙未就緒者誘導之。例如英
國只是一個小國，但據島嶼地，得港灣之便，並富有礦物，故
該國政府官員以此天然之利爲基礎，予以補充、擴大；以此作
爲最大的義務」。[8]大久保利通力倡「以英爲師」，大力發展日
本的資本主義實業。

事實上，岩倉使團以歐美國家帶回的新的知識財富以及有
關近代國家的信息並不僅僅限於經濟領域，而且還包括了政
治、經濟、科技、文化、社會等多個層面，從而有助於日本人
對於其現代化模式進行全面和深層次的思考。對此，日本學者
森島通夫曾做了如下的概括：「明治政府比較並檢驗了所有這
些信息以判明哪些國家在某個領域最傑出、最先進。例如，哪
個國家在教育制度方面最優秀；哪個國家的海軍最好；哪個國
家的陸軍最強。他們調查了各個國家的治安、工業以及財政狀
況。在獲得了代表團關於這些問題的信息的基礎上，政府作出
了關於哪個領域應以哪個國家爲樣板的決定。例如，1872年頒
布的教育制度就是以法國的學校區劃制度爲樣板的；日本帝國
海軍是英國皇家海軍的複製品，而陸軍則受到法國陸軍的巨大
影響；電報和鐵路是按照英國的模式建立的；大學則是效法了

---

[8]　金明善：《日本現代化研究》，遼寧大學出版社1993年版，第30—
31頁。

美國的樣板；明治憲法和民法以德國爲原型，刑法則以法國爲原型。這樣，明治國家就成了英、美、法、德等國的大雜燴。……那個時代的日本人認爲每一個領域採用最好的模式將會使日本盡可能地集各國之大成。」[9]可見，以岩倉使團爲代表的明治時代遣使歐美的活動對19世紀下半葉日本現代化模式的抉擇產生了巨大影響，爲日本明治時代的政治家取鑒西方文明，推進日本現代化的發展過程起了積極作用。

而在正在開展洋務運動的大洋彼岸，經過了第二次鴉片戰爭更爲劇烈的衝擊之後，清朝統治集團內部初步具備世界知識的洋務派已逐漸意識到遣使出洋的重要性。如總理衙門大臣奕訢曾奏稱：「查換約以來，洋人往來中國，於各省一切情形，日臻熟悉。而外國情形，中國未能周知，……臣等久擬奏清派員前往各國，探其利弊，以期稍識端倪，借以籌計。」[10]故「遣使一節，亦關緊要，未可視爲緩圖」。[11]同時，一些地方洋務派官員也有類似看法，如曾國藩認爲「遣使一節，中外既已通好，彼此往來，亦屬常事」。[12]李鴻章也提出：遣使出洋有兩條好處，一爲「凡遇爭辯疑難之事，公使領事有不可情理喻者，使臣向政府詰責曉譬，排難解紛」；二爲「使臣學習外國之所長，以爲自強根基」。[13]

在上述認識基礎上，繼前述1866年斌椿出使歐洲諸國後不

⑨　森島通夫：《日本爲什麼成功》，四川人民出版社1986年版，第133—134頁。

⑩　蔣廷黻：《近代中國外交史資料輯要》上卷，商務印書館1931年版，第383頁。

⑪　《籌辦夷務始末》（同治朝），第50卷，故宮博物院1930年影印本，第32頁。

⑫　陳恭祿：《中國近代史》，商務印書館1935年版，第252頁。

⑬　同上，第277頁。

久，洋務派開始了一系列的出使西洋活動，主要有：1868年蒲安臣、志綱出使美、英、法、瑞典、丹麥等國；1871年崇厚出使法國；1877年郭嵩燾出使英國；1878年陳蘭彬出使美國、西班牙、秘魯；崇厚出使俄國；曾紀澤出使英、法等。其出洋外交活動較爲頻繁，開闊了國人的視野，加深了中國對西方資本主義文明的認識，對中國早期現代化產生了某些積極的影響。出使者所提出的新觀念主要表現在他們撰寫的一些考察日記之中，如斌椿的《乘槎筆記》、志綱的《初使泰西記》、張德彝的《航海述奇》、郭嵩燾的《倫敦巴黎日記》、薛福成的《出使日記續刻》等，這些著述對西方資本主義國家的政治、經濟及風土人情進行了較爲具體生動的描述，是近代中國認識西方深化的重要標誌。

　　縱觀這些探究西洋世界的「述奇」之作，可以發現其中絕大多數出洋考察者已打破了傳統的華夷觀念，確立了科學的西洋觀。他們認爲：「西洋諸國，越海無量由旬，以與吾華交接，此亙古未有之奇局。中國士民或畏之如神明，或鄙之爲禽獸，皆非也。」[14]「天道數百年小變，數千年大變」，今日中國所面臨的是，由「華夷隔絕之天下，一變爲中外聯屬之天下」[15]的空前變局。在對世界格局新認識的基礎上，他們還積極爲清廷提供新的現代化方略，指出：

　　　　「昔商君之論富強也，以耕戰爲務。然西人之謀富強也，以工商爲先。耕戰植其基，工商擴其用也。然論西人致富之術，非工不足以開商之源，則工又爲其基而商爲其用。」[16]

---

[14]　《曾紀澤遺集》，岳麓書社1983年版，第363頁。

[15]　《庸盦文外編》卷三，〈上曾候相書〉。

[16]　薛福成：《籌洋芻議·商政》。

「故論一國之貧富強弱，必以商務為衡。」[17]

後來，他們又進一步將對西方的認識深入到制度層面，認為「西洋立國，有本有末。其本在朝廷政教，其末在商賈」，[18]主張學習西方資本主義君主立憲制。

但如果從比較角度看，我們則會發現此階段清政府的遣使西洋活動較日本遜色，主要表現在以下幾個方面：

其一，與日本主動出使西洋不同，清政府的遣使活動具有濃厚的「被動」色彩。如1877年郭嵩燾出使英國，實際上是因「馬嘉里案」而被迫前往倫敦「謝罪」，出發前朝野輿論大嘩，郭嵩燾迫於壓力，屢次上書力辭，自言：「臣素鈍於言辭，周旋應對，絕非所長，又老病衰頹，志氣消落，奉命出使，只益慚惶。」[19]其出使的被動性可見一斑。

其二，19世紀60年代以來，清政府遣使西洋活動的目的始終局限於「了解外情」、「賠禮道歉」、「表示友誼」等具體事項上，並未像日本那樣上升到尋求現代化模式這一歷史高度。這是因為清政府的遣使活動是作為洋各外交的組成部分出臺的。洋務運動作為地主階級的自救運動，只學習西洋的「堅船利炮」，不求全局性的變革，因而，洋務運動過程中的遣使活動不可能達到全面學習西方，尋求現代化模式的歷史高度。19世紀70、80年代，郭嵩燾、薛福成等出使者曾試圖突破洋務運動的樊籬，對中國實現現代化的模式和方略進行了頗有深度的探討，但終被抱殘守缺的清政府所扼殺，難以成為現實。直到20世紀初年，清政府在內外交困的形勢下，才派出五大臣

[17]　《出使日記續刻》卷五，光緒十八年閏云月二十七日。
[18]　鐘叔河：《走向世界——近代知識分子考察西方的歷史》，中華書局1985年版，第212頁。
[19]　《郭嵩燾奏稿》，岳麓書社1983年版，第363頁。

率使團「分赴東西洋各國考求一切政治」,「力求變法,銳意振興」[20],從政治、經濟、文化、軍事全面考察西洋強盛本源,但這已比日本岩倉使團晚了30多年,其歷史影響自然大打折扣。

其三,清政府的遣使活動未提出強烈的修改不平等條約的要求。與日本相比,清政府與西方列強簽訂的不平等條約是兩次鴉片戰爭慘敗後的產物,其條件極為苛刻。從19世紀70年代開始,洋務派開始意識到不平等條約的危害,但卻未組織起日本那樣的廢除不平等條約的運動。60、70年代,清政府派往西方的使團並不負有修改不平等條約的使命,1868年蒲安臣、志綱使團出洋的目的只是「向每個條約國家解釋,它在企圖改變現狀和介紹新事物過程中所必然要遭遇到的諸多困難情況,借以培養和保持與他們之間的友好關係;求取外國的寬容」。[21]其後的崇厚使英和郭嵩燾使法則是為了向西方人道歉。

然而,值得注意的是,在1879年,清駐法公使曾紀澤在英國《亞洲季刊》上發表〈中國的睡與醒〉一文,明確表達了要修訂中外不平等條約的思想,並建議清政府:「改約之事,宜從弱小之國辦起。年年有修納之國,即年年有更正之條。至英、德、法、俄、美諸大國修約之年,彼此迫於公論,不能奪我自主之權利,則中國恢復權利而不著痕跡矣。」[22]但其建議卻未被清政府採納,而沒能施行。可見,19世紀下半葉中國只有個體的廢約思想,而無政府組織發起的「廢約運動」,這直接影響到中國擺脫不平等條約束縛的歷史進程。

[20]　《清末籌備立憲檔案史料》上冊,中華書局1979年版,第1頁。

[21]　劉培華:《近代中外關係史》上冊,北京大學出版社1986年版,第226頁。

[22]　曾紀澤:《出使英法俄日記》,《走向世界叢書》,岳麓書社1985年版,第98頁。

(二)教育改革和留學生的派遣

大力進行教育改革，派遣留學生出洋直接學習西方資本主義的先進文明，是此時期中日兩國對外開放，攝取西方文明的重大舉措。比較觀之，在這一領域內，日本明治政府的教育改革和海外留學從政策制定到實行，都遠比清政府主動，規模聲勢也遠在中國之上。

日本明治政府在建立之初，便把教育視爲日本攀登文明階梯，接受西洋先進文明，實現現代化的重要手段。在新政權尚未鞏固之時，維新志士木戶孝允就向政府遞交了振興教育的建議書，強調「一般民衆知識之進步，文明各國規則之取捨，全國範圍內逐步振興學校，廣布教育，乃今日之一大急務」。[23] 據此，明治政府在新政權建立伊始，便進行大刀闊斧的教育改革運動，主要措施有：

(1)頒行全國統一的新《學制》。1872年8月，明治政府正式頒布了學制調查委員會草擬的《學制》等文件，結束了幕藩體制下各地異學的情況，「將全國劃分爲8大學區、256個中學區（以13萬人口爲基準）、53760個小學區（以約600人爲基準）。區內6歲以上的男女兒童必須入學接受教育。」[24] 在這一體制下，日本全國共設8所大學、256所中學、53760所小學。政府規定，「自今以後，一般人民，即華族、士族、農工商及婦女，務期邑無不學之戶，家無不學之人。爲人父兄者宜體認此意，增厚愛育之情，務使其子弟從事於學。」[25] 這實際上是

---

[23]　山住正己：《日本教育小史》，岩波書店1989年，第22頁。

[24]　高橋龜吉：《日本近代經濟形成史》第2卷，東洋經濟新報社1968年版，第374頁。

[25]　同注③，第70－72頁。

推行「四民平等」的國民義務教育制，提高國民素質。由此，日本各類學校數目大大增加（見下表）。

《學制令》頒布後學校發展情況簡表[26]

年度	小學校	實業學校	中學校	師範學校	專門學校	高等學校	大學	高等師範學校
1873	12597	0	20	0	26	0	0	8
1875	24303	1	116	82	110	0	0	8
1880	28410	15	187	74	74	0	1	2
1885	28283	26	106	56	75	1	2	1
1890	26017	23	55	47	36	7	1	2
1895	26631	110	96	47	52	7	1	2
1900	26857	290	218	52	52	7	2	2

同時，在明治政府教育改革政策法令的推動下，日本學齡人員入學率大大增加（見下表），到 1900 年，就學率為 81.48%，1907 年達 97.38%，幾乎達到所有學齡人員全部入學的程度。

日本學齡人員就學率（%）[27]

年　　度	男	女	男女計
明治十一年	57.60	23.51	41.26
明治十五年	66.99	33.04	50.72
明治二十年	66.31	28.26	45.00
明治二十四年	66.72	32.23	50.31
明治二十五年	71.66	34.46	55.14
明治三十年	80.67	58.86	66.65

(2)重視實用技術教育。隨著日本殖產興業的發展過程，實業界需要大量專門技術人才，19世紀80年代後期，明治政府陸續頒發了《實業補習學校規則》、《實業學校令》等一系列法規，規定從中小學到大專高等教育，都必須貫徹技術教育方針，分設農業科、工業科、商業科等，因此，各種實業技術學校大增（見下表），這為日本消化西方技術準備了條件，為新式工業提供了大量熟練的技術工人。

專門技術類學校數量增加表[28]

學校分類	1896 （明治二十九）年	1905 （明治三十八）年
專門學校	—	—
高等工業學校	—	4
農業專門學校	—	2
實業學校	—	—
農業學校	10	117
工業學校	7	30
徒弟學校	16	46
水產學校	—	10
商船學校	—	7
實業補習學校	93	2746

[26]　吳廷璆：《日本近代化研究》，商務印書館1997年版，第428頁。
[27]　高橋龜吉：《日本近代經濟形成史》第2卷，東洋經濟新報社1968年版。第378頁。
[28]　中岡哲郎：《近代日本的技術和技術政策》，東京大學出版社1986年版，第193頁。

(3)通過高等教育培養高層次人才。從1877年開始，日本陸續設立了東京大學、京都帝國大學、東北帝國大學、九州帝國大學等，以培養高級人才。

上述3個方面雖然屬於國內教育改革領域，但卻為日本接受和消化西方文化奠定了智力基礎，正是在這一意義上，日本學者高橋龜吉將其稱為「西洋文明導入移植的根本對策」。

除了上述「根本對策」外，明治政府還大力鼓勵日本青年起海外留學，從1870年開始，陸續頒布了《海外留學生規則》、《貸費留學生規則》、《公費留學生規則》，留學之風大盛，很多優秀青年爭相奔赴海外，學習西方先進文化，留學人數平穩地向前發展（見下表）。

海外官費留學生人數表（單位：人）[29]

年　　度	總　　數	海軍省	陸軍省	其　他
明治十年	80	40	12	28
明治十二年	61	22	8	31
明治十三年	94	17	43	34
明治十五年	56	5	22	29
明治十八年	36	8	8	20
明治十九年	52	11	14	27
明治二十一年	59	13	19	27
明治二十三年	61	15	30	16

從明治維新後的歷史發展過程看，這些留學生為日本全方位攝取西方文化，推進現代化，起了核心作用。

從世紀60年代開始，到20世紀初年，面對「數千年未有之變局」，中國的傳統教育也開始發生新的變化，大體上可以

[29]　同注 [27]，第355頁。

分為3個階段：

(1)洋務學堂階段：19世紀60年代後，洋務派在興辦近代軍事工業過程中，急需通曉近代技術的新式人才，於是洋務派參照西法，開辦了一批新式學堂，主要包括外國語學堂、軍事學堂、科技學堂，據有的學者的不完全統計，「從同治元年至光緒二十四年（1862－1898年），洋務派共興辦洋務學堂34所，其中外語學堂7所，軍事學堂15所，科技學堂12所」。[30]這些學堂開設了一些西方近代科學、軍事、歷史、地理等新課程，培養了一批初通西學的人才，成為中國早期現代化進程中的有用之才。但洋務學堂僅局限於軍事及與軍事相關的科技領域，辦學不甚正規，加上頑固派的反對，辦學未取得應有的成效。

(2)維新學堂階段：甲午戰後，伴隨著嚴重的民族危機，資產階級維新派掀起了戊戌變法運動，為培養變法人才，傳播資產階級啟蒙思想，各地維新志士大力興辦近代學堂，據統計，從1895年至1899年，新學堂數達101所之多。這些新學堂無論在課程設置、教學內容，還是在教學方法上，都遠比洋務學堂更具近代色彩，但這些學堂多為民辦，規模不大，隨著戊戌政變的發生，維新運動的失敗，這些新學堂很快走向沉寂。

(3)近代學堂階段：20世紀初年，清政府陸續出臺了兩個對中國社會影響巨大的教育新制和政策。其一是1903年，清政府在改革書院制度後不久，又正式頒布了《奏定學堂章程》，以學制的形式規定了各級學校系統及學權管理、設置辦法，因這一章程的公布時間是舊曆癸卯年，故名「癸卯學制」，這是中國歷史上第一個具有近代意義的新學制。稍後，清政府在

---

[30] 龔書鐸主編：《中國社會通史・晚清卷》，山西教育出版社1997年版，第212頁。

1905年又頒令徹底廢除科舉，客觀上斬斷了士大夫與舊制度的血脈聯繫，使新學制得以貫徹實施。

比較這一時期中日兩國教育改革的縱向發展進程，我們會發現許多顯而易見的差別：其一，明治政府在建立政權後的第5年，即1872午，就頒布了全國教育法，建立了歐美近代學制，開設從歐美引進的數理化和外語課程，形成了從小學到大學，從高深學理到實用技術一整套現代教育體制。相比之下，清政府直到1903年才頒行新學制——《奏定學堂章程》，比日本足足遲了30多年時間。其二，在派遣留學生赴歐美求知留學的問題上，日本明治政權從1870年開始便制定發布了《海外留學生規則》等一系列留學規章，形成了官費、私費、貸費等多種途徑的留學模式，將留學制度化，保證了留學運動有條不紊地向前發展，沒有出現中斷現象。而在中國，洋務派從1872年起陸續派出幾批幼童出洋留學，但清政府並未將其納入制度化軌道，導致首批赴美留學生因頑固派攻擊其「沾染洋習」、「不堪大用」而被中途召回，宣告失敗。直到甲午戰爭後，尤其是1905年廢科舉之後，新的大規模的留學運動才又興起。

中日兩國教育改革發展進程存在的上述差異，對兩國攝取西方文明的影響是巨大的。美國當代著名現代化研究學者布萊克在《現代化的動力》一書中指出：1905年是作為中國與過去徹底決裂而開始現代化「革命」的標誌。布萊克上述劃分的標誌是清政府正式廢除科舉制，實現教育制度的根本變革，他認為科舉制的廢除標誌著中國「用現代知識代換了科舉考試的傳統知識」，[31] 真正開啓了中國「人的現代化」之門，從此以後中國才出現了真正意義上的現代知識分子。但這已比日本晚了30多年，此時，日本現代教育之樹已經到了收穫之時，小學教

[31] 布萊克：《現代化的動力》，浙江人民出版社，第169頁。

育已基本普及，文盲已被消滅，一批通曉現代科技知識、管理知識的知識分子階層和熟練技術工人階層已經出現，這為日本攝取、消化西方文明輸送了強大的動力。中日教育改革進程存在的上述「時間差」，正是兩國攝取西方文化，實現現代化不同結局的深層原因。

(三)聘用外國專家

為了解決攝取西方文明過程中遇到的諸多難題，從19世紀60、70年代起，日本明治政府和清政府中的洋務派都出臺了一系列措施，招聘外國專家，指導現代化建設。

外國技師與日本政府高級官員薪俸比較表

門類＼年次	學術教師	技術	事務	職工	其他	總計
明治五年	102	127	43	46	51	369
明治六年	127	204	72	35	69	507
明治七年	151	213	68	27	65	524
明治八年	144	205	69	36	73	527
明治九年	129	170	60	26	84	469
明治十年	109	146	55	13	58	381
明治十一年	101	118	51	7	44	321
明治十二年	84	111	35	9	22	261
明治十三年	76	103	40	6	12	237
明治十四年	52	62	29	8	15	166
明治十五年	53	51	43	6	4	157
明治十六年	44	29	46	8	5	132
明治十七年	52	40	44	8	7	151
明治十八年	61	38	49	——	7	155

人　名	國籍	供　職	月薪（元）	雇用時間	備　註
T. W. Kinder	英	大藏省造幣廠	1045	明治三—八年	
H. Capron	美	開拓使	833	明治四—八年	年俸 10,000 元
Davidson	英	工部省	1000	明治六—十一年	法律專家
皮頓	英	工部省	1000	明治十一—十四年	法律專家
F. Coignet	法	工部省	800	明治一—十年	礦山首長
J. G. H. Godfrey	英	工部省	100	明治四—十年	礦山首長
E. Morell	英	工部省	850	明治三—四年	土木專家
鮑魯特	英	工部省	800	明治四—六年	建築專家
W. W. Curgill	英	工部省	2000	明治五—十年	鐵道調度
R. V. Boyle	英	工部省	1250	明治五—十年	建築師
三條實美	日	太政大臣	800		
岩倉具視	日	右大臣	600		
伊藤博文	日	內務卿	500		
山具有朋	日	聯軍卿	500		
大隈重信	日	大藏卿	500		

　　在日本，早在幕末時期德川幕府就曾聘請了一些外國人。明治初年因政權初建，還不能有組織地大規模招聘外國人來日，故多將這些外國技術人員留任。明治五年（1872年）後，明治政府才開始有計劃地招聘外國技術人員來日。受聘外人中既有高級技術專家，也有中低級技工，涉及鐵道、建築、造船、設計、銅工、鑄物師、製罐工等行業和工種。此外還有一

些外國學者被充實到日本的高等學校中，幫助日本創建現代高等教育體制，成為日本明治時期攝取西方文明一支不可忽視的力量。對於這些外籍專家，明治政府給予了十分優厚的待遇，尤其是外籍教師的工資比本國教師要高出5倍至50倍。值得注意的是，日本雖然大膽聘用外國人才，但並不絕對依賴，到80年代，隨著國內接受新式教育畢業生人數的增多和留學生的陸續學成歸國，外國人被聘用人數開始逐年減少。

同一時期，中國也聘請了訂多外國專家和技術人員，這些聘用主要體現在兩個領域：

其一是在洋務軍用工業、民用工業及近代海軍中聘用外國專家和技術人員。如李鴻章在1863年創辦蘇州洋炮局時，即聘請英國退役軍醫馬格里為總管，又僱外國匠人4、5名。1865年，當李鴻章擢升兩江總督後，他將蘇洲洋炮局遷往南京聚寶門（今中華門），更名為金陵機器局。為擴大生產規模，他派馬格里赴歐洲，在採購設備的同時僱傭洋匠。馬格里遂從英國烏理治聘請了幾名有專長的技師。曾先後任兩廣、兩江總督的劉坤一也十分看重聘請外國專家，他在增設洋火藥局時主張軍火工業建設離不開外國技術工匠的指導，他曾記錄了當時使用外國專家的一些情況：「金陵製造局監督向用西人，自英匠馬利斯回國後，當局節省薪金，遂用學員監督，又恐製造新法未必深諳，故每歲即令上海機器局西人前往數次，指授機宜，本月初六有德人密蠟伊前抵金陵，赴機器局中驗視所製各物，並將製造之法指授華人。」[32] 而在當時，洋匠的工資待遇要遠遠高於中國工匠，據史料記載：在蘇洲洋炮局，「所用外國匠人四、五名，每月工食多者三百元，少者一百數十元，所用中國匠人五、六十名，每月工食多者三十元，少者七、八、十元不

---

[32] 《益聞錄》，光緒十一年七月二十四日。

等⋯⋯」。[33]

此外，左宗棠在創辦福建船政局時，也曾聘請其故交法國人日意格和德克碑分任正副監督之職。不過，這兩個人雖然在船政局創建過程中有一定貢獻，但因二人均非造船專家，難以把世界上最先進的造船技術傳授到中國來。總理衙門大臣奕訢在奏報船政局發展過程中存在的弊端時即指出：「近聞該處船政諸事廢弛，緣當初雇募洋人日意格等本非精於造船之人，所募洋匠幫辦藝亦平平，所造之船多係舊式，即如康邦機器，外國通行已久，而該局遲至光緒年間始行改用，其他可知。」[34]但因洋務派興務近代工業乃是中國歷史上的破天荒之舉，雇用洋匠實在是難以避免的。

其二是在洋務教育機構和譯書館中聘用外國專家。據統計，京師同文館先後聘請過54名外國人，擔任外文、化學、天文、醫學等科的教學，其中，美國長老會傳教士丁韙良和愛爾蘭人歐禮斐還曾擔任過總教習。而上海的廣方書館也聘請了林樂知、傅蘭雅、卜沃野、克利蒙等西人為教習，分授外文、天文、醫學等課程。在江南製造局翻譯館可考的59名譯員中，也有傅蘭雅、林樂知、金楷理、衛理、秀耀春、羅亨利、瑪高溫、偉烈亞力等9名外國學者。這些外國專家在培養西學人才、譯刊西書等方面起到相當重要的作用。

應該指出，這一時期中日兩國在聘請任用外國專家的問題上有很多相同之處。如日本明治政府在聘用外國專家之初即表現出非常謹慎的態度，並積極準備以留洋歸國的日本留學生逐漸取代外國人。洋務派官僚在雇用洋匠時也特別注意對其權限的控制，強調雇用外人的目的是「志在得西法所長，借洋人以

---

[33]　《籌辦夷務始末》（同治朝）卷二十五，第4頁。

[34]　《叢刊・洋務運動》(五)，第247頁。

為引導，不令洋人以把握。募集內地工匠，日與洋匠講求，寓教習於製造之中，而不欲多用洋人，致長盤踞之漸」。[35]1875年1月，當金陵機器局製造的兩門68磅重炮彈的大炮在大沽炮台試放發生爆炸時，英籍監督馬格里拒不承擔責任，李鴻章即下令撤銷其職務，改由中國人龔照瑗主持，從此以後，金陵機器局「未用洋匠，全賴龔仰遽（照瑗）有三分內行，指揮調度」。[36]

在聘用洋人問題上，中日兩國的不同之點在於：中國在聘用「洋匠」的過程中發生了激烈的爭論和衝突。頑固派官僚認為「師事夷人」是不得了的政治罪名，一份攻擊同文館的對聯中這樣寫道：「鬼計本多端，使小朝廷設同文之館；軍機無遠略，誘佳子弟拜異類為師。」[37]在洋務派被迫與之展開激烈的論辯後，洋務事業才得以展開。而在日本則沒有發生類似上述的爭論和衝突。同時，由於中國剛剛由「閉關」走向「開放」，缺少必要的西學知識積累和近代工業建設管理經驗，使得此時期的「洋匠」多集中於「譯書館」和「軍用民用企業」之中，而日本則因其業已經歷了「蘭學」和「洋學」時代，西學知識積累較為豐厚，所以此時期日本沒有出現大規模翻譯運動，雇用的外國人主要集中於工部省，如1875年，在雇用的503位外國人當中，工部省竟占了228人之多。不過，值得注意的是，到1886年，在日本雇用的155位外國人當中，工部省僅占28人，[38]這說明日本人到這時已經以閃電般的速度用本國技術人員取代了外國技師。

㉟　李時岳、胡濱：《從閉關到開放》，人民出版社1988年版，第34頁。
㊱　《李文忠公全集‧朋僚函稿》卷十七，第4頁。
㊲　《翁同龢日記》，中華書局1989年版，第517頁。
㊳　同注㉗，第359—360頁。

二、西方文化傳入的軌跡

中日兩國攝取西方文明的進程，也是其實現現代化的過程。從19世紀60年代到20世紀初，在「開國」時代吸收西學的基礎上，中日兩國都加快了攝取西方文明的步伐，其中在近代工業文明、政治制度和社會文化生活3方面表現得尤為突出。

(一)近代工業化的展開

如前所述，在19世紀下半葉最後40年的時間裡，中日兩國的統治集團和社會精英分子都更加強烈地意識到，要想使國家民族免於亡國滅種的厄運，必須首先學習歐美列強的「長技」，大力攝取西洋的「器物文明」。於是，近代中國便出現了師法外國「堅船利炮」為核心的洋務運動，日本則有明治維新後的「殖產興業」。

從歷史上看，洋務派在「求強」口號下，創辦了安慶軍械所、江南製造總局、金陵機器局、天津機器局等21家軍用工業。後又在「求富」的口號下，創辦了輪船招商局、上海機器織布局、開平煤礦等40多家民用工業。此外，還創辦了近代海軍、修築了360多公里的鐵路。這些帶有強烈軍事色彩的攝取西方「器物文明」的活動，雖然尚不足根本改變封建經濟占絕對統治地位的社會經濟結構，卻也使中國社會發生了緩慢的變化。而同時期的日本，在明治新政府「殖產興業」政策的指導下，開始了以國家直接投資為主導，以扶植民間企業為中心的近代產業移植和振興運動，通過移植引進西方各國的先進技術設備，形成了日本的近代工業體系。

關於中日兩國移植西方「近代工業文明」的具體進程，學

術界已有很詳盡的研究，本書不再贅述，在這裡只想結合中日兩國此時期攝取西方「器物文明」的基本情況，比較分析其幾點主要的不同：

首先，兩國移植西方「近代工業文明」的指導思想不同。

中國洋務派學習攝取西方「器物文明」，並不是建立在對西方資本主義工業文明科學認識基礎之上的，而是一種面對強力「外在」威脅而產生的一種本能的避害反應，實屬一種無奈之舉，其攝取西方器物文明的範圍也僅局限於軍事工業範圍內，並不涉及軍火工業之外的其他重工業和輕工業。用李鴻章的話說就是：「中國欲自強，則莫如學習外國利器；欲學習外國利器，則莫如覓製器之器。」[39] 奕訢也認為：「夫天下之恥，莫恥於不如人，查西洋各國，數十年來講求輪船之利，互相師法，製作日新，東洋日本近也遣人赴英國學其文字，習其象數，為仿造船炮張本，不數年後，亦必有成。」「若日本蕞爾小國，也知發憤為難，中國狃於因循積習，不思振作……今不以不如人為恥，而獨以學人為恥，將安於不如，而終於不學，遂能雪其恥乎？」[40] 在他們看來，只要將西方列強的軍事「長技」學到手，中國的國恥便可一夜之間得以昭雪。正是在這種思想支配下，我們看到洋務派發起的自強運動，有一個「求強」與「求富」絕然分開的兩個階段。在自強運動之初，洋務派的興奮點全都集中在軍火工業上，只是後來隨著經費的短缺，原料的匱乏，才開始舉起「求富」的招牌，擴大了洋務運動的範圍，做起了民用工業，這體現了洋務派攝取西方「器物文明」的狹隘性。

而日本明治維新後的「殖產興業」和產業革命進程中則沒

㊲　《李文忠公手書日記》，同治元年五月初七日，中國圖書公司版。

㊵　奕訢：〈酌議同文館章程疏〉，《同治中興京外奏議約編》卷五。

有出現上述情況。應該承認，明治政權也是將軍事工業置爲「殖產興業」的重點，但並未將其「絕對化」和「單一化」，而是採取以軍事工業爲核心的重工業爲主導，官營工業爲示範，大力扶植民間私人資本企業的發展。這樣明治政府移入的不僅僅是西洋軍事工業，還有西方近代資本主義工業體系。1870年12月，在參議大隈重信建議下成立的工部省，下設的機構就有工學、勸工、礦山、鐵路、土木、燈塔、造船、電信、製鐵、製造等局，涉及範圍較廣，其主要任務是勸獎百工，推動日本現代化。

1873年，岩倉使團返回日本後，鑒於歐美國家經濟社會發展的經驗教訓，開始調整日本產業革命的方針。從1875年下半年起，由內務省正式領導產業建設，具體做工作的是勸業寮，其下分設農務課、工務課、商務課，實行「以農爲基，工商應之，氣脈相通」的振興實業方針。還大力提倡發展煤鐵等基礎工業和以紡織業爲代表的輕工業，重視對外貿易，舉辦博覽會，促進技術交流和生產發展。由此，在明治維新後的日本，出現了全面攝取西方近代工業文明的熱潮，既包括官營和民營的重工業、礦山業、交通運輸業的發達，又包括棉絲紡織業、製絲業、造紙業、制糖業等輕工業的發展，同時還實行地租改革，刺激資本主義農業和水產業的成長，大大推進了日本的資本主義工業現代化的發展進程。

其次，日本在引進西方近代工業文明過程中，注意學習西方股份公司制和金融制度等近代經濟制度，而中國的洋務派則對此不感興趣。日本明治政府對西方資本主義的股份制一直比較關注，早在1869年，便成立了「通商會社」和「外匯會社」，揭開了日本股份公司制的序幕。從股份公司在日本發展的歷程看，大體經歷了3個階段：(1)創設期（1869年—1886

年），主要以國立銀行爲核心。由於缺乏經驗，很多「會社」紛紛夭折。(2)發展期（1886年—1894年），由於明治政府大力進行股份公司知識的普及教育，同時頒布了《國立銀行條例》、《股票交易條例》等法規，使得株式會社很快由銀行、鐵路業擴展到紡織、航運等部門，各種會社紛紛成立，呈現出「發展期」的良好勢頭（見下表）。(3)全盛期（1894年—1918年），至此，日本的主要企業大部分都採取了株式會社制。

會社制發展情況表[41]

時間	銀　　行			其他會社	
	本店	支店	流通資本（千元）	社數	流通資本（千元）
1878	26	19	22.986	不詳	不詳
1880	153	82	40.616	不詳	不詳
1882	238	111	57.333	1803	27775
1883	319	121	64.388	3336	50702
1886	359	122	71.215	1279	50660
1887	358	125	70.375	1655	50487
1889	348	200	78.140	2593	117670
1890	354	208	79.653	4067	183615
1893	405	255	85.682	4507	198746
1895	863	401	101.410	2104	148353

　　明治政府也非常重視西洋金融制度的移植。據《明治財政史》記載：「明治政府創立以來第一經濟政策便是疏通金融，獎勵殖產興業。」[42]爲了了解西方近代資本主義金融制度體系

---

[41]　此表據東京統計協會編：《日本帝國統計全書》，昭和3年5月刊，第87、130頁。

及運行規律，明治政府一方面組織人力研究外國銀行制度，同時還注意在國民中普及金融知識。如1871年，大藏省刊行了《公司制度》及《立會略則》等書籍。前者係福地源一郎在美國抄譯而成，是日本歷史上最早的一本有關銀行的讀物。後者是澀澤榮一結合旅歐見聞，兼談歐洲產業制度和銀行制度的隨筆錄。1873年，大阪通商司官吏加藤祐一還刊行了《銀行規略》等書。在研究西方金融制度、普及金融知識的基礎上，日本於1872年11月公布了《國立銀行條例》，後陸續成立了東京第一國立銀行、橫濱第二國立銀行等金融機構，辦理公款出納和稅收業務。到1893年，日本共有銀行703家，同時，近代貨幣制度、公債制度和保險制度也傳入日本，極大地促進了日本的經濟現代化。

　　相比之下，清政府對以西方公司制度和銀行制度爲代表的經濟制度體系十分漠視。清政府19世紀60、70年代舉辦的洋務軍事工業基本上都採取官辦形式，而洋務派70年代在興辦輪船招商局、開平礦務局、上海機器織布局等民用企業過程中，則採取了商人附股搭辦「官督商辦」的形式。從表面上看，這些「官督商辦」企業主要是由私人集股而成，與股份公司相類似。但實際上，這些企業根本不具各股份公司性質，因爲企業中雖然有商人資本，但商人卻無權管理，企業的管理體制是「由官總其大綱，察其利弊」，[43]「所有盈虧，全歸商認，與官無涉。」[44]雖然在中國近代企業創辦之初，「官督」在一定程度上對「商辦」起了保護和扶持作用，但隨著時間的推移，這

㊷　澀澤敬三：《明治文化史·經濟社會編》，東京洋洋社1955年版，第215頁。

㊸　《李文忠公全集·譯署函稿》卷一，第40頁。

㊹　《李文忠公全集·奏稿》卷二十，第33頁。

種「官督」體制越來越起到束縛近代企業發展的消極作用。但洋務派始終沒有意識到學習西方股份公司制來組織推動近代企業的發展。至於銀行制度，鴉片戰爭後，歐美資本主義列強紛紛在中國設立銀行，以便其商品傾銷和資本輸出，一時間怡和、花旗等外國銀行在中國通商口岸的大都市裡比比皆是，而中國自己卻仍處於錢莊、票號階段，直到1897年，中國的第一家近代銀行——中國通商銀行才告成立。

對於19世紀下半葉中國學習西方近代工業文明過程中忽略「制度」借鑒的弊端，晚清時人已有所察覺，清駐英公使郭嵩燾在英倫日記中即有如下記載：

198

西風東漸——中日攝取西方文化的比較研究

「日本在英國學習技藝者二百餘人，各海口皆有之，而在倫敦者九十人。嵩燾所見二十人，皆能英語。有名長岡良藝助者，故諸侯也，自治一國，今降為世爵，亦在此學習律法。其戶部尚書恩妻葉歐簦，亦在倫敦學習有成，即設局辦理。而學兵法者甚少。蓋兵者末也，各種創制，皆立國之本也。」[45]

在郭嵩燾看來，「兵事」是「末」，而「律法」、「經制出入」等各種創制則是「本」，中國赴海外留學者皆求末而忽本，而日本則重「創制」，這正是中日兩國學習西方近代工業文明的差異所在。

再次，兩國引進和消化西方先進工業技術的政策不同。

明治維新後，日本政府非常重視引進和消化西方先進工業技術問題，其成功的做法主要有：

(1)注意引進最先進的技術和設備。如在紡織業方面，幕末時，日本尚處於手搖紡車階段，而明治維新後，日本即越進了西歐紡織業的傳統發展階段，直接引入大機器，與歐美資本主

---

[45] 郭嵩燾：《養知書屋文集》，光緒年間刻本。

義國家的紡織業呈並駕齊驅之勢。這些紡織工廠所使用的織機與當時的英國一樣，都是新型的環錠紡織機。到明治二十年，最新型紡機的紗錠有243070個，到明治二十九年，其新型紡織機紗錠已達645419個。先進技術的引進，使日本很快形成了居世界領先地位的棉紡織工業體系。

(2)注意建立引進、消化西方技術的政府機構和技術教育制度。在引進西方技術過程中，明治政府注意發揮政府的作用，在內閣制度下，各省均有與引進技術相關的部局。（見下表）

內閣制度下各省技術政策相關部局（1899年）[46]

內務省	土木局
大藏省	造幣局、印刷局
陸軍省	炮兵會議、工兵會議、炮工學校、炮兵工廠、千住製絨所
海軍省	技術會議、水路部、造兵廠、橫須賀鎮守府工廠
文部省	工科大學、農科大學、東京工業學校、專門學務局
農商務省	山林局、礦山局、工務局、農務局、特許局、地質調查所、蠶絲講習所
遞信省	電信局、管船局、燈臺局、商船學校
鐵道局	

同時，明治政府還積極建立技術教育制度，培養各層次的技術人才。通過創辦工科大學，並在京都帝國大學、九州帝國大學、東北帝國大學設立工學部，培養了大批高層次技術人才。通過辦中等技術學校，培養大批技術實用人才。上述舉措為日本引進消化西方先進技術提供了行政上和人才上的保證。

[46] 此表據中岡哲郎等著：《近代日本的技術和技術政策》，國際聯合大學1986年版，第191頁。

(3)強調將引進的西洋先進技術加以消化、改造，使之「日本化」。明治初期，日本曾全力仿洋，專注引進，忽視消化。後來日本政府逐漸認識到，僅靠雇用外國技術人員，照搬西洋設備，不僅在財政上難以承受，而且也不符合日本的國情，於是放棄了「外國萬能主義」。

而中國的洋務派雖然在技術引進方面做了一些具體工作，但因其視野狹隘和官僚機構辦事效率低下，形式主義和貪污腐化問題嚴重，致使技術引進失誤頻頻，損失慘重。如江南製造局總辦劉麟祥公然規定：「局中需用最多之物料，率由總辦先以廉價購入，而別令他人出面，以重價售之局中。凡欲售物於局中者，必先由僕隸或員司引進，乃得與總辦會晤，皆先議私費而後及正價。凡僕隸員司皆有所沾潤，而皆取償於物價之中。」[47] 至於向國外訂購船艦時，購回的多為過時的劣質產品，曾數次出洋購船的沈葆楨深有感觸地認識到：「自通商以來，從未見外國以全美之船售之中國者。」[48] 同時，因洋務企業招聘的洋匠多為三四流角色，其所「傳授」的技術自然不精，結果使洋匠參預下「新造之小鐵甲（船），鐵厚不及六分，木厚不及寸半」。[49] 「督造苟簡，且故意將火藥艙與機器艙相連」[50]，稍遇炮火，軍艦即將毀於一旦。

洋務派引進西方先進工業技術之所以會出現上述混亂情況，其原因是複雜的。除了前述的視野狹隘、官僚機構辦事效率低下等因素外，更為重要的原因在於，在日本，西方技術引進工作是在明治政府直接領導下，由內閣體制中的內務省、大

---

⑰　《中外日報》，1904年6月3日。

⑱　《皇朝道咸同光奏議》卷十六，第6頁。

⑲　《曾忠襄公全集・奏議》，卷二十四，第3頁。

⑳　《彭剛直公奏議》卷七，第17頁。

藏省、海軍省、陸軍省、文部省、農商務省、遞信省、鐵道局等部局直接操作執行的，具有高度的組織性和秩序性。而清政府統治機構中則不存在這樣一個直接參加技術引進工作的行政系統。洋務運動在中央的直接發起機關——總理各國事務衙門，在名義上是以辦理對外通商和交涉爲其主要業務，初建時只是臨時機構，擬在「夷務」處理完畢後即行裁撤，但後來卻因「夷事」紛繁而職權範圍不斷擴大，將興辦近代軍用、民用工業、購買西方先進設備、雇用洋匠、編練新軍、建置海軍、興辦近代教育等事集於一身，業務紛繁複雜，僅憑總署內幾位粗通洋務的官員是根本無法擔此重任的。結果，清政府19世紀60年代以來的技術設備引進工作實際上是由地方洋務派直接承擔的，而洋務各派系往往將洋務企業視爲一己之私利，因而自然出現上述失誤和混亂，最終使中日兩國的早期工業化過程拉開了距離。

（二）「西政」的引入及實踐

如前所述，在「開國」時代，中日兩國對西方國家制度，即「西政」的認識，其水準大抵是相同的。但從明治維新開始，經自由民權運動，日本對西方國家制度的認識有了巨大的進步，出現了以開設國會，制定憲法爲核心內容的啓蒙思潮，在這種「自下而上」的民權運動的壓力下，日本明治政府終於在1889年頒布了《大日本帝國憲法》，雖然憲法存在很多先天性缺陷，但卻終究標誌著日本由封建專制政權向資產階級民主政治跨出了決定性的一步，即將泊來的「西政」與日本天皇制嫁接在一起，形成了以君主立憲制爲形式的天皇絕對專制主義的政權。而同時期的中國，在這方面幾乎沒有什麼進展，雖然在70、80年代之交，以郭嵩燾、鄭觀應等爲代表的早期維新

思想家提出了「君民共主」的政治主張，幻想在中國實現君主立憲政治理想，但這一思想只是存在於少數思想精英之著述中，並未形成像日本自由民權運動那樣巨大的社會聲勢。甲午戰後，以康有為、梁啓超為代表的資產階級維新派試圖以君主立憲方案救中國，但在戊戌維新的高潮——百日維新期間，為減緩頑固派的壓力，被迫收回了「開制度局」、「定憲法」等激進主張，反而力主皇上「乾綱獨斷」。直到20世紀初，尤其是日俄戰爭結束後，中國才出現了立憲運動。相比之下，這一時期中國對「西政」的攝取已遠遠落在日本的後面。下面具體考察一下這一階段中日在攝取「西政」方面的情況：

1.對「西政」認識的深化

明治維新後日本攝取西方文化的最突出特點；便是以西洋資本主義民主制度為參照系，對日本傳統政治制度進行批判反思，提出了引入「西政」以完善日本現代化的政治理想。披閱這時期的日本史籍，對「西政」介紹和讚譽的文字可謂是不勝枚舉：

明治時代《國民之友》記者這樣寫道：

> 「東洋並非無政治家。然東洋政治家猶如東洋流醫師，……挾一篇《傷寒論》，而欲治萬種患者。吾人甚懼其危險。漢醫所恃之物，唯於匙中加減。加減適中，則可治人，加減誤差則可殺人。東西政治家之異同，猶如東西之醫師。西方醫師，其業頗難，究生理、解剖、組織及至化學、植物、藥劑，其目甚繁，其要甚多。然以此治患者，則萬無一失。西方政治家亦如此。……彼熟知財產、立法、行政、外交之要義，知人民、政府、四鄰之境遇，亦即知國家政治運轉之機要。」[51]

作者將日本的傳統政治制度喻為東洋庸醫，時刻可能誤殺

人命，認為應該以西洋政制為樣板，加以改造。

1870年7月，加藤弘之在一系列論著中更系統地介紹了歐美近代政治制度原理及人民國家間相互的權利與義務關係：

> 「譬如說政府之權利，首先如制馭臣民，應使其服從命令之權利，又如為彌補天下之公費，應從臣民徵取租稅之權利，或在天下安危之秋，應使億兆皆兵，進行其防禦之權利等之類。又，若說其義務，則為應保護臣民之生命、權利及私有之義務，應興天下之同利、除天下之同害之義務，或應為天下防止內患外寇之義務等。這裡若再說臣民之權利，則為應受政府保護之權利，或應共享天下同利之權利等。或曰為彌補政府之費用，應分自己之產、繳納租稅之義務等。」

> 「那麼，如何才能使權利與義務兩者相互很好施行呢？最重要者為制定憲法。所謂憲法，乃是於政府與臣民之間及臣民相互之間，為使彼此能互相盡自己之本分，敬重他人之權利，並能保證各自之權利，不受他人之傷害，制定彼此諸業之規律也。簡言之，即制定權利與義務之規律，使此兩者彼此並行而不悖也。」[52]

在這裡，加藤認為，人類社會是由權利與義務的關係組成，國家與人民的關係也是如此，為了保護人民的權利，需要憲法和法律。應該說，在當時的歷史條件下，加藤已經把資本主義國家政治制度中的權利和義務等關係闡述得比較清楚了，上述思想直接為自由民權運動的勃興做好了準備。

---

[51] 家永三郎：《外來文化攝取史論》，古林教育出版社1990年版，第232頁。

[52] 伊田熹家：《日中兩國現代化比較研究》，北京大學出版社1997年版，第98—99頁。

1874年1月17日，因「征韓論」而下野的前參議板垣退助、副島種臣、後藤象二郎、江藤新平等愛國公黨領袖聯合簽名發表了《民選議院設立建議書》，提出：「臣等伏察方今政權之所歸，上不在帝室，下不在人民，而獨歸有司。」在對明治政權提出批評的同時，《建議書》主張：「夫人民對政府有繳納租稅之義務者，即有與知可否其政府之事之權利」，而振興國家之道「唯在張天下之公議」，理應「設立民選議院」。

《建議書》的發表，揭開了自由民權運動的序幕，也標誌著日本進入了要求實行近代國家制度的新階段。於是在熱衷於傳播介紹歐美民主思想和民主制度的思想家中，展開了「民選議院」在日本是否可以立即實行的爭論。反對者認為：西洋的「民選議院」雖然是至美之制度，但卻難以驟然移植到日本來，針對《建議書》中「致政府之強乃在致天下之人民同心，致人民同心在起民選議院」的觀點，提出並非「所謂議院之法取之西洋成規，施於我，猶汽車電信方法乃西洋之發明，取之用於我」，「物理化學器械亦可同其政事法律法教同日而語耶！」[53]認為攝取西方國家制度遠非像移植汽車、電信那樣簡單，必須和一個國家的社會歷史文化和國民文明開化的程度密切結合起來。曾大力介紹歐美議會制度及民眾權利義務關係論的加藤弘之也不同意立即在日本實行歐美議會制度，他認為：「今除要路有司之外而求學識卓越者，恐不過數十人」，「若一概設立民選議院，其公議決定之成果，恐僅為愚論而不足取。」「俄國猶未行之事，（日本）欲行之，難哉！」[54]

當時主張立即設立民選議院的思想精英主要以津田真道、

⑤③　《明治文化全集・雜誌篇》第五卷，第66頁。
⑤④　《日新真事志》，1884年2月3日。轉引自伊田熹家《日中兩國現代化比較研究》，北京大學出版社1997年版，第108－109頁。

福澤諭吉和西村茂樹為代表。他們的看法在津田真道的《贊成民選議院論》中得到了充分的表達。津田真道說：「概言之，縉紳華族，皆係封建舊藩君，雖有納諫容人之德，但大多成長於深宮，處事甚迂闊，如知識尤為其短。……仍將此等短識之人蟻集螻議，於國家有何損益。」[55] 他強調指出：「地方官乃代替天皇陸下治理該府縣施政之人，即天皇陛下之代官。今若會集之為代議人，果為天皇陛下之代議人，抑為人民之代議人耶？名實不符，事由乖戾，莫甚於是。」[56] 可見，「縉紳華族」和「地方官」都不是民眾的真正代表者，而「民選議院」的產生乃是民眾選舉，選舉之方法是仿效歐美已行之法，憑以納稅多少為準，「將初選者當中擁有一定鑒識者選擇一人為正式選舉人，從正式選擇人中選出代議士，會集議院代表全體國民商議國之政事。」「如此選舉之代議士真為我大日本國民之代議人，名實相當。」[57] 而西村茂樹也曾進一步指出：

> 「近今開化日進，如火車輪船乃至電機電燈等工藝之末，幾有與歐美諸國並馳之勢，唯獨政體之本，尚無確定之法度，是為有志者深憂之處也。夫政體為本，工藝為末，棄其本唯務其末，恐非得計也。故今日之要務無如確立政體，欲確立政體應先興民選議院。」[58]

西村的上述言論，與津田真道相呼應，形成了攝取歐美國家制度，實現民選議院的強勁思潮，這說明這一時期日本激進的民主主義者已經打破了幕末以來的「東洋道德、西洋藝術」的思想，使日本的維新變革思想步入了新的歷史階段。

---

⑤⑤ 同注⑬，第201頁。
⑤⑥ 同上，第115－116頁。
⑤⑦ 同上。
⑤⑧ 同注⑫，第112頁。

此外，值得注意的是，明治時代的日本雖然發生了「民選議院」問題的爭論，但爭論的焦點不是對西洋政治制度的價值判斷，而是何時移植？怎樣引入？如何與日本的國情相結合的問題。這種論爭非但沒有遏止「西政」在日本的影響和傳播，相反卻推進了日本的政治現代化進程。其最主要的表現便是「自由民權運動」的勃興。從1874年1月《民選議院設立建議書》的發表，到80年代運動走向高潮，全國上下組織成立了很多政治社團，開展請願活動。如1875年2月，愛國公黨以立志社爲中心，發展成爲聯合各地的政治結社的愛國社，以大阪爲中心據點，勢力日漸擴大，到1880年3月，愛國社已經發展成一個有2府22縣87000餘會員的龐大政治組織。此外，據統計：自1874年至1881年，全國共提出開設國會建議書92項，開展請願43次，其中僅1880年的建議書就達50件，請願達38次。建議書簽名者達到319300人。[59] 在交通落後、信息閉塞的條件下，能有如此衆多的日本國民參加自由民權運動，這說明明治維新後日本的社會精英不僅從思想上加深了對「西政」的理解和認識，而且還將其認識與政治運動相結合，把日本現代化推入了移植「西政」的歷史階段。

與日本明治時代部分政治精英對「西政」的奔走呼號、孜孜追求相比，清王朝中的改革力量——洋務派則對西洋政治制度不感興趣，因爲他們仍然與封建間制度保持著千絲萬縷的聯繫，仍對「中國文武制度」充滿著自信和自豪。因此，在整個19世紀60年代，除了在志剛、斌椿等出洋大臣的日記中能尋出一些對歐美政治制度「觀感」性的記述外，幾乎找不到正面的議論和評價。到70年代，眞正對「西政」進行深度考察，並將其與中國「政制」相比較的是清政府駐英公使郭嵩燾，他在出

---

⑲　同注㉖，第281－282頁。

洋日記中寫道：

> 「西洋立國有本有末，其本在朝廷政教，其末在商
> 賈，造船、制器，相輔以益其強，又末之中節也。……彼
> 之所長，循而習之，我之所短，改而修之。……以中國之
> 大，土田之廣，因地之利，皆可使富也，用民之力，皆可
> 使強也，即吾之所以自治也。捨富強之本圖，而懷欲速之
> 心以急責之海上，將謂造船、制器用其一旦之功，遂可轉
> 弱為強，其餘皆可不問，恐無此理。」[60]

強調西洋富強之「本」在「政教」，而不在「堅船利
炮」，這標誌著中國思想界對西方文明認識的一大深化。

另一位早期維新思想家王韜也連篇累牘地撰文評價西方議
會制度，認為西方之所以富強，正是其擁有「君民共治」的良
美政體，明確表達了其對英國式的君主立憲制的向往：

> 「泰西之立國有三：一曰君主之國，一曰民主之國，
> 一曰君民共主之國。……一人主治於上而百執事萬姓奔走
> 於下，令出而必行，言出而莫違，此君主也。國家有事，
> 下之議院，眾以為可行則行，不可則止，統領但總其大成
> 而已，此民主也。朝廷有兵刑禮樂賞罰諸大政，必集眾於
> 上下議院，君可而民否，不能行，民可而君否，亦不能行
> 也，必君民意見相同，而後可頒之於遠近，此君民共主
> 也。……
>
> 君為主，則必堯、舜之君在上，而後可久安長治；民
> 為主，則法制多紛更，心志難專一，究其極，不無流弊。
> 惟君民共治，上下相通，民隱得以上達，君惠亦得以下
> 逮，都俞吁咈，猶有中國三代以上之遺意焉。」[61]

---

[60] 《叢刊·洋務運動》(一)，上海人民出版社1961年版，第142頁。
[61] 《弢國文錄外編》，第22—23頁。

在這裡，王韜將「君主之國」、「民主之國」、「君民共主之國」三種政治體制進行了比較，分析了各自的利弊，得出結論：「君民共主」，即君主立憲政體是最優之政體，中國應仿而行之。

廣東香山籍的早期維新派代表人物鄭觀應對「西政」的議論評價最爲系統，他認爲議院的優越性在於：「議院者，公議政事之院也。集衆思，廣衆益，用人行政一秉至公，法誠良，意誠美矣。無議院，則君民之間勢多隔閡，志必乖違。」「自有議院，而昏暴之君無所施其虐，跋扈之臣無所擅其權，大小官司無所卸其責，草野小民無所積其怨，故斷不至數代而亡，一朝而滅也。」[62]結合中國實際，鄭氏認爲，「君主者權偏於上，民主者權偏於下，君民共主者權得其平」，[63]即中國應實行英德式的君主立憲制。

綜觀19世紀70、80年代早期維新思想家對西方議會制度的認識和評價，可以發現郭嵩燾、鄭觀應等思想精英已經開始認識到西方政治制度在封建專制制度面前所顯現出的優越性，因而提出我們不僅要師法西人的「堅船利炮」，更要取歐美列強的立國之本——「政制議院」爲我所用，這實際上已突破了洋務派「中體西用」的桎梏，拓展了近代中國學習西方的範圍，其歷史功績不可泯滅。但如果與同時期的日本相比較，則會發現兩國的「西政觀」的內容具有明顯的差異，主要表現在：(1)日本民權主義者探討的主要是「西政」如何與日本國情結合的問題，而且有聲勢浩大的自由民權運動與之相伴隨；而中國的早期維新思想家仍停留在對「西政」的介紹和評論層面，更未發起具有一定群衆基礎的「民權運動」。(2)日本民權

西風東漸——中日攝取西方文化的比較研究

---

⑥　《鄭觀應集》上冊，上海人民出版社1982年版，第311－312頁。
⑥　同上。

主義者已圍繞著國家和人民間的權利和義務關係來探討憲法、議會、法律等問題，其認識已相當深刻。而中國早期維新思想家議會觀的理論依據進主要是「民惟邦本，本固邦寧」的傳統民本主義。直到戊戌時期，梁啓超、譚嗣同等才開始從「天賦人權」、「社會契約論」來論證民主制度的合理性。

2.「西政」的引進

在日益高漲的自由民權運動的壓力下，明治政府不得不加快政治改革的步伐，1885年12月22日，太政大臣三條實美宣布官制改革，其核心內容是，廢除太政大臣、左右大臣、參議各省卿的職制，採用內閣制。內閣制設總理大臣及宮內、外務、內務、大藏、陸軍、海軍、司法、支部、農商務、遞信諸大臣，由內閣總理大臣及以上各省大臣組成內閣。同時還公布了設置內大臣及宮中顧問的官制。第一任內閣總理大臣由伊藤博文擔任，各省大臣分別是外務大臣井上馨、內務大臣山縣有朋、大藏大臣松方正義、陸軍大臣大山岩、海軍大臣西鄉從道、支部大臣森有禮、農商務大臣谷干城、遞信大臣榎本武揚。內閣制的確立，在日本政治現代化過程中具有重要意義，它強化了政府的一體性，國家政務由各省大臣分擔，大大提高了辦事效率，爲建立立憲政體做了必要的準備。

在官制改革的同時，明治政府還加緊制定憲法草案。1882年3月，伊藤博文赴西方各國考察憲政，他認爲普魯士君權至上的憲法學說最適合日本的國情，決心仿效普魯士制定一部能夠「鞏固皇室基礎，使大權永不墜落」的欽定憲法。歸國後，伊藤博文在1884年3月組成了以井上毅、伊東巳代治、金子堅太郎、末松謙澄爲骨幹的憲法起草小組，1886年在神奈川夏島伊藤博文的別莊開始工作，具體分工是：井上毅負責憲法和皇室典範部分，伊東巳代治負責議院法，金子堅太郎負責眾議院

議員選舉法及貴族院令部分，在撰寫過程中3人還經常逐條研討、爭論。經過近兩年的秘密活動，終於在1888年4月完成憲法草案起草工作，上奏天皇。並於1889年2月11日公布實施。

這部被稱作《大日本帝國憲法》的欽定憲法共計7章76條。其主要特徵如下：

首先，憲法賦予天皇以至高無上的地位。憲法在開宗明義的第一條便規定：「大日本帝國由萬世一系的天皇進行統治」，「天皇爲國家元首，總攬統治權」，天皇擁有立法權及召集議會，開會、停會、解散衆議院、頒布緊急救令、文武官員任免、統帥軍隊、宣戰、媾和、締結條約、戒嚴等大權。可見在憲法體制下，天皇成爲唯一的統治者，大體仍保持著封建時代專制君主所享有的「神聖不可侵犯」的權威。關於行政權，內閣在法律上輔弼天皇，只對天皇負責，而不對國民負責。在統帥軍隊方面，不准政府和議會進行干涉，輔佐天皇統帥權的參謀本部等軍令機關，直屬天皇，不受政府管轄。

但值得注意的是，在憲法體制下，天皇也須「依本憲法規定」行使統治權，已非完全意義上的封建時代君主，這正如美國學者賴肖爾所分析的那樣：「憲法自然是以天皇及其權威爲中心的，因爲推翻德川的理論就是要恢復天皇的直接統治。但是，實際上大家並不是想讓天皇統治，而只是要他使大臣們的決定生效而已。」[64]可見，天皇的統治權已多少受到憲法的制約和削弱，從而使憲法具有一定的民主主義的內涵。

其次，憲法規定了帝國議會的構成及權限。帝國議會由貴族院和衆議院兩院構成。貴族院由皇族、華族、敕任議員等特權階層構成，衆議院則由公選議員組成。兩院均有立法和對立法、政府預決算的審議和決議權，但衆議院通過的法律和政府

---

[64]　賴肖爾：《日本人》，上海譯文出版社1980年版，第89頁。

的預、決算，如得不到貴族院通過，不能成立，可見貴族院的權力實際上大於眾議院。

再者，憲法還規定日本國民有居住、遷徙、通信、言論、出版、集會和結社的自由。非依法律不得對國民行使逮捕、監禁、審訊等。

綜上所述，可知所謂《大日本帝國憲法》確立的體制既不同於英國式，又與德國式相異，是立憲主義掩飾下的神政的、家長式的國家體制，其實質是君主立憲制形式下的天皇集權制。它雖然存在著先天性的缺陷，但卻終究標誌著日本由封建專制統治，向資產階級近代民主政治邁出了關鍵性的一步，也使明治維新以來日本攝取西方文化步入了主動引入「西政」階段，開創了日本政治初步現代化的新時代。

與日本明治政府積極地引入「西政」、將日本天皇制與西方制度巧妙大膽地嫁接不同，19世紀70、80年代的清政府始終對「西政」採取排拒態度。而以早期維新思想家為代表的社會精英雖然呼籲建立「君民共主」的新型政治體制，但卻始終難以著手，直到甲午戰爭失敗，戊戌維新派登上政治舞台後，引入「西政」以救亡圖存才被提到了歷史的前台。

以康有為、梁啓超為代表的資產階級維新派，鑒於甲午戰爭後日益嚴重的民族危機，大聲疾呼：以日本為師，變法自強。他們已經清楚地意識到，像洋務派那樣單純地學習「西器」，中國根本不能走向富強，必須在攝取「西器」的同時引入「西政」，中國方有振興之望。在「百日維新」的前夜，康有為撰寫了「上清帝第六書」——《應詔統籌全局折》，系統地闡明了他的變法藍圖：

> 「日本之始也，其守舊攘夷與我同，其幕府封建與我異，其國君守府，變法更難，然而成功甚速者，則以變法

之始，趨向之方針定，措置之條理得也。考其維新之始，百度甚多，惟要義有三：一曰大誓群臣以定國是；二曰立對策所以徵賢才；三曰開制度局而定憲法。其誓文在決萬機於公論，採萬國之良法，協國民之同心，無分種族，一上下之議論，無論藩庶，令群臣咸誓言上表，革面相從，於是國是定而議論一矣。召天下之徵士、貢士，咸上書於對策所，五日一見，稱旨者擢用，於足下情通而群才進矣。開制度局於宮中，選公卿、諸侯、大夫及草茅人士二十人充總裁，議定參預之任，商榷新政，草定憲法，於是謀議詳而章程密矣。日本之強，原效於此。」

在這裡，康有為將「開制度局而定憲法」列為日本明治維新成功的重要原因，體現了他對引入「西政」問題的高度重視。在其他著述中，康有為也著意強調：「泰西之強，在其政體之善也。其言政權有三：其一立法官，其一行法官，其一司法官」，「三官立而政體立，三官不相侵而政事舉。夫國之有政體，猶人之有身體也。心思者主謀議，立法者也；手足者主持行，行法者也；耳目者主視聽，司法者也。」而「三官之中，立法最要。」「日本改定國憲，變法之全體也，總攝百千萬億臣政事之條理，範圍百千萬億民之心志，建鬥運樞，提綱挈領，使天下戢戢從風，故為政不勞而後舉。」[65] 以此觀之，以康有為為代表的維新志士對「西政」在救亡圖存、變法結新進程中的作用，其認識不可謂不深刻。

但令人遺憾的是，在1898年6月11日揭開序幕的「百日維新」發展全程中，康有為等維新志士卻沒有將「開國會」、「立憲法」這些此前喊得響亮的口號列入「改革詔書」之中，相反卻大力主張光緒皇帝「乾綱獨斷」，「雷厲風行」。按照上

---

⑥⑤　康有為：《日本變政考》卷一，《杰士上書匯錄》卷二。

述主張，即或是維新變法獲得了成功，所建立的政權也不過是「開明專制」的政府。維新派放棄激進的「西政」改革口號的原因是複雜的，在這裡我們引述一段「中國通」——洋稅務司赫德對甲午戰後政局演化趨勢的分析，或許會使我們對此問題有一個深刻的理解。赫德說：「恐怕中國今日離眞正的政治改革還很遠。這個碩大無朋的巨人，有時忽然跳起，呵欠伸腰，我們以爲他醒了，準備著他作一番偉大事業，但是過了一陣，卻看見他又生了下來，喝一口茶，燃起煙袋，打個哈欠，又朦朧地睡著了！」[66] 看來，甲午戰後在中國這樣一個擁有數千年封建專制歷史的國度裡，引入「西政」的時機和條件遠未成熟。

直到20世紀初年，在經歷了八國聯軍的血雨腥風之後，清王朝才在外部刺激和內部壓力的綜合作用下，被迫舉起仿照「西政」，實行憲政的旗幟。1905年12月，清政府詔令五大臣出使西洋考察政治，「以期擇善而從」。1906年9月，清政府宣布「仿行憲政」，陸續建立了類似議會的資政院和諮議局等機構，並在1908年9月頒布了《欽定憲法大綱》。對於上述預備立憲諸項措施，陳旭麓先生曾做了以下的評價：「在政治體制改革的推進中，清政府逐漸調整和改造了相沿已久的『祖制』，並不自覺地朝著近代化的建制邁進。……它由『師夷』走向『變法』，由『變器』走向『變道』，又說明它比洋務自強運動走得更遠。它並沒有完成向以『三權分立』爲核心的近代政治體制的轉變，改新制而不易舊人也大大地沖淡了它的革新色彩。但改革中出現的一些新的設置，如資政院、諮議局，卻是封建政體的異軍，是中國近代政治體制新陳代謝的一個重要環節。這種政治體制的改革儘管是表面的，有形式而無實際效能，但它已觸動了傳統中最保守的東西，相對於那種『權限不

----

[66] 《中國海關與中日戰爭》，中華書局1983年版，第82頁。

分』、『職任不明』的舊政治體制來說，無疑是一種進步。」⑥

應該承認，陳先生的上述評價是全面的、客觀的。但在這裡，如果我們把清政府派遣五大臣出洋考察憲政與1882年伊藤博文的歐洲之行相比較，就會發現，清政府主動著手仿行「西政」，比日本晚了23年。這應是兩國早期現代化不同命運的一個重要原因。

(三)社會生活的西化

從19世紀60年代到20世紀初，在「歐風美雨」的衝擊之下，中日兩國的社會生活也都發生了很大的變化，但相比之下，由於這一時期的日本人認為歐美無論在「有形文明」（物質文明）層面，還是「無形文明」（精神文明）層面都遠遠超過日本，應全面學習西方，因而日本社會生活的西化程度變化較為劇烈。當時，很多日本的有識之士主張為加強日本國民與西方文化間的聯繫，應允許西方人去內地旅行，明治七年（1875年），津田眞道發表文章，提出：

> 「洋人去內地旅行之事宜應果斷許之。而吾等民眾至今所欠者乃為知識與開化也。以開化、知識及教育使社會漸進，又惟有興學校之教育。此實非一朝一夕之事。大抵歐美諸強之所以有如此知識、財富、開化，亦非他故，乃為彼等通商交易，五大洲無所不至之經驗積累而已。故吾人民之知識應由磨鍊而增。開化應由交際而成也。若以是觀之，使今日吾人民知識之增長，開化之進步之最上策者為使吾人民多去國外旅行，經受磨鍊，擴大交際。……既然如此，今日洋人亟請去我內地旅行亦實為幸事，宜應速速允之，以使吾國人民之知識開化在與洋人交往習練中得

---

⑥　同注①，第240－241頁。

以增進。」⑥⑧

還有的學者主張應允開外國人與日本人雜居，藉以使日本國民熟習西洋風俗，步入文明境界，吉田熹六在《論內地雜居之利害》一文中即持此說，他認爲：

「若允彼（外國人）入吾内地與國人雜居，可謂促使吾邦文明開化最便利之道也。在高崇吾邦之民族地位，推動吾邦進入文明國度之途中，或許會多少亂我民俗，或許會有迷信西洋而泯滅我民族之正氣者。但若因此小弊而疏絕交往，廢棄西洋之制度、文物，最終將不能進入文明世界，依然是東洋一未開化之國而已。」⑥⑨

有些學者還特別強調「國民風氣」在國家強弱盛衰轉化過程中的重要作用，認爲趕超西洋文明必須從社會風俗的變易開始。如箕作麟祥就援引孟德斯鳩《法的精神》中有關人民自由氣質同風土關係的論述，認爲「亞洲之弱，其民動輒爲他人之隸屬；歐羅巴之強，其民每得自由」⑦⓪之原因在於地理環境因素所致，要想步入眞正意義上的文明國度，必須先正風氣。神田孝平也提出「人民之風習若至好論國事，則知識漸開，漸通外國事情，漸曉急要之事務，漸生經國之材，國運漸隆，是經文明各國之實踐明確無疑者」。⑦①

值得注意的是，日本明治政府的當權者對待西方文化的態度，與上述學者的主張基本上是一致的，正如日本著名政治家大隈重信所說的那樣：明治時代領導者普遍存在的共識是，「現今陛下的改革，是承繼祖先的，要想使金甌無缺的帝國更

---

⑥⑧　同注⑤①，第72—73頁。

⑥⑨　同上，第74頁。

⑦⓪　同注⑤③，第62頁。

⑦①　同上，第139頁。

加盛大起來，……進奏者都採用千篇一律的論法，就岩倉公、三條公們，當時大大的有所感動，常常都是將外國作標準，因為外國這樣的行事才造成富強的基礎」，「這是基於一變歷來的日本國民的共通精神，鎖國攘夷的主義，使日本能和世界文明國度對等，形成名實相符的完全獨立國，想要除棄外國壓迫的愛國主義精神才發生的。」[72] 正是基於上述思考，才產生了那句「把我國變成歐洲化的帝國，把我國人變成歐洲化的人民」的著名口號。他們設想：欲達到和文明諸國的對等地位，必須改變日本傳統的本土陋俗，向西洋文化看齊。由此，日本明治維新後不久，社會上便興起了一股強勁的西化風潮。

同時期的中國，隨著國門洞開，外國人來華和外國商品的湧入，西方文化對中國社會生活層面的影響也開始空前增強，但當時清政府中的洋務派以為：「中國文武制度，事事遠出西人之上，獨火器萬不能及」，[73] 反對在軍事技術領域之外學習西方。後來，隨著中外交往的頻繁，雖然有些洋務派也開始承認「西洋水陸兵法及學堂造就人才之道，條理精嚴，迥非中土所及」，[74] 認為西洋軍事制度亦有可取之處，但仍斷言：「除船械一切自強之具必須效法於東西洋，其餘人心風俗，察吏安民，仍當循我規模加以實意。庶可以我之正氣，靖彼之戾汽。」[75] 這種對西洋社會生活的否定態度，使得「西俗」在近代中國社會「落戶」的進程極為艱難和緩慢。

下面我們謹從幾個方面考察一下該時期西洋物質風俗文化滲入中日兩國的具體情況及給兩國社會生活所帶來的不同影

---

[72]　大隈重信：《開國大勢史》，第1222－1229頁。

[73]　《籌辦夷務始末》（同治朝）卷二十五，第9頁。

[74]　同注 36，第7頁。

[75]　張樹聲：《海防要覽》卷上，〈海防條議〉。

響：

　　服飾　在日本，早在「拉丁文明」時代和幕末社會，西洋服飾已時有流行，但並未達到「熱」的程度。到明治初年，在「歐化風潮」中，服飾的變革最為耀眼。

　　為了表示對西洋文明發自內心的尊崇，天皇和皇后的御服都採用洋裝，政府官員、宮內和民間人士謁見天皇必須著西服。1872年11月12日，明治政府太政官頒布有關「服制」的法令，規定一般公私場合應採用「洋服」為禮服，以此為標誌，日本進入了全民追逐「洋風」的時代，上自天皇、首相，下至一般官員、士兵，甚至連婦女也都醉心於洋服。1883年，為開展歐化活動，接待外國人，明治政府還耗巨資修建了西式建築——「鹿鳴館」，經常在館內舉行盛大的舞會，參加者必須身著洋服。

　　正當西服風靡日本列島之時，清朝封建士子們卻掀起了一個排拒西服的運動。在他們看來，西服是「夷狄之服」，應嗤之以鼻。1872年，洋務派為培養西學人才，派遣一批幼童赴美國留學。幼童初至美國，其裝束皆為長衫馬掛，瓜皮緞帽，黑布鞋白布襪，腦後還拖著一條長長的辮子。這種奇異的打扮引起了美國孩童的嘲笑。中國幼童紛紛要求剪辮易服，改變裝束。不久，大部分幼童穿上了洋裝，談吐也頗帶洋氣。這激怒了留學生監督陳蘭彬，他向清廷報告說：留美學生已被外洋風俗同化，穿用西服，不尊師長，此等道行，即使成才，也屬無用。在國內外封建官僚反對下，留美學生於1881年被中途撤回中國。同時期，中國駐英公使郭嵩燾在倫敦參加一個典禮，因天氣寒冷，臨時披了件洋人的衣服以避風寒，竟被副使劉錫鴻參奏「有損國格」，掀起了一場軒然大波，這足見封建官僚排斥西服之強烈。

當時，清朝封建官僚不僅反對本國人士採用西裝，而且對於鄰國日本的「變政易服」也十分反感。日本在1868年明治維新後，舉國上下如飢似渴地學習西方文明，國民多以西服代替傳統的和服，這引起了洋務派首領李鴻章的不滿。1875年底，日本駐華公使森有禮拜訪李鴻章，李趁機就易服問題向森有禮發難，兩人就此問題展開了一場舌戰：

李：「對於近來貴國所舉，很為讚賞。獨有對貴國改變舊有服裝，模仿歐風一事感到不解。」

森：「其原因很簡單，只需稍加解釋。我國舊有的服制，寬闊爽快，極適於無事安逸之人，但對於多事勤勞之人則不完全合適；所以它能適應過去的情況，而於今日時勢之下，甚感不便。今改舊制為新式，對我國裨益不少。」

李：「衣服舊制體現對祖先遺志的追懷之一，其子孫應該珍重，萬世保存才是。」

森：「如果我國的祖先至今尚在的話，無疑也會做與我們同樣的事情。」

李：「模仿歐服，要付出莫大的冗費。」

森：「雖然如此，依我等觀之，要比貴國的衣服精美而便利。像貴國頭髮長垂，鞋大且粗，不太適應我國人民。關於歐服，從不了解經濟常識的人看來，雖費一點，但勤勞是富裕之基，怠慢是貧枯之源。正如閣下所知，我國舊服寬大但不方便，適應怠慢而不適應勤勞。然而我國不願意怠慢致貧，想要勤勞致富，必須捨舊就新。現在所費，將來可期得到無限報償。」

李：「貴國捨舊服仿歐俗，拋棄獨立精神而受歐洲支配，難道一點不感到羞恥嗎？」

森：「毫無可恥之處，我們還以這些變革感到驕傲。」

晤談不歡而散。從表面上看，這場論辯是圍繞著服飾問題進行的，但實際上卻反映了兩國統治階級對西方文化的態度和現代化觀念的巨大差異。

1895年甲午戰爭中國慘敗後，在嚴重的民族危機面前，資產階級維新派大力提倡維新變法，維新派的「精神領袖」康有為非常注意風俗變革的重要性，他在1898年9月5日曾向光緒帝遞上《請斷發易服改元折》，首次提出廢止傳統服裝，改穿西服。他激烈批評中國傳統服裝的弊端在於「褒衣博帶，長裾雅步」，這在萬國競爭之世是不合時宜的。中國的兵服「寬衣博袖，懸於各國博物院，與金甲相比較，豈不可笑可怪」。他盛讚西服的長處在於「衣制嚴肅，領袖白潔」，有尚武之風，力主在全國推廣。

到20世紀初，一些國內的有識之士也開始大力提倡西服。他們以為：西裝之精神在於發奮踔厲，雄武剛健，有獨立之氣象，無奴隸之根性，而且，衣服裝束與外國人相同，則酬酢交往融洽，沒有隔閡，出國考察，沒有猜忌凌辱之患。一言以蔽之，穿西服，可振工藝，可善外交，可以強兵強種。少數勇敢者開始大膽穿著西服，但因人們剛剛學習西服裁剪，未能領會西服的特點，把改良後的新式衣服做得窄几纏身，長能覆足，袖僅容臂，形不掩臀，偶然下蹲，竟導致褲襠綻裂，令人啼笑皆非。

1912年清王朝滅亡，民國成立之後，民國政府主持制定了《服制》，經反覆討論，於10月3日通過，規定一切前清官爵命服及袍褂、禮服、朝珠，一律禁用，而應採用西式禮服。其中，男子禮服分大禮服、常禮服兩種，晝用大禮服為西式大氅式，晚用大禮服似燕尾服而後擺呈圓形。褲用西式長褲。常禮服兩種，一為西式，一為袍褂式，均黑色。這種禮服學習了西

服的基本格式，打破了中國傳統服裝的等級色彩，在民國初年官場頗為流行。至此，西服在中國才取得了合法地位。

飲食　在人類文明史上，由於各民族所處地理環境、宗教信仰和生活方式不同，其飲食文化也往往是千差萬別的，這使得不同的飲食文化間的交流成為必然。由於飲食文化與人類生存、繁衍息息相關，因而飲食文化的改變往往是民俗改變、社會演進的重要尺度和標誌。

明治維新後，在西洋飲食文化的影響下，日本的飲食習慣發生了很多引人注目的變化。關於西洋料理的知識，早在幕末時即有一些書籍傳播介紹，但那時並未出現專營店。明治初年，在外國人集中的橫濱和東京陸續出現了西餐館。據1873年7月在東京出版的《新聞雜誌》第156號記載：「近來府內各地西洋料理店鱗次櫛比，日益繁昌，其中以妥女町西洋軒、築地日新亭、茅場町海陽亭三店最受歡迎。」[76]明治三十年刊的《東京新繁昌記》中也有一段記載，對西餐與和餐的優劣進行了比較，認為「西洋料理之長在簡易，不似和餐宴會多繁文褥節；就酒類言之，西餐宴會既有麥酒，又有葡萄酒，種類繁多；西餐宴會無藝妓滋擾，清靜怡然」。該文預言：「現在西餐雖然未普及到老人和婦女社會，但卻有日益繁盛之勢。」[77]

明治初年，西餐之所以能風靡日本列島，一個重要的原因是，日本人在「歐化風潮」中打破了傳統的「肉食禁忌」。由於日本是四面環海的島國，自古以來即有「魚食之國」稱號，魚也就成為日本民族最主要的副食品，雖然日本人也食用捕獵來的鳥、鹿、兔等禽獸，但那畢竟不是經常性的。日本人養的

[76]　柳田國男：《明治文化史・風俗卷》，東京洋洋社1955年版，第66頁。

[77]　同上。

家畜更多是用來捕獵之用（如家犬、馬匹），不能宰殺食用。千百年來，日本人一直固守著這一禁忌，這導致日本人的肉食範圍極爲狹窄。鎖國時代，長崎日本人受外國人的影響，率先食用牛肉、豬肉、雞肉等，但當時更多是受荷蘭醫學之影響，強調肉類的藥用保健價值。德川時代末年，肉食禁忌首先在城市被打破，社會上出現了食牛肉之風，據福澤諭吉回憶：「當時，在大阪全城中只有兩處賣熟牛肉的店鋪，一處位於難波橋，另一處座落在新町附近，堪稱是最下等的店鋪，有身份的人從不光顧，只有那些破落戶和窮學生是那裡的常客，每人只需花一百五十文錢，就可飽餐一頓牛肉，還可隨意飲酒。記得當時牛肉吃在口中又硬又臭。」[78]可見，德川末年，食牛肉之風只是在下層社會流行。

到明治初年，上述情形有了根本的改變，明治政權把肉食作爲改良日本人體質、文明開化的一個重要手段在社會上推行。從1871年起，日本東京街頭到處立著「養生、牛肉」或「官許牛肉」那樣的旗幟和廣告牌，牛肉店也紛紛開張。1872年，在一份雜誌的序文中公然寫道：「士農工商、老少男女，賢愚貧富，不食牛肉者，實爲不開化之奴。」[79]1872年正月，天皇也帶頭食用牛肉，使食牛肉之風更盛。繼食牛肉之後，從1873年起，日本人也開始食豬肉、雞肉。1888年，馬肉也隨之上市。一時間，食肉之風彌漫日本列島。日本人相信：牛是性質魯鈍的獸類，吃牛肉長大的人，定會像牛一樣有耐力。由於食牛肉之風盛行，導致東京牛肉價格飛漲，有的店鋪「將馬肉豬肉混和，或以其他獸肉腐肉冒充牛肉出售，一時間報紙上經常有文章提醒人們購食牛肉，一定要選擇有信譽的店鋪」。[80]

[78]　同上，第68頁。

[79]　同上，第56頁。

「食牛肉風」很快由東京傳往其他城市，由城市傳入農村，成為明治時代「西俗東漸」的一道獨特的文化景觀。

除了食肉之風外，還有很多西洋食品在日本頗為流行，如牛奶、咖啡、紅茶、啤酒、清涼飲料等。

與日本相比，19世紀60年代到20世紀初的晚清社會並沒有出現吃西餐的熱潮，但西方飲食文化卻循著租界——通商口岸——內地大都市這樣一條路徑在中國大地上悄然傳播，使中國的傳統飲食文化逐漸發生變化。

以文獻記載上看，較早在文字上系統介紹西餐的是19世紀60年代出使西洋的中國人。1866年，18歲的漢軍旗人張德彝隨斌椿出洋遊歷歐洲，初登英國輪船，便嘗到西餐飲食的獨特風味。對此，他饒有興趣地寫道：

> 「辰刻客人皆起，在廳內飲茶。桌上設糕點三四盤，麵包片二大盤，黃奶油三小盤，細鹽四小罐，茶四壺，咖啡二壺，炒扣來一大壺，白沙糖塊二銀碗，牛奶二壺，奶油餅二盤，紅酒四瓶，涼水三瓶。客皆陸續飲食，有以涼水、紅酒、白糖調而飲者，亦有以牛奶、茶、糖和而飲者，種種不一，各聽其便。咖啡係洋豆燒焦磨麵，以水熬成者。炒扣來係桃杏仁炒焦磨麵，加糖熬成者，其色紫黃，其味酸苦。紅酒係洋葡萄所造，味酸而澀，飲必和以白水，才能下咽。麵包係發麵無鹼，團塊燒熟者，其味多酸。
>
> 至巳初早飯，桌上先鋪大白布，上列許多盤碟。有一銀籃，內置玻璃瓶五枚，實以油、醋、清醬、椒麵、鹵蝦，名為『五味架』。每人小刀一把，麵包一塊，大小匙一，插一，盤一，白布一，紅酒、涼水、苦酒各一瓶。菜

西風東漸——中日攝取西方文化的比較研究

⑧　同上。

皆盛以大銀盤，挨坐傳送。刀、插與盤，每飯屢易。席撤，另設果品數籃，如核桃、桃仁、乾鮮葡萄、蕉子、梨、橘、桃、李、西瓜、柿子、波羅蜜等。食畢，以小藍玻璃缸盥手。」[81]

面對這豐盛的西宴，張德彝在品嚐後作了下面的評價：「咖啡係洋豆燒焦磨麵，以水熬成，其味酸苦。紅酒係洋葡萄所造，味酸而澀，麵包其味多酸。至於西菜，牛羊肉皆切大塊，熟者又黑又焦，生者又腥又硬。雞鴨不煮而烤，魚蝦味辣且酸，更是不堪食用，每餐一嗅其味，便大吐不止。」[82]由此，他對西餐得出了否定的結論。此後，張德彝又數度出洋，品嚐過英、法、意、俄式西餐，久而久之，才承認西餐的豐盛、衛生，頗適食用。

以19世紀70年代末開始，西餐菜肴（當時稱作「番菜」或「大菜」）、西式糕點（麵包、餅乾、糖果）、西式罐頭等才逐漸被國人認識和接受，不僅市面上出現了西餐館，甚至西太后舉行國宴招待外國公使有時也用西餐。20世紀初，西餐開始為上流社會所崇尚，人們請客非西菜花酒不足以示敬誠。史載：「光宣之交，滿清貴族，群學時髦，相率奔於六國飯店。」而一般有錢有勢之人家也往往到「六國飯店、德昌飯店、長安飯店，皆西式大餐矣」。[83]一時間，六國飯店等西餐大飯店常有頭戴紅花翎頂的清朝官員光顧，亦為洋人買辦出沒之地。小說《官場現形記》在描寫山東巡撫宴清洋人時所開菜單即以西餐為主，包括清牛場、冰齷阿、丁灣羊肉、漢巴德、牛排、橙

---

[81] 鐘叔河主編：《走向世界叢書・航海述奇》，岳麓書社1985年版，第456頁。

[82] 同上，第450頁。

[83] 胡朴安編：《中華全國風俗志》下篇，卷一，第2頁。

子冰忌廉、澳州翠鳥雞、龜仔蘆笋、生菜英腿、加利蛋飯、白浪布丁、濱格、獵古辣冰忌廉、咖啡等。酒則有勃蘭地（白蘭地）、魏司格、紅酒、巴德、香檳，外帶甜水、鹹水等。這足以說明西餐在上流社會影響之大。但在當時中國百姓的飲食習慣來說，西餐並不占主導地位。

建築　在明治初期「文明開化」風潮和新政府「富國強兵」、「殖產興業」政策的推動下，日本傳統的房屋建築樣式也發生了巨大的變化。具體表現為新建的政府辦公樓、學校及其他公共建築物，幾乎都是西式建築。明治政府廢止了「四民等級制」，取消了德川時代種種帶有強烈等級色彩的建築限制，國民可以自由地建築自己理想的居所，但值得注意的是，日本的民居變化幅度較小。

明治初年建成的大型西式建築主要有：(1)赤坂謁見所，系洋式石造建築；(2)工部大學校講堂，洋式二樓；(3)紙幣制造廠；(4)外務省本廳；(5)鹿鳴館；(6)上野博物館；(7)帝國大學法文二學部校舍；(8)參謀本部等數十座建築。其中以西式迎賓館──「鹿鳴館」最具代表性，該館館內分樓上樓下大小不等18個西式活動廳室，還有西洋餐廳、舞廳、吸煙室等，政府經常在過裡舉行大型的西洋舞會，以表現學習西洋的態度，為此，歷史上把日本狂熱西化的明治初年也稱作「鹿鳴館時代」。

從19世紀下半葉開始，來華西方人所建的領事館、銀行、海關、教會學校也均採取西式建築。其建築規模不大，大多為一二層樓房，磚木結構。到20世紀初，因來華西人增多，其建築規模開始擴大，出現了一批著名的西式建築。主要有：上海的匯豐銀行、沙遜大廈、百老匯大廈、雅斯脫飯店、海關大廈、國際飯店，南通的商會大廈，天津的英界戈登堂等。這些

建築規模非常宏大，有的甚至成為遠東地區頗負盛名的建築。作為一種建築文化現象，西式建築既濃縮了西方民族獨特的價值觀念和審美情趣，同時也是西方近代工業文明的體現。它的傳入，對國人的精神震撼力也是巨大的。1866年，遣歐使節斌椿在歐洲諸國見「街道潔淨，樓宇高者四五層，頗修整」，不禁驚呼：「不親到不知有此勝景！」[84] 1879年，康有為初遊香港，見西式建築林立，街路整齊，認為西方人治國有方，從而摒棄了「西人為古之夷狄」的錯誤看法。

西式建築的大量傳入，對中國傳統固有的建築形式產生了巨大的衝突。受其影響，中國傳統的建築形式出現了很多新變化。以裝飾技藝方面來看，無論門、窗、隔扇、窗花等，用料都大大減少，雕刻趨向細膩和複雜。頤和園等宮廷建築還使用了玻璃，使室內開始有了較好的採光。中南海居仁堂、儀鸞殿，故宮後期的陳設，都開始仿效歐洲古典風格。在民間，受西式高樓大廈的影響，中國人也開始掀起建造西式或半西式住宅的高潮。在京津地區，小洋樓逐漸取代了傳統的四合院。在上海和號稱「天下之中」的武漢三鎮，由清一色的二層樓房構成的里弄，逐漸代替舊式破陋不堪的民宅小巷。這種「里弄」房屋實際上是在西洋建築風格影響下出現的新式中國民居，其居室設計仍屬中國傳統風格，但其外觀則是西洋風格。據統計，以19世紀70年代到20世紀30年代，上海的里弄房屋約有9000多處，200000幢，建築面積達到2120多萬平方米，占全市總建築面積的63.5%以上。[85] 此外。一些達官貴人修造的別墅，在建築風格上更是師法歐西，趨之若鶩。同時，20世紀初

---

[84] 鐘叔河主編：《走向世界叢書‧乘槎筆記》，岳麓書社1985年版，第76頁。

[85] 同注[30]，第358－359頁。

年，很多公共建築，如諮議局、資政院、商會、學堂等也採取了西式建築風格，改變了封建舊式衙門「城高池深」的封閉特點，直接向公眾敞開大門，體現了某些近代社會氣息。

交通工具　日本明治維新後，交通事業的近代化是以修築公路開始的。據1869年1月20日的《太政官日記》記載：「今般大政更始，四海一家，自箱根始諸道關門應一律廢止。」[86]這段話表達了明治政府廢除封建割據、建立統一國家的決心。很快，明治政府就制定了相應規章，拓展道路，構建現代公路交通系統。

在日本明治政府積極推進公路建設的同時，自行車、汽車、電車、汽船等現代交通工具也陸續傳入日本，極大地改變了日本人的傳統生活。明治初年，日本人根據西洋圖書上有關自行車的繪圖，仿制了木制的自行車，用於公園的遊戲玩具，那時的自行車為木架、鐵輪，尚不普及。1886年，一位美國女子在東京街頭騎了一輛兩輪自行車，日本人非常好奇，圍觀者極多。1892年，山形縣谷地町出現了一家自行車店，主要出售美國造的自行車。直到1893年，日本才出現了國產自行車，主要用於郵政投遞、醫師出診、官員和教師通勤、商人訂貨等方面。20世紀初，自行車在民間逐漸普及，一些中學生上學、雇員上班都開始使用自行車。（見下表）

在日本，汽車的傳入及普及比自行車更為緩慢，1901年，一位名叫薩福蘭西斯科的外國人獻給皇宮一輛電氣汽車，是為汽車傳入日本之始。1903年，在大阪舉行的第五次日本勸業博覽會上，展出了各式各樣的汽車，令日本人大開眼界。直到明治末年，日本全國的汽車數約有535臺，其中多為皇宮、政

---

[86]　澀澤敬三：《明治文化史・生活編》(12)，東京洋洋社1955年版，第349頁。

東京、大阪明治末年自行車數統計表

時　間	東京市區	東京郊區	大阪市	全　國
1900 年	—	—	543	—
1902 年	5428	801	466	—
1907 年	6743	2523	4756	—
1911 年	15210	10024	—	—
1912 年	—	—	11547	388523
1916 年	98336	40781	24802	867099

（此表據《明治文化史‧生活編》，第408頁）

府、軍界人士和外國使臣所用，且其中竟無一輛貨車，因而對民間幾乎沒有產生什麼影響。相比之下，以1895年1月開始動工興建的京都市街電車則對日本國民的生活影響較大，出現了乘客群起乘坐的盛況。據統計，自1907年至1912年，東京鐵道株式會社經營的市街電車乘客人數不斷增加，其中1907年乘客為158226529人次，每日平均乘客為432313人次；1908年乘客為162796896人次，每日平均乘客為446019人次；1909年乘客為172968487人次，每日平均乘客為473886人次；1910年乘客為187616869人次，每日平均乘客為514019人次。[87]足見市街電車對民間生活影響之大。

在水上交通方面，明治維新後日本開始大力使用蒸汽船從事航運，1882年成立了共同運輸會社，規模不斷擴大。據統計，1872年蒸汽船為96隻，風帆船為35隻。1881年則發展為蒸汽船312隻，風帆船394隻。

---

[87]　同上，第426頁。

與日本大體相間，19世紀下半葉中國交通工具的變革也始於60年代。1862年，上海修成了近代中國第一條碎石子馬路——靜安寺路。以1865年開始，上海的主要道路幹線還安裝了煤氣燈照明，並以中華省會大鎮之名作爲街路的名稱。據史料記載，這些「街路甚寬廣，可容三四馬並馳，地上用碎石鋪平，雖久雨無泥淖之患」，[88]頗受市民歡迎。

　　隨著近代公路的修築，自行車、電車等現代交通工具也陸續傳入中國。從19世紀60年代開始，上海街頭出現了腳踏車，據記載，這種腳踏車「快若馬車，然非習練兩三日不能純熟，究竟費力，近不多見」。[89]當時流行的竹枝詞也有「踏車兩制亦開行，包用包修費獨昂。來往如飛人盡慕，趨時騎坐意洋洋」[90]的詩句，可見這種腳踏車在當時的社會上還沒有普及，屬於一種趨時的奢侈品。到1901年，上海出現了第一批汽車；1906年，天津也開通了有軌電車，但多限於租界範圍內，對整個社會影響不大；而在北京，直到1921年才開始籌辦有軌電車。如果將中日兩國這一時期交通工具變革的情況加以比較，我們會發現，清末民初的中國，並未出現像日本那樣的交通工具現代化變革浪潮，現代交通工具傳播的速度較慢，這一方面是由於頑固守舊勢力的反對，同時也是中國早期現代化延誤的必然結果。

　　器用　所謂「器用」，這裡是指人們在日常的衣、食、住、行生活中必不可少的用具，主要包括室內器用、生活器用、文化器用、消閑用品、計量器用等方面。19世紀60年代以來，隨著西方生活方式的東傳，很多西方器用也相繼傳入日

---

[88]　黃懋材：《瀘遊勝記》，轉引自上海通社編《上海研究資料》。

[89]　同注㉚，第362頁。

[90]　顧柄權：《上海風俗古蹟考》，第432頁。

本和中國。

在日本，早在「拉丁文明」時代和幕末時期，即有一些洋式器用傳入，但在社會上並未普及，到明治時代，伴隨著文明開化風潮，日本人對外洋舶來品極度崇拜，大肆搶購。據統計，僅1872年一年，日本就從歐美諸國進口洋傘50多萬把，雖然洋傘的價格高達每把300萬日元，但仍被搶購一空。無論是青年人照相，還是新娘出嫁，都以持一把洋傘為榮，就是偏僻山區的普通農民，家裡也都有洋傘數把。而日本仿制的「洋傘」雖然價格不高，但卻無人問津。

當時除了洋傘之外，傳入日本的西洋器用還有手袋、懷錶、洋杖、眼鏡、玻璃杯、保溫瓶、洋式家具、電燈等等。1870年，日本決定採用西洋的12小時計時制，並在報紙上刊登西洋鐘錶的計時圖解，以此為契機，洋式懷錶成為「文明開化者」追逐的對象。1872年4月11日，東京皇宮決定從即日起廢止擊鼓報時制度，書生之間也開始流行懷錶。到1903年，懷錶為手錶所代替，而且逐漸小型化，學生中也開始流行手錶，當時的情形是，穿西服者必戴手錶。1876年，工部省開設玻璃制所，雇用英人為顧問，製造餐具及其他生活器具，因其產品非常暢銷，隨後又有許多玻璃製造所問世（見下表），玻璃製的生活用具很快在日本家庭普及開來。

明治時代傳入日本的洋式照明器主要有石油燈[91]、瓦斯燈和電燈3種。19世紀下半葉，這3種照明器先後在日本列島登場，取代了日本傳統的油燈。從以下兩個統計表格可以看出洋式照明器在日本「安家落戶」的大體過程：

---

[91] 所謂石油燈，是指一種以石油作為燃料，以玻璃作燈罩的照明燈。

日本玻璃製造業的發展

年　代	工廠數	職工數	產品數	金額（日元）
1879 年	6	131 人	830355	30656
1880 年	8	127 人	1857856	67581
1882 年	10	171 人	1471745	78980
1884 年	4	105 人	1125950	223805
1885 年	24	366 人	1785983	363855
1890 年	122	1316 人	2639277	1327221

（此表據《明治文化史・生活編》，第176頁）

東京市內瓦斯燈使用情況表

年　度	引用戶數	引用燈數	每戶平均引用燈數
1886 年	343	6678	19.47
1890 年	1105	11801	10.86
1895 年	2266	20312	8.96
1900 年	12369	59182	4.78
1905 年	27962	113122	4.45
1910 年	74319	239881	3.23

（此表據《明治文化史・生活編》，第323頁）

　　從上表可以看出，使用瓦斯燈的戶數及燈數都在上升，但每戶平均使用燈數卻在下降，這主要是因為在前期瓦斯燈的使用者多為官廳、公司、飯店等，後來，一般家庭也開始點瓦斯燈，因此，平均每戶擁有燈數呈減少趨勢。事實上，直到明治末期，也只有少數上流社會的家庭才能用得起瓦斯燈。

東京市內電燈使用情況表

年　度	引用戶數	引用燈數	每戶平均 引用燈數
1889 年	363	6440	17.74
1890 年	1025	11048	10.78
1895 年	4176	32858	7.87
1900 年	8372	66232	7.91
1905 年	14969	116293	7.70

（此表據《明治文化史・生活編》，第323頁）

從上表中每戶平均引用燈數遞減變化的趨向，可以看出東京市的電燈使用情況也是呈逐漸向一般家庭普及的發展趨向的。

從19世紀60年代開始，像日本一樣，西式家具、新式煤油燈、火柴、電燈、鐘錶、縫紉機、西式文具、扇子、洋傘等西洋器用也陸續傳入中國。在上海，租界當局最先接通了煤氣路燈，使租界街道夜同白晝，此後，這種燈便開始普及。據史料記載：這種煤氣燈「初設僅有路燈，後於行棧、鋪面、茶酒戲館以及住屋，俱用煤氣燈。火樹銀花，光同白晝，上海遂成不夜之城」。[92]1880年，美查洋行在上海創設中國最早的一家火柴廠，後來中國人也紛紛開辦，火柴（俗稱「自來火」或「洋火」）逐漸普及民間。1882年，西人立德在上海創設電光公司，將電燈引入中國。據公共租界工部局的報告：到1893年，上海安裝白熱電燈6325盞，次年達到9091盞。[93]後電燈傳至北京、天津等地。

[92]　同注 [90]，第273頁。
[93]　孫毓棠編：《中國近代工業史料》上冊，第1輯，第199頁。

這一時期，美國商人還把縫紉機運入中國，時人對這種新奇的器用進行了如下的描述：「器僅尺許，可置几案上。上有銅盤銜針一，下置鐵輪，以足蹴木板，輪自轉旋。將布帛置其上，針能引線上下穿過。細針密縷，頃刻告成，可抵女紅十人。」[94]另外，在居室陳設方面，西式家具也逐漸為國人所認識，翻開此時期士大夫的筆記，可以看到很多對西式家具的讚嘆之語：英國人「樓廣且潔……近硎以文石桌椅床榻，無不美麗奇巧，簟褥用皮而中鼓以氣，高厚柔軟勝於絮。陳設銅磁各皿，並燦爛奪目」。[95]不過，西式陳設眞正進入國人家庭中還是20世紀上半葉的事情。

三、傳統與現代的衝突

日本社會學家富永健一在分析東方國家「後發外生型」現代化發展進程時，曾經提出：「現代陣營與傳統陣營之間對立的消除」是此類國家實現現代化的一個極其重要的條件。「因為非西方後發展社會的現代化不得不採取輸入外來文明的形式，而輸入外來文明不可避免地要引起國粹主義的反感」，必然出現「現代陣營」和「傳統陣營」間二重結構的對立，「只要這種對立的二重結構不消除，就不可能實現持續而穩定的現代化」。[96]應該說，富永健一的上述分析大體反映了東方國家現代化進程中「傳統」與「現代」劇烈衝突的實際情形。

中國是一個東方文明古國，曾創造了人類文明發展史上的

---

[94] 葛元煦等：《滬游雜記·淞南夢影錄·滬游夢影》，第16頁。

[95] 《清代日記匯抄》，上海人民出版社1982年版，第284－285頁。

[96] 杭廷頓等：《現代化理論與歷史經驗的再探討》，上海譯文出版社1993年版，第121－122頁。

第二個高峰——封建文明的高峰，擁有成熟的封建文明體系，是東亞文明結構中的「中心文明」。相比之下，日本則屬「邊緣文明」，是「借衣穿的國度」。因而，中國在攝取西方文明進程中，必定會出現較日本更為劇烈的文化衝突。從19世紀60年代到20世紀初，中西文化衝突主要是圍繞著以下三個問題展開的：

其一，要不要學習西方自然科學。

這場爭論主要是圍繞著同文館增設天文算學館和聘請洋教習事件展開的。1867年12月11日，洋務派在中央的核心代表人物奕訢，鑒於「洋人製造機器、火器等件，以及行船、行軍，無一不自天文、算學中來。現在上海、江浙等處講求輪船各項，若不從根本上用著實功夫，即習學皮毛，仍無裨於實用」，[97] 力主在同文館中添設天文算學館，專習天文、算學。奕訢似乎早已預料到此舉將遭到京城內外頑固勢力的反對，特意在奏折中強調此項動議「並非矜奇好異，震於西人術數之學也」，而是因為「西人製器之法，無不由度數而生，今中國議欲講求製造輪船、機器諸法，苟不藉西士為先導，俾講明機巧之原，製作之本，竊恐師心自用，徒費錢糧，仍無裨於實際」。[98] 該折上呈後，很快得到朝廷批覆。

但洋務派攝取西方近代科學知識的進步之舉，卻遭到了封建正統士大夫的強烈反對。山東道盟察御史張盛藻首先發難，認為國家自強的根本不在那些西洋的「奇技淫巧」，而要靠中國傳統的名教氣節，他說：

「若以自強而論，則朝廷之強莫如整紀綱，明政刑，嚴賞罰，求賢養民，練兵籌餉諸大端。臣民之強則惟氣節

---

[97] 《叢刊·洋務運動》(二)，上海人民出版社1961年版，第22頁。

[98] 同上，第23—24頁。

一端耳。朝廷能養臣民之氣節，是以遇有災患以來，天下臣民莫不同仇敵愾，赴湯蹈火而不辭，以之禦災而災可平，以之禦寇則寇可滅，皆數百年深仁厚澤以堯、舜、孔、孟之道為教有以培養之也。若令正途科甲人員習為機巧之事，又藉升途、銀兩以誘之，是重名利而輕氣節，無氣節安望其有事功哉？」[99]

繼張盛藻之後跳出來反對學習西洋科學知識的是洋務時期頑固派的核心人物大學士倭仁，他借以抗拒西學的利器也是「禮義廉恥」、「名教綱紀」這些至高無上的儒家道德準則，只不過因倭仁的地位特殊，故其所表述的反對意見更具煽動力，他在奏折中語氣激昂地寫道：

「竊聞立國之道，尚禮義不尚權謀；根本之圖，在人心不在技藝。今求之一藝之末，而又奉夷人為師，無論夷人詭譎未必傳其精巧，即使教者誠教，學者誠學，所成就者不過術數之士，古今來未聞有恃術數而能起衰振弱者也。天下之大，不患無才。如以天文、算學必須講習，博採旁求，必有精其術者，何必夷人，何必師事夷人？」[100]

還有位名叫楊廷熙的候選直隸知州，也遞上了一份洋洋數千言的奏折，響應倭仁的廢天文算學館之議，他把同文館的設立與異常的天象聯繫起來，大談「天人感應」之學，寫道：「今年自春及夏，久旱不雨，屢見陰霾蔽天，御河之水源竭，都中之疫癘行，本月初十日大風晝晦兩時之久，此非尋常之災異也。……然天象之變，必因時政之失，京師中街談巷議，皆以為同文館之設，強詞奪理，師敵忘仇、御夷失策所致。」[100]

---

[99]　同上，第29頁。

[100]　《籌辦夷務始末》（同治朝），卷四十七。

[100]　同上，卷四十九。

從上面3份奏折看，頑固派為反對學習西方科學知識，從封建武庫中搬出了「名教氣節論」、「師夷有罪說」及「天人感應」理論，一時間聲勢頗大。

面對頑固派咄咄逼人的挑戰，奕訢等洋務官僚逐一給予了回擊，奕訢強調學習西方長技「必從算學入手」，因為西方武器「本之天文度數，參以勾股算法，故能巧法奇中」，「臣等詳加體察，此舉實屬有益，因而奏請開設天文算學館，以為製造輪船、各機器之張本，並非空講孤虛，侈談術數，為此不急之務」，「但期可以收效，雖冒天下之不韙，亦所不辭」。[102] 對於倭仁的「名教氣節」禦夷論，奕訢諷刺說：僅以「忠信為甲冑，禮義為干櫓等詞，謂可折衝樽俎，足以制敵之命，臣等實未敢信」。[103] 雙方經過持續6個月、4個回合的論爭，最後以洋務派的勝利告終。但如果認真分析一下，則會發現這僅僅是一種表面的勝利，因為隨後報考同文館者只有98人，而且多為年老失業的儒生，一般正途人員都不肯報考。「到考試時，已有20多人自動放棄，僅72人參考。勉強錄取30名，半年後，因程度太差，退學20名，僅剩10名，被併入先前的英、法、俄三館」。[104] 同文館之爭的實質在於封建陣營中的頑固派固守傳統「聖道」，根本不承認西方科學技術的價值，這在一定程度體現了中西文化衝突的激烈性和中華古國攝取西方文明的艱鉅性和長期性。

其二，要不要學習引進西方的「堅船利炮」和「機器文明」。

---

[102]　同注 [97]，第32—33頁。

[103]　《籌辦夷務始末》（同治朝），卷四十八。

[104]　熊月之：《西學東漸與晚清社會》，上海人民出版社1995年版，第331頁

洋務派是19世紀40、50年代地主階級改革派「師夷長技」口號的實踐者，他們認為「浮海東來」的這些古之未見的「蠻夷」，雖然在禮義教化方面遠遜中華，但在軍事武器裝備方面都已大大超過了中國。西方的「輪船電報之速，瞬息千里；軍器機事之精，工力百倍；炮彈所到，無堅不摧，水陸關隘，不足限制」。[105]「欲防海之害而收其利，非整理水師不可，欲整理水師，非設局監造輪船不可。泰西巧而中國不必安於拙也。泰西有而中國不必傲以無也。」「謂我之長不如外國，籍外國導其先，可也。謂我之長不如外國，讓外國擅其能不可也。」[106]在對西方資本主義世界初步認識的基礎上，他們大力主張購進「西器」以求「自強」。

洋務派的「師夷」舉動遭到了頑固派的強烈反對，他們說：「中國數千年來未嘗用輪船、機器，而一朝恢一朝之土宇，一代拓一代之版章。即我朝自開創以來，與西洋通商非一日，彼之輪船、機器自若也。何康熙時不准西洋輪船數隻近岸，彼即俯首聽命，不敢入內地一步？」[107]言外之意，只要有「明君聖主」，即可嚇破「夷膽」，不必依恃西洋火器。他們還認為西洋軍器造價昂貴，足以使王朝國庫枯竭，「一船之價，傾中人萬家之產；一炮之費，損士卒百口之糧。器則日新，財則日匱」。[108]有些士大夫甚至迂腐地斷言：「火輪者，至拙之船也。洋船者，至蠢之器也。船以輕捷為能，械以巧便為利。今夷船煤火未發，則莫能使行；炮須人運，則重不可舉。若敢決之士，奄忽臨之，驟無所恃，束手待斃而已。又況陸地行

---

⑯　李鴻章：〈籌議海防折〉，《李文忠公全集·奏稿》，卷十四。

⑯　左宗棠：〈請福建開設船廠疏〉，《左文襄公全集》。

⑯　同注⑰，第46頁。

⑯　《屠光祿疏稿》卷二，〈應詔陳言疏〉。

戰，船炮無施，海口遙攻，登岸困難。蹙而擊之，我眾敵寡，以百攻一，何患不克。」[109]據此，那些洋人恃以爲強的「堅船利炮」是不值效法的。有的頑固派還把機器視爲「奇技淫巧」，有百害而無一利之物，認爲機器非但不能興國，反而會亡國。

而洋務派和頑固派圍繞著修築鐵路問題的論爭則是19世紀80年代中國攝取西方文明進程中最爲激烈的爭鬥。1880年，洋務派著名將領劉銘傳上奏建議清政府修築鐵路，他以爲，「鐵路之利於漕務、賑務、商務、礦務、釐捐、行旅者不可殫述，而於用兵一道尤爲急不可緩之圖」。[110]李鴻章也認爲修築鐵路有便於「國計」、「軍謀」等「九利」，強調「處今日各國皆有鐵路之時，而中國獨無，譬猶居中古以後而摒棄舟車，其動輒後於人也必矣」。[111]

但洋務派的修築鐵路之議卻遭到了頑固派官僚的強烈反對，反對的理由主要有「資敵」、「擾民」、「奪民生計」、「驚地下生靈」等。如翰林院侍讀學士張家驤在1880年12月22日的奏折中即認爲修築跌路有「三弊」，即(1)「洋人工於貿利，其從旁覬覦，意想可知」，「利尚未興，患已隱伏」；(2)民間房屋、田畝、墳墓遷徙不便，「民間必不樂從，勢迫刑驅，徒滋騷擾」；(3)鐵路築成後，必然影響招商局的收益，「此盈彼縮，勢所必然」。[112]同時，修鐵路之議是「欲變歷代帝

---

[109]　王闓運：〈論夷務疏〉，《湘綺樓文集》卷二。

[110]　《叢刊·洋務運動》(六)，上海人民出版社1961年版，第138頁。

[111]　《李文忠公全集·奏稿》卷三十九，第20—25頁。

[112]　同注[110]，第139—140頁。

[113]　同上，第150頁。

王曁本朝列聖禮國經野之法制」[114]，屬大逆不道。況且，「火輪車電掣風馳，易於衝突，必至貽害民間。」[114]「行之外夷則可，行之中國則不可。何者？外夷以經商爲主，君與民共謀其利者也；中國以養民爲主，君以利利民而君不言利者也」。[115]從頑固派反對修築鐵路所陳述的上述理由看，可知其所依據的理論是十分愚昧可笑的，根本設有說服力，但因爲此時絕大多數士大夫仍然生活在傳統社會中，固守傳統的聖學，茫然不識世界大勢，極端排斥西方工業文明，具有強大的社會影響力，致使洋務派的現代化計劃步履維艱，每築一路，每置一局，都要付出極其沉重的代價。1881年，洋務派爲便於開平煤礦運煤，修築了自唐山至胥各莊的鐵路，竣工後因頑固派聲稱機車轟鳴，將震動東陵，使列祖九泉之下難以安寧，不敢使用機車，只得改用騾馬牽引列車緩行。洋務派和頑固派圍繞著鐵路問題的論爭前後持續了15年之久，直接延誤了中國早期現代化的發展進程。

正當中國朝野頑固勢力與洋務派官僚圍繞著是否引進西洋機器文明以謀自強，展開激烈的論爭，導致中國早期現代化步履維艱，蹣跚跛行之時，在日本列島上，明治政府卻掀起了狂熱的「西化浪潮」，舉國上下在「攀登文明階梯」的旗幟下，大力攝取西方文明，極大地推動了日本現代化的發展進程。比較觀之，我們發現此時期的日本列島雖然沒有出現中國洋務時期那樣劇烈的文化衝突，但傳統派與現代派之間的對峙衝突還是存在的，只不過程度上較爲和緩罷了，其具體演化軌跡主要表現爲兩個階段：

第一階段主要是指明治初年，當時在「脫亞入歐」、「文

西風東漸——中日攝取西方文化的比較研究

[114] 同上，第140頁。
[115] 同上，第152頁。

明開化」的口號下，日本列島上出現了狂熱的西化浪潮，日本歷史也由此步入所謂「鹿鳴館時代」。在明治政府內部，現代派占據了絕對的統治地位，他們的歐化主張也得到了民間強有力的支持和響應，使其「把我國變成歐洲化的帝國，把我國人變成歐洲化的人民」[116]的主張得以順利實施。對於席捲整個日本的「歐化」風潮，傳統派也進行了一定程度的反擊。日本著名史學家家永三郎在《外來文化攝取史論》一書中曾列舉了明治初年幾位傳統派代表人物的反西化言論，頗具代表性。如明治元年2月，井上石見曾上書反對日本人著西洋服裝，寫道：

> 「近來衣服之制上下無別、混雜不堪……猥異風行，無異於奉異國之正朔，誠一大失體。……彼孔子有被左衽之語，可見事關國體不可等閒。」[117]

明治四年，藤田東野以奈良縣知事身份發出一份奉諫草案，對洋風彌漫日本表示憂慮，並分析其原因，建議政府出面加以控制：

> 「今豐國之民迷於形勢之因有三。一乃洋人渡朝以來舉洋教說洋語著洋服。……三乃……造石館石屋鐵橋鐵道。……我豐島雖小國，然自天孫開闢以來乃海外獨立之國也。……何須風俗與萬邦同。……觀豐國今之服飾，頭頂法蘭西之冠，身穿英格蘭之服，足蹈豐國之草履，肩荷西洋之槍。及至愚夫愚士斷髮者有之，……以便利自在為口辭。嗚呼悲哉。吾未聞因服之便不便而失天下者。」[118]

還有人對食牛肉、打洋傘、乘洋車的崇洋風習進行批判，反對唯西洋之馬首是瞻，提出：「就文明開化言之，西洋有西

---

[116] 劉天純：《日本現代化研究》，東方出版社1995年版，第120頁。

[117] 同注[51]，第266頁。

[118] 同上，第266—267頁。

洋之文明開化，日本有日本固有之文明開化。」[119]從上述言論看，傳統派對於洋風在日本的蔓延的確提出了批評，但這種批評並未觸及西方文明的真正弊端，多為一種無知和誤解，因此在社會上影響不大，幾乎被甚囂塵上的西化潮完全淹沒了，沒有出現中國洋務時期那樣劇烈的傳統與現代間的衝突。

第二階段主要是指明治二十年代至三十年代（1888—1898年），隨著「歐化」浪潮的不斷蔓延，日本國民的思想價值體系發生了混亂，社會各界人士開始對政府的歐化政策提出批評，概括起來說，這些批評可分為兩類：一是啓蒙思想家的批評。如福澤諭吉就曾尖銳地批評這種盲目崇洋風氣，寫道：

> 「近來我國在衣、食、住方面所流行的西洋方式，這能說是文明的象徵嗎？遇到剪髮男子，就應該稱他為文明人嗎？看到吃肉者，就應該稱他為開化的人嗎？這是絕對不可以的。又如在日本的城市仿建了洋房和鐵橋；中國也驟然要改革兵制，效法西洋建造巨艦，購買大炮，這些不顧國內情況而濫用財力的做法，是我一向反對的。」[120]

二是來自「國粹主義」和「日本主義」的批評。1888年4月，言論界人士宅雄二郎、杉浦重剛、井上元了、島地默雷、菊池熊太郎、志賀重昂等成立「政教社」，發行《日本人》刊物。翌年2月又創刊報紙《日本》，主要刊登謳歌國粹的文章，強調以日本式的道德教育來抗拒「歐化洋風」。同年1月，川合清丸、烏尾小彌太、山岡鐵太郎等組成「國教大道社」，出版《大道叢志》，尊奉神儒佛三教為一體的大道為國教。1890年5月，又成立「惟神學會」，出版《隨在天神》。

在美術界，保存國粹的思潮也成為輿論界的焦點。1888

---

[119] 同注 [76]，第135頁。

[120] 福澤諭吉：《文明論概略》，商務印書館1992年版，第12頁。

年，宮內省設置臨時全國文物保護局，由九鬼隆一任局長。1890年，爲獎勵日本藝術，在宮內省設立了「帝室技藝員制度」，主要從事保護日本傳統美術作品工作。在民間，1890年，創辦了美術雜誌《國華》，介紹東洋美術作品的特色、技法，借以抗拒洋畫的衝擊。

值得注意的是，這一時期勃興的「國粹主義」思潮與幕末的攘夷排外論已不可同日而語，據日本學者家永三郎分析：幕末攘夷派的立場是保守的、鎖國的，未邁出封建社會封建思想一步，而此時期的「國粹主義」的立場則是積極的、進取的。這從國粹主義者的言論中即可略見端倪：

如《日本人》雜誌第2號載文闡明該雜誌的辦刊宗旨時，寫道：

> 「今有一黨之高論吾輩不取贊同。吾輩稱該黨之旨意爲『塗抹旨意』。何謂。『塗抹旨意』？蓋不以泰西開化之營養物咀嚼之消化之，使之同化於日本國土之身體，只以之虛飾塗抹日本之表面是也。爲博白種人一顧而大興不急之土木，行不生產之事業，新造以虛飾唯上之壯宏華麗之建築，修理無用之道路，學習舞蹈，推獎化裝舞會，此等策略豈非塗抹旨意！……借問：卿等欲效假扮孔雀之鴉乎？或學另一種鴉——不以天生之鴉爲滿足，銳意改良自己內部，使骨骼強勁、筋肉豐肥、羽翼輕快、以圖雄飛四方？」㉑

同時期《日本主義》第1號也刊載題爲〈日本主義發刊之主意〉的社論，寫道：

> 「近來外來潮流其勢愈加澎湃，當此之際，世人昏亂眩迷，失其立足之地，皆不知以自主獨立精神使外來物同

㉑ 同注㉕，第272頁。

化於我。只知等待被彼感化。若如此，國民將一而二、二而三地背離團體，最終危及國家基礎。」[122]

由此觀之，勃興於明治中期的新國粹主義者，並不反對學習攝取西方文化，而是反對以「虛飾塗抹」的形式來學習西方，力主在強勁的「歐化風潮」衝擊面前，保持日本傳統精神，以免「失其立足之地」，危及國家基礎。這實際上是主張在日本傳統文化和西洋現代文化之間保持必要的張力，走「和洋折衷化」的道路。

---

[122]　同上，第273頁。

第 五 章
傳統文化與現代化

　　在人類歷史發展的長河中，20世紀上半葉堪稱是「百年銳於千載」的歷史大時代。在這50多年的時間裡，人類完成了自地理大發現、工業革命開始後的世界一件化進程。古來「雞犬之聲相聞，民至老死不相往來」的局面永遠成為歷史。各區域文明開始空前地接觸和交流，構成了人類文明蔚為壯觀的圖景。在世界一體化的歷史大背景之下，人類征服自然的能力大大地提高了。但伴隨著資本主義文明的發展和進步，人類也蒙受了前所未有的歷史災難。這主要表現為兩次世界大戰的爆發，它幾乎將全球大部分人類捲入戰爭的漩渦，使繁盛一時的西洋文明化為悲涼的瓦礫場。用美國史學家斯塔夫里阿諾斯的話來說，就是：「在某種意義上說，20世紀歷史的進程意味著西方的衰落。倫敦、巴黎和柏林不再左右世界的新聞。它們也不再控制世界上的帝國。」[①]

　　以兩次世界大戰為標誌的資本主義世界深刻的經濟、政治危機，不僅給人類以空前的浩劫，也對中日等東方國家攝取西方文明的歷史進程產生了深遠的歷史影響。在擁有古老歷史文化的中華帝國版圖上，中西文化的衝突和融合進入了一個新的階段。首先，以1915年《青年雜誌》創刊為標誌，陳獨秀、李

① 　斯塔夫里阿諾斯：《全球通史》下冊，上海社會科學院出版社1992年版，第876頁。

243

第五章　傳統文化與現代化

大釗等激進的資產階級民主主義者，高舉「民主」與「科學」的旗幟，將中國的西方式現代化運動推到了「精神文化」這一最爲深刻的步驟，當時他們最爲推崇的是「法蘭西現代化模式」。然而，隨著對巴黎和會希望的幻滅和五四新文化運動的深入發展，這些「先進的中國人」卻產生了對西方資本主義文明的一種強烈的懷疑和失望心理，並率先對中國現代化的西方摹本提出了懷疑，轉而向蘇俄學習，這是19世紀中葉以來中國精英人物攝取西方文明，實現現代化最重要的轉變，後來的歷史發展證明，它改寫了20世紀中國歷史發展的進程。

與中國知識精英政治價值取向發生重大轉折的同時，在思想界地出現了文化激進主義、自由主義和保守主義三足鼎立的局面，其三者間的論爭與社會主義思潮間的論戰交織在一起，構成了現代中國思想發展演化的主線。圍繞著中西文化問題，先後發生了「問題與主義論爭」、「東西文化論爭」、「科學與人生觀論戰」、「全盤西化與中國本位文化論爭」等論戰，自19世紀中葉以來勃興的中西文化大討論終於深入到終極價值層面。在某種意義上可以說這種爲時甚久的中西文化間劇烈的衝突和碰撞，是中國走出中世紀，邁向現代工業社會進程中獨有的文化景觀，值得我們認眞分析研究。

而在同時期的日本，雖然在一戰後又出現了一個「洋化」熱潮，但其發展勢頭並不恆久。相反，另一種打著國家主義和民族主義旗號的文化排外主義思潮卻愈演愈烈，最終演化爲法西斯主義，它排斥西方議會政體和西方民主義化，力主對外侵略擴張，將日本引向了罪惡的戰爭深淵，應該說這是對明治維新以來攝取西方文明的一種反動。

而第二次世界大戰後，美蘇兩大陣營的對峙對中日兩國的攝取西方文化產生了深遠的影響。日本巧妙地利用了戰後國際

形勢演化的新格局，實現了「第二次開國」，以最快的速度重返世界舞台，並利用美國的技術和資金，把握朝鮮戰爭的天賜良機，迅速使業已崩潰的經濟走向復蘇，爲日本60年代的經濟崛起準備了條件。而中國共產黨人雖然在新中國成立前後也提出了利用外資的對外開放思想，但在兩大陣營對峙的形勢下，新中國必須採取「一邊倒」的政治外交戰略，才能更有力地回擊帝國主義的扼殺。因而，在當時的歷史條件下，新中國對外開放的條件尙不具備，這決定了新中國的現代化之路必定更加曲折、坎坷。

一、兩次世界大戰期間

　　考察兩次世界大戰期間中日兩國攝取西方文化的歷史進程，有兩個值得特別注意的發展演化趨向，其一是在中國思想界出現了空前激烈的東西文化大論戰。衆多思想精英在反思16世紀以來中西文化接觸、交融的歷史教訓的基礎上，圍繞著「東西文化的異同優劣」、「東西文化能否調和」、「世界大戰後中國應採用何種文化」等問題，展開了激烈的論爭，這標誌著近代中國思想界已經超越了「器物」和「制度」層面，開始意識到中國與歐美資本主義列強間在「文化」層面也存在著較大的差距，中國要想實現資本主義現代化，除了攝取西方以「堅船利炮」爲代表的機器文明和以「議會民主制」爲象徵的民主政治制度外，還必須經歷一場劇烈的文化變遷。針對上述問題，中國思想界發生了劇烈分化，出現了文化激進主義、自由主義和保守主義三足鼎立的局面。衆多不同的思想流派相激相蕩，爭論不休，推動了近代中國認識西方的發展進程，應該說，這體現了中國攝取西方文化獨特的發展規律。

其二是自20年代起，在日本社會上興起了一股打著「國家主義」、「民族主義」旗號，以排斥外來文化爲特徵的反動思潮，最終演化爲法西斯主義，使日本走上了侵略擴張的道路，導致了1945年的悲劇。

從歷史上看，上述兩股思潮對中日兩國的現代化發展進程及20世紀的歷史抉擇產生了決定性影響，是研究現代中國和日本的重要內容。

(一)中國：東西文化論爭

20世紀20、30十年代，是近代中國攝取西方文化，並借以推進民族國家走向現代化最具決定性意義的歷史時期。在這段時間裡，近代中國的精英人物將攝取西方文化問題上升到東西文明比較研究的高度，在對19世紀中葉以來中西文化關係批判反思的基礎之上，展開了一場著名的「東西文化論爭」，並據此設計了中國走向現代化的發展道路，這標誌著中華民族的文化反省已經達到了空前的高度。從文化攝取角度分析考察，我們會發現，這場論爭對文化攝取的若干不能回避的問題進行了深層次的探討。

1.東西文化的異同優劣

五四時期文化思想界的這場「東西文化論爭」是以東西文化異同優劣的比較探討拉開序幕的。1915年12月，陳獨秀率先在《青年雜誌》上發表了〈東西民族根本思想之差異〉一文，從三個方面論證了東西民族根本思想之差異：

(1)西洋民族以戰爭爲本位，東洋民族以安息爲本位。……西洋民族性，惡侮辱，寧鬥死；東洋民族性，惡鬥死，寧忍辱。民族而具如斯卑劣無恥之根性，尚有何等顏面，高談禮教文明而不羞愧！

(2)西洋民族以個人為本位，東洋民族以家族為本位。……宗法制度之惡果，蓋有四焉：一曰損壞個人獨立自尊之人格；一曰窒礙個人意思之自由；一曰剝奪個人法律上平等之權利；一曰養成依賴性，戕賊個人之生產力。東洋民族社會中種種卑劣不法、慘酷衰微之象，皆以此四者為之因。欲轉善因，是在以個人本位主義，易家族本位主義。

(3)西洋民族以法治為本位，以實利為本位；東洋民族以感情為本位，以虛文為本位。[2]

在這裡，陳獨秀繼承了戊戌時期啟蒙思想家嚴復的「中西文化現」，認為思想文化上的差異是東西方社會制度不同的根源。透過那頗帶感情的文字，可以看出陳氏的本意是頌揚「進取的」、「個人的」、「法治的」西方文明，抨擊「安息的」、「家族的」、「感情的」東方文明，這反映了激進資產階級民主主義者對東西文明的看法，即認為中國社會的改造，歸根到底是思想文化的改造。我們必須以西洋文明為準繩，實現「倫理的覺悟」。[3]

在陳獨秀的文章發表後不久，《東方雜誌》主編杜亞泉在1916年10月，以「傖父」作筆名發表了〈靜的文明和動的文明〉，提出了與陳獨秀針鋒相對的觀點。他以為東西文明「乃性質之異，而非程度之差」，這些差異主要表現在：西洋社會注重人為，而中國則注重自然；西洋人的生活是向外的，中國人的生活是向內的；西洋社會內，有種種之團體，中國社會無團體；西洋崇拜競爭之勝利，視勝利為最重，而道德次之，中

---

[2] 陳獨秀：〈東西民族根本思想之差異〉，《陳獨秀文章選編》上，三聯書店，第97－99頁。
[3] 陳獨秀：〈吾人之最後覺悟〉，《獨秀文存》，第41頁。

國則崇尚與世無爭，視勝利為道德之障害；西洋社會以戰爭為常態，和平為變態，而中國以和平為常態，戰爭為變態。

杜亞泉在描述了中西社會存在的種種差異之後，以為中西文明之所以存在上述差異，主要是因為「西洋社會為動的社會，我國社會為靜的社會。由動的社會，發生動的文明，由靜的社會，發生靜的文明」。兩種文明「各現特殊之景趣與色彩」。靜的文明具有「田野的景趣」，「恬淡的色彩」，而動的文明則帶有「都市的景趣」，「繁複的色彩」。杜氏雖然對「動的文明」沒有親身體驗，但對其產生的厭惡之感卻是溢於言表：「吾人之羨慕西洋文明者，猶之農夫牧子偶歷都市見車馬之喧鬧，貨物之充積，士女之都麗，服御之豪侈，目眩神迷，欲置身其中以為樂，而不知彼都人士方疾首蹙額，焦心苦慮於子矛我盾之中，作出死入生之計乎。」[④] 可見杜氏得出的結論是，西洋動的文明存在著諸多弊端，要靠中國固有的靜的文明來救濟，而中國固有的靜的文明，則因係代表多數人之文明，而具有無比優越的價值，所以不必效法西洋動的文明。

繼陳獨秀和杜亞泉的文章發表後，李大釗也撰寫〈東西文明根本之異點〉一文，參加論爭。他以為東洋文明同西洋文明相比有如下八大弊端：(1)厭世的人生觀不適於宇宙進化之理法；(2)惰性太重；(3)不尊重個性之權威與勢力；(4)階級的精神，視個人僅為一較大單位中不完全之部分，部分之生存價值全為單位所吞沒；(5)對於婦人之輕侮；(6)同情心之缺乏；(7)神權之偏重；(8)專制主義之盛行。因此「中國文明之疾病已達

---

④　傖父：〈靜的文明和動的文明〉，《東方雜誌》第13卷，1916年10月10日。

⑤　李大釗：〈東西文明根本之異點〉，《言治》季刊第3冊，1918年7月。

炎熱最高之度，中國民族之運命已臻奄奄垂死之期，此實無容諱言」。[5] 李大釗力主中國應「竭力以受西洋文明之特長，以濟吾靜止文明之窮」，[6]他聲援陳獨秀的激進主張，倡導學習西方文明，從根本上改造中國傳統社會。

與李大釗的態度相反，辜鴻銘則撰寫〈春秋大義〉一文，積極響應杜亞泉的保守主義觀點，反對中國學習移植西洋文明，他說：「中國之文化為完全，較之歐洲文化，著為優良」，「歐人於精神問題上，即唯一之重大問題，非學我等中國人不可；否則諸君之全文化，不日必將瓦解。諸君之文化不合於用，蓋諸君之文化基於物質主義及恐怖與貪慾者也。至醇至聖之孔子當有支配全世界之時。彼示人以達於高潔深玄禮讓幸福之唯一可能之道，故諸君當棄其錯誤之世界觀而採用中國之世界觀。此諸君唯一救濟法也。」[7]

從表面上看，上述論爭似乎只是從文化道德領域比較中西文明的優劣異同，僅為學理之爭。但如果我們把這場論爭放在近代中國學習攝取西方文明的歷史進程中加以分析評價的話，可以看出上述論爭實際上是19世紀中葉以來國人攝取西方文化的階段性總結，它標誌著中國人在學習西方文明的道路上已經擺脫了簡單的「器物模仿」和「制度移植」階段，已開始從理性高度探討東西文明優劣，以制定文明移植的新戰略。

2.東西文明調和論

1919年下半年，正當文化激進主義者與保守主義者激烈論爭、對壘之時，以章士釗為代表的文化守成主義者又提出了「東西文化調和論」，將東西文化論戰引向一個新的階段。

1919年9月，章士釗在寰球中國學生會上發表題為〈新時

---

⑥　同上。

⑦　轉引自《近代中國社會思潮》第3卷，第325頁。

代之青年〉的演說，指出：「宇宙之進步，如兩圓合體，逐漸分離，乃移行的而非超越的。」「調和者，社會進化至精之義也。社會無日不在進化之中，即社會上之利益希望情感嗜好，無日不在調和之中。故今日之為青年者，無論政治方面，學術或道德方面，亦盡心於調和之道而已」。[8]上文中所謂「移行的」，是指世間萬物，無論進化到何種階段，都是「新舊雜糅」的，而絕非絕對的「超越」。在章氏看來，無論是宇宙的進化，還是人類社會的變化，其新舊時代連綿相承，不可劃出明確分界。青年們唯一正確的態度是「盡心於調和之道而已。」他告誡青年學子們，應時時處處注意「調和」、「保舊」。他說：「凡欲前進，必先自立於根基。舊者，根基也。不有舊，決不有新；不善於保舊，決不能迎新；不迎新之弊，止於不進化；不善保舊之弊，則幾於自殺。」由此，「新機不可滯，舊德亦不可忌，挹彼注此，逐漸改善，新舊相銜，斯成調和」。章氏由此系統地提出了「東西文明調和論」。

事實上，早在五四新文化運動初期，即有人提出「東西文化調和」問題，但真正將此觀點理論化、系統化的，還應首推章士釗的上述演說。章氏的演說發表後，杜亞泉、陳嘉異等人紛紛撰文呼應，一時間影響頗大。

面對「調和論」的挑戰，以《新青年》為代表的文化激進主義者起而反駁。陳獨秀在〈答佩釗青年「孔教」〉一文中指出：「吾人倘以新輸入之歐化為是，則不得不以舊有之孔教為非；倘以舊有之孔教為是，則不得不以新輸入之歐化為非，新舊之間絕無調和兩存之餘地。吾只得任取其一。」從而表明了學習西方文明，改造中國社會的堅定決心。當時任《時事新報》

---

⑧ 章士釗：〈新時代之青年〉，《東方雜誌》第16卷第11號，1919年11月。

總編的張東蓀也發表題爲〈突變與潛變〉一文，從辯證法角度反駁了章士釗的「調和」論，他認爲在生物進化和社會進化中，不僅存在「潛變」，而且還常常出現「突變」現象。他在文章中寫道：「生物的進化是如此，社會的進化也是如此。在一個社會中，表面上沒有變化，而裡面不能沒有變的種子。這個種子漸漸多了，一旦爆發，便變了一個新社會了。所以我說只有突變與潛變，而沒有移行。譬如我們鼓吹新思想便是創造潛變（即下變的種子），決不能與舊的調和，一調和了，便產不出變化，等到我們新思想成熟，那突變就可發生了，所以潛變是不能調和的，調和潛變便是消滅潛變。」[9]「一經調和，那未成熟的新思想便被消滅了」，「改造的動因」也就消滅了。[10]

此時期已經對馬克思主義有初步研究的李大釗積極參加了論爭，他連續撰寫了〈物質變動與道德變動〉、〈由經濟上解釋中國近代思想變動的原因〉等文章，指出：道德的性質和狀況必然與經濟的性質與發展程度相適應，經濟變動是道德變動的根本原因。「道德既是社會的本能，那就適應生活的變動，隨著社會的需要，因時因地而有變動，一代聖賢的經訓格言，斷斷不是萬世不變的法則。」「新道德既是隨著生活的狀態和社會的要求發生的，就是隨著物質的變動而有變動的，那麼物質若是開新，道德亦必跟著開新，物質若是復舊，道德亦必跟著復舊。因爲物質與精神原是一體，斷無自相矛盾、自相背馳的道理。」[11]論證了中國新思想、新文化代替舊思想、舊文化

---

⑨　張東蓀：〈突變與潛變〉，《時事新報》1919年10月1日。

⑩　張東蓀：〈答章行嚴君〉，《時事新報》1919年10月12日。

⑪　李大釗：〈物質變動與道德變動〉，《新潮》第2卷第2號，1919年12月1日。

的客觀必然性。

從表面上看，五四時期思想文化界關於「東西文化能否調和」問題的爭論，似乎只是學理之爭，但實際上它標誌著中國文化思想精英對於東方文明和西方文明認識的深化，它爲20世紀20年代後中西文明的交融準備了思想條件。

3.對西方資本主義文明的批判

在五四新文化運動中後期，思想文化界興起了一股強勁的批判西方資本主義文明的浪潮。這主要是因爲經過第一次世界大戰，資本主義世界已經陷入嚴重的危機，戰勝國和戰敗國兩敗俱傷，昔日高度繁盛的西洋工業文明頃刻間變成一片廢墟和瓦礫場，於是在東方和西方同時出現了「資本主義文明破產論」。無論是文化保守論者，還是文化激進主義者，都從自己特定的角度出發，直率地表達出對西方資本主義文明的懷疑和批判。

1920年，梁啓超在遊歷了一戰後瘡痍滿目的歐洲之後返回中國，整理了他耳聞目睹的西歐觀感，發表了〈歐遊心影錄〉一文，在文章中他用自己「常帶感情」的筆端描述了戰後西方人淒惶、失望、不安的複雜心態，斷言西方憑借科學建立起來的物質文明已經破產，只有中國傳統文化才能拯救歐洲。梁氏的上述預言，實際上正是第一次世界大戰和十月革命後歐洲資產階級淒惶不安的悲觀情緒在其文章中的折射。他主張以中國古代文明爲主體，吸收一些西方文明，構成新的文明。並幻想用這種「新文明」去拯救西方行將破產的物質文明。

1921年1月，陳嘉異發表〈東方文化與吾人之大任〉一文，明確宣布自己是東方文化的崇拜者，反對一切讚揚西方文化及融合東西文明的觀點，他以爲東方文化具有西方文化所不具備的優點，將來的世界文化必然是我們的東方文化。

與梁啓超、陳嘉異對西方資本主義文明懷疑批判的言論相比，更具影響力和震撼力的著作是梁漱溟在1921年秋出版的《東西文化及其哲學》一書。梁漱溟代表著持守舊立場的人士，從文化淵源、人生哲學的角度對新文化運動進行了理論上的總清算。此書的基本論點是：歐洲文化、中國文化、印度文化，分屬於三種完全不同的「路向」。歐洲的路向是「以意欲向前要求爲根本精神的」；中國的路向是「以意欲自爲調和持中爲其根本精神的」；印度的路向是「以意欲反身向後要求爲其根本精神的」。[12] 在上述「三路向」劃分的基礎上，梁漱溟斷言這三種「路向」的不同，實際上是三種文化的不同，其間並沒有什麼先進落後之別。而凡人類文明發展演進的歷史進程上看，在西洋哲學基礎上建立的西方文化，因科學發達、物質進步，現時已經暴露出衆多弊端，其人生哲學已經走到末路，整個西方文化已經到了非改弦更張不可的地步，可見西洋的路向已經走不通了。而以「意欲反身向後」爲根本精神的印度文明時代又沒有到來，因此，時下人類文化發展的必然趨勢是由第一路向過渡到第二路向，西方文化要想擺脫危機，就必須走中國文化的道路。在《東西文化及其哲學》一書的序言裡，梁漱溟寫道：「看著西洋人可憐，他們當此物質的疲敝，要想得精神的恢復，而他們所謂精神又不過是希伯來那點東西，左衝右突，不出此圈，眞是所謂未聞大道，我不應當導他們於孔子這一條路來嗎！我又看見中國人蹈襲西方的淺薄……我不應當導他們於至好至美的孔子路上來嗎？」[13] 很顯然，梁漱溟批判

---

[12]　陳崧：《五四前後東西文化問題論戰文選》，中國社會科學出版社，第422－423頁。

[13]　梁漱溟：〈《東西文化及其哲學》自序〉，《梁漱溟全集》第一卷，山東人民出版社1989年版，第543－544頁。

第五章　傳統文化與現代化

西洋文明的視角是極為獨特的，他通過「文化三路向」的理論圖式，向世人宣告，西洋文明已經走到了盡頭，而中國文化復興的時代已經到來。由於梁氏的批判論是建立在精緻的思維、系統的構架和哲理辨析的基礎之上，因而其理論在當時的中國產生了極強的震撼力。

在「五四」東西文化論戰的第三階段，除了以梁啓超、梁漱溟為代表的文化保守主義者對西方資本主義文明提出批判之外，以陳獨秀、李大釗、瞿秋白為代表的中國第一批馬克思主義者對西方資本主義文明的批判更加堅定徹底。其中以瞿秋白的〈東方文化與世界革命〉、〈現代文明的問題與社會主義〉等文章最具代表性。在文章中，他運用歷史唯物主義觀點指出：「東西文化的差異，其實不過是時間上的。」「西方文化，現已經資本主義至帝國主義，而東方文化還停滯於宗法社會及封建制度之間」，[⑭]西方文明儘管在20世紀已百病叢生，但與封建宗法時代的文明相比，「這種技術文明還是包含更多的科學成分。」[⑮]但與社會主義相比，二者則都應摒棄。他斷言：由於資本主義文明百病叢生，文明問題「就已經不單在書本上討論，而且有無產階級的社會主義運動實際上來求解決了」。而且這個偉大的運動將徹底改變人類社會生活，創造一個新的社會主義文明，「社會主義的文明是熱烈的鬥爭和光明的勞動所能得到的。……那不但是自由的世界，而且還是正義的世界；不但是正義的世界，而且還是眞美的世界！」[⑯]雖然

---

⑭　瞿秋白：〈東方文化與世界革命〉，《中國現代思想史資料簡編》第二卷，第380—381頁。

⑮　瞿秋白：〈現代文明的問題與社會主義〉，《東方雜誌》第21卷第1號。

⑯　同上。

瞿秋白對封建主義和資本主義的批判並不深入全面,存在著一定程度的片面性,但他終究運用歷史唯物主義這一犀利的思想武器,試圖對人類文明的發展演進規律做出深層次的闡釋。同時,他把對資本主義的批判與社會主義革命結合起來,敲響了社會主義革命嘹亮的晨鐘,達到了當時歷史條件下所能達到的深度。

五四時期文化思想精英對資本主義工業文明的激烈批判,對中國攝取西方文化產生了重大的影響。在新文化運動發軔之時,陳獨秀等激進的資產階級民主主義者是以法蘭西模式為榜樣來改造中國社會的,他們以人權說作武器,要求仿效法、美等國的資產階級革命,實現中國的民主共和。他們堅信:「美利堅力戰八年而獨立,法蘭西流血數十載而成共和,此皆吾民之師資。」[17] 但是,經過第一次世界大戰和十月革命的勝利,尤其是經過五四運動的洗禮之後,以陳獨秀、李大釗為代表的激進的民主主義者開始認識到強盜世界的侵略掠奪本質,開始放棄對資本主義的幻想,起而對西方資本主義文明進行激烈批判。與此同時,他們將目光投向北方的蘇俄,開始研究、接受馬克思主義,用社會主義方案來改造中國社會。這是中國近現代歷史發展演化進程中最具決定性意義的一次思想轉變。

(二)日本:法西斯主義對西方文明的反動

如前所述,從19世紀60年代末葉開始,日本明治政府在「脫亞入歐」的口號下,發起了以西方現代工業文明為樣板的現代化運動。在一浪高過一浪的「西化」浪潮中,日本巧妙地擺脫了嚴重的民族危機,完成了資本主義現代化,躋身於世界資本主義列強之列。但值得注意的是,日本新興的資本主義是

⑰　〈抵抗力〉,載《青年》第1卷第3號。

和天皇制軍國主義緊密結合的日本式資本主義。明治維新後的日本雖然在政治、經濟、文化領域都發生了前所未有的變化，使日本人擁有了機器文明、西裝、議會等西方文明的要素，然而，日本從西方搬來的只是一個資本主義的外殼，明治現代化的成功只不過是西洋技術與大和民族精神相結合的產物，封建主義的「遺傳基因」深深地滲入了日本資本主義的社會政治結構中，使日本資本主義現代化行程中埋藏著重大的隱患。1938年胡適在一篇用英文撰寫的題爲〈中國與日本的現代化運動——文化衝突的比較研究〉一文中，深刻地分析了日本現代化進程中存在著的「火山爆發的深重危險」，他寫道：

> 「日本的現代化並非沒有很重大的不利之處。日本領導人在較早時期實現這一急速的轉變，他們之中的最有遠見者也只能看到與理解西方文明的某些表相。他們處心積慮要保存自己的民族遺產，加強國家與皇朝對人民的控制，因而小心翼翼地保護日本傳統的大量成分，使之不致受到新文明的觸染。人爲地採用好戰的現代化的強硬外殼來保護大量中世紀傳統文化，在這其中不少東西具有原始性，孕育著火山爆發的深重危險。」[⑱]

從日本歷史上看，胡適上面所揭示的那種「隱患」，早在明治維新以來即已廣泛地存在，表現在思想文化領域，明治初期，社會上就有保守勢力極力反對攝取歐美先進的工業文明，以爲「歐化」浪潮將使「皇國被洋夷化，無君無父，上下混亂，日本勢必淪爲妖邪腥膻，亂臣賊子之域」。[⑲]這些保守勢力還警告說，模仿是「末開化人民的共同性情」，若走入極

---

⑱　轉引自羅榮渠：《現代化新論續篇》，北京大學出版社1997年版，第74頁。

⑲　《明治初期經濟史研究》第1部，岩松堂書店1937年版，第3頁。

端，日本就會變成「劣等的歐美人」。[20]他們還大力宣傳保存國粹來對抗「歐化主義」，呼籲「如果認爲我國勢力已經足以保護今天國家和人民的安全，我們就可以鼓腹擊壤，歌頌太平而生死於柳暗花明之處了吧。這種觀念如果得到肯定的回答，那麼國家的夭亡就將肇始於此了」；「擴張軍備不可不愈益加強。」[21]上述這些打著「日本主義」、「國家主義」旗號的思想後來成爲日本法西斯主義思想形成的基礎。

第一次世界大戰後，當歐洲主要資本主義國家上空出現法西斯主義幽靈的同時，日本也以1919年北一輝等成立「猶存會」爲開端，出現了法西斯團體，法西斯主義在日本列島迅速蔓延。

1919年，以巴黎和會外交失敗爲導火線，中國掀起了反帝愛國的五四運動。當時居留中國參加革命的日本人北一輝目睹了「如雲霞怒濤之排日群眾」運動，其思想迅速向右轉，在經過一個多月的煩惱之後，他決心返回日本：

> 「我決心告別十餘年間參與的中國革命的生活，返回日本。我看到，這十餘年同特別加速腐敗墮落的我國，若繼續這樣下去而不加過問，則無論是對世界政策，還是對革政策或國內政策，都顯然要瀕於毀滅。……是啊，還是回日本去。讓日本之魂從底層翻騰起來，來擔當日本自身的革命吧。那裡雖有形形色色之國內革命領袖在行動，但也必須提供形成革命帝國骨架之略圖。這樣，可防衛全亞洲七億人之『最後之封建城堡』，便可在太平洋岸之群島上築起革命之大帝國。」[22]

[20] 三宅雪嶺：〈假惡醜日本人〉，見《眞善美日本人》，講談社「學術文庫」1985年版，第138頁。
[21] 永田廣志：《日本哲學思想史》，商務印書館1983年版，第289頁。

以北一輝組織的「猶存會」為開端，各種法西斯團體在日本紛紛出現，主要有黑龍會、玄洋社、浪人會、老壯會、日本國家社會黨等。據統計，到1932年，各種法西斯組織達1965個。這些法西斯主義政團組織的主張雖有細微的差異，但在排斥西方資本主義文明，強調發揚「國體之精華」問題上卻是基本一致的，其主要主張有：

1.要求清除明治維新以來歐美文化在日本的影響，重現「皇國國體之精華」

20世紀20、30年代，隨著日本對外侵略戰爭的不斷升級和擴大，法西斯主義思想也甚囂塵上，表現在文化上，就是把日本社會的一切問題都歸咎於西學東漸的影響，要求清除明治維新以來歐美文化在日本的影響。如大正十三年（1924年）平沼騏一郎成立「國本社」，在成立宣言中即聲明：「惟國家之隆昌，民族之安榮，均係於國民精神之作興與智德之日進。維新以來雖人文大開，學藝益進，但放恣輕佻之風日盛，而質實剛健之氣日掃，奇驕過激之說排斥溫良恭讓之俗，世道日壞，人心益荒。追隨模仿之習大興，而獨立創始之氣絕跡。況頻年遭災，國財毀損，國力衰退，而欲思振作，必強國民精神之涵養，顯揚國體之精華。」[23]很多學者、官僚和軍部的高級軍官加入了國本社，其會員達20萬人，在全國分設107個支部，出版機關刊物《國本》及《國本新聞》。

1928年，由陸海軍軍官組成的「王師會」在成立宣言中大談歐美文化對日本的負面影響：

「日本精神之頹廢，與醉心歐美物質文明，唯物利

㉒　信夫清三郎：《日本政治史》第4卷，上海譯文出版社1988年版，第145頁。

㉓　崛幸雄：《右翼辭典》，三嶺書房1991年版，第225頁。

己、享樂主義跳梁跋扈不無關係。奢侈、浪費、淫靡、墮弱之風蔓延。宗教徒具形骸,教育趨於技藝之末,學者喪失批判創造之力,漸皆淪爲外國文明之奴隸。」[24]

1934年（昭和九年）7月22日,1500多名軍國主義分子集會於東京九段的軍人會館,成立「昭和神聖會」,在其發布的聲明中寫道:「方今國際狀況紛亂異常,皇國日本之前途孕含重大之危機,國內不安日益深刻,國民其歸趨迷失。惟是忘卻神聖天地大道及皇道精神,爲外來文物制度所侵毒。然今日覺醒者甚寡。」[25]

1937年（昭和十年）,軍部法西斯主義者掀起了「國體明徵」運動,強調發揚「國體之精華」。他們在貴族院通過的《政教刷新建議》中大談西方文化對日本國體的侵蝕破壞作用,該建議寫道:「方今人心浮動,流於輕佻詭激,爲使國家政教符合我皇國肇國之大義,政府須明徵國體之本義,基於我古來之國民精神,革除時弊,更強庶政,以匡救時艱,進展國運。」[26]

值得注意的是,1937年（昭和十二年）3月,作爲政府機構的日本文部省發布了《國體之本義》,其內容包括:第一章,大日本國體,一,肇國,二,聖德,三,臣德,四,和與誠;第二章,國史中國體的顯現,一,國史中一以貫之的精神,二,國土和國民生活,三,國民性,四,祭祀和道德,五,國民文化,六,政治、經濟、軍事,亦即以肇因乃神敕。全書呼應了法西斯軍國主義分子的要求,充溢著一股強烈的

────────────

[24] 《現代史資料‧國家主義運動》第3冊,米斯茲書房1974年版,第254頁。

[25] 同上,第290頁。

[26] 同上,第214頁。

「文化排外主義」的味道，認為日本現實社會的危機皆源自「歐化風潮」，必須對明治以來輸入的外來文化進行「醇化」，否則將危及國本。

2.反對資本主義議會政治

日本法西斯主義的「反議會主義」具有雙重涵義，其一，在否認民主議會政治體制的意義上，力主天皇政治和獨裁政治；其二，是反對以議會政治作為獲取政權手段的反議會主義，主張直接行動。

日本法西斯主義者反對資本主義議會制的理論根據是所謂「國家主義」。如在建國會的章程和宣言中就明確提出，以「個人主義」為本位的西方議會民主制不適合國家本位的日本的國情：

> 「法西斯主義是與國內個人主義相對立的國家主義運動。人類社會中組織最發達的是國家，與個人主義相對立的，不是社會主義，而是國家主義。……法西斯主義輕視代議政治而傾向專制主義，因為近世的代議政治是以自由主義即個人主義為主旨的。」[27]

他們還列舉議會政治的弊端，大肆鼓吹「政黨亡國論」。如「勤王聯盟」的佐藤清勝就專門列舉了議會政黨制的諸多弊端，主要有：(1)政黨政治的專制：政黨領袖的專制；黨員自由的束縛。(2)政黨政治的惡弊：選舉的干涉；政權之爭奪；賄賂公行；金權跋扈；擾亂司法權；黨利本位。(3)政黨政治的亡國性：以國家作為黨派的犧牲品；排斥賢良忠貞之士；助長奸曲譎詐行為；閣卻國家大計；破壞國民道德；大權下移；黨派間鬥爭釀成國家禍亂。[28]

㉗　同上，第27頁。
㉘　同上，第28頁。

日本法西斯主義分子以爲：鑒於政黨政治的上述弊端，這種政治體制非但不能救國，反而會導致「亡國」。

　　1937年7月日本軍國主義者發動全面侵華戰爭後，一些右翼傾向的知識分子也紛紛發表演講，撰寫文章，抨擊西方議會民主制。如當時被奉爲東洋倫理學泰斗的廣島文理大學教授西晉一郎，就曾圍繞著「日本國體」問題發表了演講，他說：「憲法三百，民法三千，一言以蔽之，曰天皇愛民」，憲法是「天皇愛民之德的顯露」，「我國有君權而無民權。」[29]這樣就將國民之權利完全統攝於君權之中了。在文部省頒布的《國體之本義》中，還認爲「我等臣民與西洋諸國之所謂人民具有完全不同的性質」，西洋諸國是「統治服從、權利義務的相對關係」，是建立在個人主義基礎之上的。而日本的「天皇和臣民之間的關係不是強制的權力服從關係」，「我等（指臣民）生來就是侍奉天皇，行皇國之道的人」，「對天皇要絕對服從」。以往的民主憲政學說最大的謬誤，就是把西洋的「人民」與日本的「臣民」同視爲一種類型。[30]「西洋諸國的根本思想是個人主義、自由主義」，我國（日本）國民性的特色則是「沒我、無私的精神」，「所謂沒我的精神，就是否定小我，生成自然的大我。個人本來就不是與國家孤立的，個人是國家之分擔者」。[31]上述主張在否認國民基本權利，否認國民自由選擇的基礎上，進而不承認議會民主制在日本有其建立的現實基礎。

---

[29]　早稻田大學社會科學研究所：《日本的法西斯主義——戰爭與國民》，早稻田大學1974年出版，第4頁。

[30]　同上，第6頁。

[31]　同上。

3.反對西方資本主義經濟制度

明治維新以來，日本在「殖產興業」過程中學習攝取西方文明的一個最突出的特點是，不僅從西方先進的資本主義工業國家輸入科學技術和機器設備，同時也移植與之相適應的一整套資本主義經營制度。正是將西方這種「有形」的器物與「無形」的經濟制度結爲一體學習到手，才使得日本能在較短的時間內實現由傳統農業社會向現代工業社會的轉變。而進入20世紀20、30年代，日本各種法西斯主義流派紛紛在反對個人主義、自由主義、營利主義的口號下，大力抨擊資本主義經濟制度，表現出激烈的反資本主義傾向。總體觀之，在日本反資本主義的浪潮中，主要有「國家社會主義」、「協同（體）主義」、「純正日本皇道主義」、「農本自治主義」等派別。

(1)國家社會主義派

國家社會主義派在國家主義陣營中反對資本主義態度最爲激烈。他們把貧富懸殊、勞動條件低下、階級鬥爭激化、中小工商業者的沒落、政黨的腐敗、國民文化的頹廢等，統統歸咎於資本主義經濟制度。他們對自己的政治主張並不隱諱，明確提出：

> 「今日社會上被稱作法西斯的主要有兩個流派。就根本上言之，一派根本肯定資本主義，一派根本否定資本主義。前者即我們之外的法西斯主義，後者則是我們。究其本原，前者是『國家資本主義』，後者則是『國家社會主義』。」[32]

雖然國家社會主義者在反對資本主義時打出的是「社會主義」旗號，但究其實質，不過是法西斯主義的一種類型而已。

---

[32]　同注[24]，第39頁。

(2)協同（體）主義派

所謂「協同主義」，就是反對西方資本主義經濟制度中的「經濟第一主義」、「資本策一主義」和「利潤追求第一主義」，主張還原日本傳統的「生命奉還」、「經濟奉還」精神，並舉這種精神爲國家經濟之第一要義。

(3)純正日本皇道主義派

純正日本皇道主義派主要是以日本傳統的「一君萬民」、「一國一家族」的精神，來反對西方資本主義的個人主義、自由主義、營利主義，認爲「一國一家族」的日本主義與西方資本主義的個人主義精神形同冰炭，完全不能相容。如神武會在闡述其宗旨時說：「我等回顧三千年光輝歷史，確知我國一以貫之的傳統是一君萬民主義。……故不變革與我國王道精神相悖繆的營利本位主義，就不可能建設新日本。然以此改革望諸腐敗之統治階級，眞如黃河變清，緣木求魚之難。」[33]

(4)農本自治主義派

農本自治主義派強調自給自足的農村與大工業城市的對立，主張將近代的大社會還原爲自給自足的小社會。亦即主張自治的農村不僅享有政治上的自治權，而且在經濟上，共同體的全體成員從生活上必要的一切生產資料，到消費的全過程均由共同體負責。農本自治主義派之所以提出上述主張，是因爲「明治以降，歐洲發生的工商中心的營利主義輸入我國，迅速泛濫，侵犯農村，破壞鄉村傳統經濟機構，剝奪了農村的農產品加工權和配給權，使農產品商品化」，[34] 使日本農村陷於動蕩之中。而要想解決這一問題，必須全面清除西洋資本主義的工商中心論，回歸到充斥著東洋精神文明的農村新社會。

---

[33]　同上，第40頁。

[34]　同上，第40頁。

4.反對西洋資本主義教育制度

明治維新以來，日本政府先後頒布了《學制令》（1872年）、《教育令》（1879年）、《改正教育令》（1880年）、《實業學校令》等一系列教育法令，以西洋教育體制爲目標，建立起先進的近代學制和結構嚴密的近代學校網絡，爲近代日本的迅速崛起提供了智力支持和人才保證。戰後日本政府在總結19世紀60年代以來成功經驗即認爲：「明治以來，我國社會、經濟的急速發展，尤其是戰後驚人的經濟增長，爲世界所矚目。而導致這種發展和增長的重要原因，就是教育的普及和發達。」[35]

但由於明治維新的不徹底性，使得日本教育近代化過程中始終存在著「歐化主義教育」與「日本主義教育」間劇烈的衝突。明治政府時期曾頒布《教學大旨》（1879年）、《集會條例》（1880年）、《小學教則綱要》（1881年）、《學校令》（1886年）、《教育敕語》（1890年）等敕令。其中，直到1890年《教育敕語》頒布後，「歐化主義教育」和「日本主義教育」間的衝突才基本告一段落，自此，日本確立了軍國主義教育體制。到20世紀30年代，伴隨著日本軍國主義對外侵略戰爭的進程，這種軍國主義教育體制達到了登峰造極的地步。

1937年7月，日本發動全面侵華的盧溝橋事變。爲適應長期侵略戰爭的需要，日本政府將教育完全納入戰時體制軌道。從1941年開始，又實施國民學校制度，這標誌著明治時代以來天皇制教育的成熟完備。它完全排斥西方近代教育制度中的自由、民主和個性原則，完全否定了大正時期民間頗爲流行的自由主義教育模式。在規定「國民學校制度」的《國民學校令》的第一條中便寫道：「國民學校以皇國之道爲原則，實施初等

---

[35] 《日本的成長與教育》序。

普通教育，以鑄成國民基礎爲目的。」㊱它還規定，無論哪一科目的教育，其宗旨都在於「皇國國民」之培養。

而《皇國民基礎培養資質內容》則規定：(1)體認國民精神，擁有對國體確固的信念，有自覺地爲皇國獻身的使命感；(2)有透徹的理解能力和合理的創造精神，以貢獻於國運進展；(3)有剛健之身心和獻身奉公的實踐力；(4)有高雅的情操和藝術的、技能的表現力；(5)明確產業的國家意義，愛好勤勞，有職業報國的實踐力。爲了培養「皇國國民」，日本政府無視教育的本來意義，違背教育的基本價值，廢棄了以往的課程設置體系，改設皇民科、自然科、訓練科、職業科、體育科。當時國民學校所使用的教科書也充滿了濃厚的軍事色彩，在校園裡到處都書寫著「米鬼必殺」、「七生報國」、「神州不滅」等標語，校園幾乎變成了軍營。

二、戰後時代

1945年8月日本的戰敗投降，標誌著第二次世界大戰的結束，同時也宣告人類文明發展新時代的開始。在這一意義上，可以說1945年是20世紀人類文明史上最具決定性意義的分界線。

在戰後初期的時間裡，日本巧妙地利用了戰後的國際形勢，實現了「第二次開國」，如飢似渴地攝取外來文明，爲60年代日本「經濟奇蹟」的出現打下了堅實的基礎。而在中華人民共和國成立前後，以毛澤東爲代表的中國共產黨人也積極推進中國與世界的聯繫，試圖通過引進蘇聯以及西方技術和資金以實現中國的社會主義工業化。但是戰後美蘇對峙的國際形勢

㊱　同注㉙，第232頁。

第五章　傳統文化與現代化

格局，卻使中國不可能與西方資本主義世界建立正常的政治、經濟、文化聯繫，這決定了新中國的對外開放歷程更爲曲折、坎坷。

(一)日本：「第二次開國」

從1945年戰敗投降到60年代初這近20年的時間，是日本歷史上又一個具有決定性意義的歷史轉折時期。在這段時間裡，以聯合國名義進駐日本的美國占領當局，強制推行了政治、經濟、法律、教育等方面的改革，對日本民族向來引以自豪的「國體」進行了實質性的改造，由此結束了日本人戰時的「封閉」狀態。以美國爲代表的西方文化潮水般地湧入日本，形成了日本歷史上的「第二次開國」。

歷史發展演進的驚人相似之處在於，日本走出中世紀，邁向現代社會的兩次巨大的歷史轉折，都是以「開國」爲先導，在美國所帶來的「外壓」驅動下實現的。如前所述，1853年，美國海軍准將柏利率「黑船」來日本叩關，逼迫日本結束「鎖國時代」，走向開國，最終通過明治維新，擺脫了民族危機，走上了獨立發展資本主義的道路。而在「第二次開國」中充當主角的是聯合國軍總司令、美國人道格拉斯‧麥克阿瑟。不過，與柏利不同的是，麥克阿瑟並沒有挾令人恐怖的「黑船」來對日本施壓，而是以勝利者的身份乘坐飛機來到日本發號施令。

1.醉心美國文明

日本著名作家戶川豬佐武在《戰後日本紀實》一書中對麥克阿瑟元帥來日的影響有一段精彩的描寫，他認爲：「從麥克阿瑟踏上日本國土的那一時刻起，便注定了日本無論在地理、政治、經濟方面，還是在社會、風俗上，都將作爲美國的邊陲

度過爾後的若干歲月。」[37]「以8月15日爲界發生了根本變化的是人們的生存方式——社會道德、經濟、倫理或生活規範。因爲曾經支配這些觀念的權威、權力、制度、法律等，由於戰敗而在瞬間徹底崩潰了，賴以維護的傳統、道德、倫理、規範也隨之化爲烏有。」[38]

　　與「第一次開國」時代面對陌生的西洋文明所表現出來的惶恐感和好奇心一樣，戰後日本人起初對於美軍的占領極爲恐懼，東京、橫濱等地的居民提心吊膽，政府機關和公司也不讓女職員上班了，各家各戶囑咐女孩子們不要出門，也有的人逃到鄉下去了。但這種恐懼心理很快便有所緩解，「當日本人民認識到盟國的占領遠非他們想像得那樣冷酷無情的時候，就不再害怕盟國軍隊了。更有甚者，他們甚至感激盟軍，把盟軍看成是他們盼望的解放者。派往日本的占領軍士兵開始時士氣很高，軍紀很嚴，這是事實。在這些士兵和日本人之間實際上並不存在糾紛，事實上這是一種模範的占領。」[39]

　　取代恐懼感而起的是日本人對蜂擁而入的美國文明的好奇心和傾羨感，他們做夢也不會想到，在日本列島之外，竟會有此等高度發達的文明存在。戶川豬佐武曾以紀實手法描述了戰後日本人目睹美國文明時的情景：

　　　「投降後的8月28日，當美國先遣隊的飛機在厚木機場降落時，前來迎接美軍的日本軍人一下子驚呆了：機倉被打開後，從裡面露出來的是日本人不常見的汽車——吉

---

[37]　戶川豬佐式：《戰後日本紀實》，天津人民出版社1984年版，第11頁。

[38]　同上，第20頁。

[39]　森島通夫：《日本爲什麼成功》，四川人民出版社1986年版，第231頁。

普車。專門靠徒步作戰,在向馬來半島進軍時曾使用自行車,因而引以為豪,並自吹自擂為『銀輪部隊』的日本軍人,這時看到美國兵的交通工具不禁在心中暗自叫道:『怪不得我們打敗了』,並為美式自動步槍和其他武器所傾倒,當那些吉普車初次在日本的街道上奔馳時,某家報紙竟然還以『吉普車是何物』為題,一本正經地發表了文章。……

……美軍發放的、到處都是的巧克力、檳榔膏、乾奶酪、黃油等食品也使日本人感到稀罕。戰前在農村沒有吃過這類食品的人是極普遍的,即使在城市裡,戰爭時期也是吃不著的。青年以上的人都讚嘆這些食品比從前日本生產的好吃。少年和幼兒則是初次嚐到,驚嘆不已。……」[40]

可見,在漫長的戰爭歲月裡,日本與外部文明世界相隔絕,對世界文明發展的情況一無所知。直到「第二次開國」時代到來後,一般國民才猛然醒悟,痛感日本與美國文明間的巨大差距,激起了一種趕超美國的熱情和使命感。

2.戰後變革

戰後,在「第二次開國」的氛圍下,以美國為首的盟軍總司令部強制推行了一系列改革,史稱日本社會的「第二次系統改革」。這次改革以移植西方「制度文明」為核心,對日本的政治制度、土地制度、司法制度、教育制度等,進行了系統的改革。這次改革在日本攝取西方文化的進程中占有重要地位。

(1)移植民主主義政治制度

民主主義政治制度的移植,是日本戰後變革進程中最核心的內容。1946年11月3日,日本幣原內閣公布了根據《麥克阿瑟草案》擬定的新憲法——《日本國憲法》,取代了1889年制

⑩　同注㉞,第16-17頁。

定的《大日本帝國憲法》（明治憲法）。《日本國憲法》由11章103條組成，它是按照英國議會政治體制的模式，結合日本的具體情況，由美國制定的具有民主主義色彩的憲法。新憲法開宗明義：「茲宣布，主權屬於國民，並制定本憲法。國政來自於國民嚴肅的信託，其權威來自國民，其權力由國民的代表行使，其福利由國民享受，這是人類普遍原理，本憲法即以此原理爲根據。」由此改變了舊憲法中的「天皇主權」說，確立了國民主權說，宣布天皇只是「日本國的象徵，是日本國民整體的象徵，其地位以擁有主權的全體日本國民的意志爲依據」。「天皇有關國事的一切行爲，必須有內閣的建議和承認，由內閣負其責任。」

新憲法還確立了以「三權分立」爲特徵的西方資本主義權力制衡機制，確認國會是國家的最高權力機關，是國家的唯一立法機關，擁有立法權、監督政府權等職能，國會由眾議院和參議院組成。新憲法還明確規定：行政權屬於內閣，內閣必須向國會負連帶責任，即接受國會的監督及有關財政、預算的審議。關於司法，新憲法規定「一切司法權屬於最高法院及依法律規定而設置的下級法院」，從而確定了司法權的獨立性。

此外，新憲法還規定了日本國民的基本人權、參政權、財產權、自由權、生存與人身自由權等基本權利。

由此可見，日本戰後制定的《日本國憲法》是一部以歐美憲法爲模式，結合日本國情的民主主義憲法。戰後的日本據此建立了較爲完整的西方式的資產階級議會制民主制度，徹底完成了議會政治的近代化和政治體制上的西化。

(2)戰後日本的經濟改革

日本戰後經濟體制改革，首先是從改組財閥，推進經濟民主化開始的。第二次世界大戰剛一結束，美國政府便在《日本

投降後初期美國對日方針》的命令中提出了解散和改組財閥的方針。美國政府之所以在占領日本列島伊始便把解散財閥問題提到議事日程上來，主要是認為「日本的財閥是在整個日本近代歷史中控制著金融、產業、商業以至政府的人員組成，都是以家族或公司組織形式緊密結合起來的較小集團。他們是日本最大的戰爭潛在力量。他們使日本的一切征服和侵略成為可能。……如果不解散財閥，日本人就不能指望作為自由的人實行自主管理，只要財閥繼續存在，日本就仍是財閥的日本」。[41]可見，美國作為占領者，其改組日本財閥的動機是鏟除與自己抗爭的日本軍國主義勢力的經濟基礎，使日本非軍事化和民主化。在美方的強制性要求下，日本政府被迫提出解散財閥的具體方案，採取解散作為財閥總公司的控股公司，消除財閥家族對企業的控制，分割大企業，防止經濟力量過度集中等措施，在1946年至1947年底間，初步解決了財閥問題。解散財閥的意義在於通過解散財閥總公司和排除財閥家族對企業的控制，初步減弱了日本壟斷資本的封建性和家族性色彩，改變了從上到下的「金字塔型」的經營管理體制。雖然解散財閥的措施推行得並不徹底，但卻使日本壟斷資本在組織形式上開始帶有一定的民主色彩，為此後日本企業管理體制的現代化改革準備了必要的條件。

美國為鏟除日本軍國主義的經濟基礎，還推行農地改革，廢除寄生地主所有制。1946年5月成立的吉田茂內閣接受了美國的勸告，草擬公布了《第二次農地改革法草案》，由於這個法案中充滿了美國方面的意願要求，故又被稱為「麥克阿瑟土地改革方案」。方案的主要內容有：由國家徵購不在村地主的全部出租地；限制農村不耕作地主保有的土地面積，規定最多

[41]　奧村宏：《日本六大企業集團》，鑽石社1976年版，第38－39頁。

為1町步，其超出部分的出租地由政府收買；在村的耕作地主保有土地不得超過3町步，其超過部分由政府收買；國家把徵購來的土地，以一定的代價賣給佃農和「有能力經營者」。

　　上述農地改革方案自1947年3月開始實施，至1950年7月結束，分6次進行，被徵購處理的不在村和在村地主、寺院、教會的土地達193萬町步，相當於改革前租地面積的約80%；買到土地的農戶達430萬戶，相當於農戶總數的3／4。農地改革的結果，不僅完全消滅了不在村地主，而且一些在村地主也變成了小土地出租者。佃農減少，自耕農田增多，確立了農民土地私有制。

　　農地改革在日本戰後歷史上具有劃時代意義，「它觸及到地主所有制的根基，打破了所謂在長達數世紀的封建制之下使日本農民處於奴隸化的經濟桎梏」。「對軍事的、半封建的日本資本主義的基礎——半封建的土地所有制即半隸農的零碎農耕的結構，從根本上重新加以改組，為日本農業開闢了正式解放的道路」，[42]加速了日本現代化的進程。

　　(3)戰後日本的教育改革

　　早在太平洋戰爭期間的1943年，美國就已意識到，要想鏟除日本民族的軍國主義崇拜，必須改革日本的教育，通過再教育，從根本上改變日本的思想和生活。因此，美國占領日本不久，盟軍總司令部即在1945年10月22日下達《關於日本教育制度的管理體制》的方案，揭開了日本戰後教育改革的序幕。1947年3月，日本政府依據美國教育代表團報告書中提出的教育方針，頒布了《日本教育基本法》，闡明了新日本教育的目的與原則。

---

[42]　山日盛太郎：〈農地改革的歷史意義〉，《戰後日本經濟諸問題》，有斐閣出版。

在《日本教育基本法》中明確規定：日本教育的根本目的是：「培養重視個人的尊嚴並追求真理和愛好和平的人才，同時徹底普及旨在培養既有普遍性又富於個性的人才的文化教育。」確立了教育機會均等的民主主義原則。日本在教育行政領導體制方面也進行了民主化改革，規定支部省的性質是給予有關教育問題以專門的技術性指導和建議，是一種具有服務性色彩的機構，從而實現了由中央集權的教育行政體制向地方分權體制的變革。在學制改革方面，戰後日本仿效美國式學制，廢除了戰前的「六‧五‧三‧四」學制，採用「六‧三‧三‧四」學制，即小學6年、初中3年、高中3年、大學4年的單軌的新學制，各級學校都實行男女同校。同時把原來的6年義務教育，改為9年免費義務教育，這在當時的世界上是極為罕見的。

總之，戰後日本通過一系列帶有強制性色彩的民主改革措施，蕩滌了日本封建主義殘餘，移植了美國民主主義文化。究其性質而言，日本戰後改革實際上是一次反封建、反軍國主義、反法西斯的資產階級民主改革，是對明治維新的補課，是對西方文明全面、徹底和無條件的接受，它為日本戰後的經濟騰飛準備了條件。

3.冷戰的「恩惠」

考察戰後日本現代化「第二次大飛躍」和「戰後經濟奇蹟」的出現，我們不僅要注意戰後日本社會「第二次系統改革」的影響，同時，也不能忽視戰後特殊的國際環境，為日本現代化提供了良好的客觀條件，在某種意義上，我們甚至可以說，戰後日本政治家巧妙地利用了有利的國際環境，使日本迅速擺脫了戰敗國的不利地位，利用冷戰狀態下美蘇兩大集團的對立，以微小的代價換取了冷戰的巨大「恩惠」。

1948年1月6日，美國陸軍部長羅亞爾在舊金山發表演說，強調美國的「對日政策正在修改，以便能夠對付任何侵略的威脅」，「我們力求在日本確立穩定而強有力的自主的民主，使日本自立」，並「使日本在阻止將來有可能在遠東發生的極權主義戰爭方面發揮作用」。「作爲亞洲的工廠，把日本復活起來。」[43] 羅亞爾的上述演說，標誌著美國對日政策的轉變，從此，冷戰開始影響美國的對日政策。10月，美國國家安全委員會通過了《NSC—13／2文件》，正式規定了美國對日政策的內容，主要包括：把日本納入以美國爲首的西方資本主義陣營；重新武裝日本，將其變成東亞反共的軍事基地等內容。1950年6月朝鮮戰爭爆發後，日本則眞正成爲美國「亞洲的反共屛障」和「亞洲的工廠」。冷戰時代的到來，對戰後日本攝取西方文化的發展進程產生了深遠的影響。

　　首先，冷戰使日本利用美蘇兩大陣營的對抗，迅速擺脫了被占領的不利處境，重返國際舞台，加入了以美國爲中心的西方陣營，並進而完全成爲西方文明在亞洲的代表。1946年6月，日本外務省特別調查委員會公布的一份報告書曾指出：「日本在地理位置上正處於這次大戰後的兩大勢力英、美圈和蘇聯圈的交點，使日本的國際環境便帶有複雜色彩，兩個勢力圈的任何變化將對日本的政治經濟直接產生重大的影響。」[44] 從戰後日本歷史的發展進程看，日本正是巧妙地利用了美蘇兩大陣營的對抗，迅速地使日美關係從占領與被占領的關係轉變成新的夥伴關係，並利用這種關係，借助美國的先進技術和資金發展自己，爲日本戰後的經濟騰飛創造了良好的外部環境。

---

[43]　關南等：《戰後日本政治》，航空工業出版社1988年版，第111頁。
[44]　轉引自金明善、徐平：《日本走向現代化》，遼寧大學出版社1990年版，第251頁。

其次，由於日本加入了以美國為中心的西方陣營，使其戰後的經濟復興和發展倍受恩惠。主要表現在：訂立安全保障條約，使日本得到了美國的核保護，進而減輕了自己的軍費負擔；盟國對日本懲罰性的和約開始變得異常寬容，戰爭賠償的數額也被降到最低限度，使得戰後殘破的日本經濟有如釋重負之感；朝鮮戰爭的特需對日本戰後經濟發展產生了巨大的刺激推動作用。日本學者小林義雄在《戰後日本經濟史》中指出：「特需畢竟在頃刻之間為日本創造了鉅額的外匯收入，……戰爭開始後的一年間，特需的合同金額已達3.3816億美元以上，全部以美元支付。……除去上述這種狹義的特需之外，還有一種廣義的特需，即為了支援戰爭，大量的美軍和軍屬來到日本居留，這些美軍和軍屬以及他們的家族在日本國內的消費以及非軍事機關在日本的美元開支，也應算作特需。這種廣義的特需，在1952年和1953年分別超過8億美元，到1953年末的三年半時間裡，僅特需收入就在23億美元以上。」「如果沒有長期的龐大的特需，則戰後日本經濟的發展將推遲很長時間。」[45]

總之，戰後的日本，雖然一度處於被占領狀態，看似對外封閉，與世隔絕，但實際上日本通過與美國的特殊關係，與世界保持著緊密的聯繫，並借助這種關係直接享受到西方文明帶給它的種種恩惠和利益，這為日本重返國際社會和在經濟上重新崛起準備了良好的外部條件。

(二)中國：對外開放的頓挫

抗日戰爭勝利後，中國人民又經過4年艱苦卓絕的命運決戰，終於取得了新民主主義革命的勝利，從此，中國社會進入

---

[45] 小林義雄：《戰後日本經濟史》，商務印書館1985年版，第54、150頁。

了由新民主主義社會向社會主義社會過渡的歷史時期。作為中國革命的領導者和中國現代化最有力的推動者，中國共產黨早在民主革命時期就曾提出過利用外資，實現社會主義工業化的設想，到中華人民共和國成立時，共產黨人更提出了具體的「內外交流」思想，試圖將上述設想付諸實施，但由於二戰後國際關係格局的影響和隨後「冷戰」時代的到來，使得中國的對外開放之路變得異常坎坷曲折。

1.早期利用外資思想

早在民主革命時期，以毛澤東、周恩來為代表的共產黨人就曾提出初步的學習和利用外資的思想，雖然這些思想並不成熟，但卻表明了中國共產黨人通過學習西方文明以實現現代化的勇氣和決心。

1944年8月23日，毛澤東在與約翰・謝偉思的談話中就曾明確提出對外開放在中國工業化進程中的戰略地位，他說：「中國必須工業化。在中國，這只有通過自由企業和外資援助才能做到。」[46]1999年在湖北省襄樊市發現的、由中國共產黨晉察冀中央局編印、新華書店晉察冀分店發行的1947年版六卷本《毛澤東選集》中的〈論聯合政府〉一文中曾更加明確地提出了利用外資來發展民族工業的思想：

「為著發展工業，需要大批資本。從什麼地方來呢？不外兩方面：主要依靠中國人民自己積累資本，同時借助於外援。在服從中國法令，有益於中國經濟的條件之下，外國投資是我們歡迎的。對於中國人民和外國人民都有利的事業，是中國在得到一個鞏固的國內和平與國際和平，

[46]　約瑟夫・W. 埃謝里克：《在中國失掉的機會》，國際文化出版公司1989年版，第260頁。

[47]　轉引自《文匯扳》1999年11月30日。

得到一個徹底的政治改革與土地改革之後，能夠蓬蓬勃勃地發展大規模的輕重工業與近代化的農業。在這個基礎上，外國投資的容納量是非常廣大的。」⑰

與此同時，毛澤東特別強調新中國的對外開放必須建立在各國相互平等和尊重的基礎之上，必須建立在中國人民獨立富強的基礎之上。1946年6月3日，在經毛澤東審閱同意的中共中央《關於解放區外交方針的指示》中曾明確指出：我們應採取和美國及英、法各國實行通商及經濟合作的方針。「在兩利的原則下，我們政府及商業機關應和外國商人以至外國政府直接訂立一些經濟契約，吸收外資來開發山東的富源，建立工廠，發展交通，進行海外貿易與提高農業和手工業。」「在解放區美國經濟的發展，須有我們的同意和贊成。」「在訂立這種契約時，只要避免不致因此而受壟斷受控制，及受外間政治上的攻擊」，「即應放手訂立，允許外國人來經商、開礦及建立工廠或與中國人合作來經營工礦」，⑱從而明確表達了對外開放、利用外資的思想。

同一時期，周恩來也在很多場合提出過學習外國先進技術，對外開放的思想。1944年10月29日，他同戴維斯談及戰後中國的建設問題時說：「中國共產黨進入城市後，將派一些具有實踐經驗的人去美國學習技術，還將招聘一些外國專家和顧問；貿易方面，中國需要大量的在沿海航行的船隻……。」1945年12月，周恩來在重慶發表談話說：「我們並不反對利用外資，我們只是在不妨害中國主權之下，歡迎外資的。」1946年1月31日，政治協商會議閉幕後，周恩來與馬歇爾會談時也曾指出：「我們在理論上是主張實現社會主義，但在目前不打

⑱　轉引自王占陽：《毛澤東的建國方略》，吉林人民出版社1993年版，第416頁。

算將它付諸實現，所以要學習美國的民主和科學，要使中國能進行農業改革、工業化，使企業自由、發展個性，從而建成一個獨立自由富強的國家。」

2.「一邊倒」的政策

新中國成立前夕，在七屆二中全會和毛澤東一系列講話和著作中，系統地闡述了新中國的對外政策，其基本內容為：

在政治上「一邊倒」，即站在以蘇聯為首的世界人民民主陣營一方。毛澤東在〈論人民民主專政〉一文中對「一邊倒」的政治方略做了精闢的闡釋：

「一邊倒，是孫中山的四十年經驗和共產黨的二十八年經驗教給我們的，深知欲達到勝利和鞏固勝利，必須一邊倒。積四十年和二十八年的經驗，中國人不是倒向帝國主義一邊，就是倒向社會主義一邊，絕無例外。騎牆是不行的，第三條道路是沒有的。」

「我們在國際上是屬於以蘇聯為首的反帝國主義戰線一方面的，真正的友誼的援助只能向這一方面去找，而不能向帝國主義戰線一方面去找。」[49]

「一邊倒」外交格局的形成並不是偶然的，而是戰後美蘇兩大陣營對峙的特殊歷史條件下的產物。對此，薄一波認為：「『一邊倒』的外交格局，有一個逐步形成的過程。它是歷史的產物，並不是哪一個人心血來潮所決定的。在第二次世界大戰結束和中國抗日戰爭勝利後，國際上存在著以蘇聯為首的社會主義陣營與以美國為首的資本主義陣營的尖銳對立和鬥爭；國內存在著共產黨領導的武裝集團與國民黨領導的武裝集團的尖

⑭　《毛澤東選集》合訂本，第1362、1364頁。

⑮　薄一波：《若干重大決策與事件的回顧》上卷，中共中央黨校出版社，第35頁。

銳對立和鬥爭。……國共雙方，猶如兩個人打架，蘇聯這個巨人站在我們背後，這就極大地鼓舞了我們的銳氣，大剎了國民黨的威風。」⑤「一邊倒」的外交格局對新中國攝取外國先進技術和文化的發展進程產生了重大影響。在美蘇兩大陣營對峙和帝國主義企圖扼殺新中國的形勢下，決定了中國共產黨人暫時還不能直接通過學習西方，引進先進的科學技術，只能首先發展與蘇聯及人民民主國家的經濟關係，並積極爭取他們的經濟技術的援助，推進中國現代化。

3.「內外交流」思想

中共七屆二中全會以後，毛澤東將中共的基本經濟政策概括提煉爲「公私兼顧、勞資兩利、城鄉互助、內外交流」16個字，其中所談的「內外交流」，主要是指在經濟上，以平等互利爲原則，同世界各國人民實行友好合作，尤其是積極發展與以蘇聯爲首的人民民主國家的經濟關係，通過對外貿易和引進外國資金、技術來加速中國實現工業化的進程。

1949年6月，劉少奇認爲中國應在以下幾個方面得到蘇聯及東歐國家的援助，主要有：「(1)經驗上的援助；(2)技術上的援助；(3)資金上的援助。此外在物資方面似應實行某種程度和範圍內的經濟互助。」⑤強調新中國的工業化不能離開國際援助。1950年1月，劉少奇代表黨中央給正在蘇聯訪問的毛澤東發去電文，提出中國應與蘇聯在平等互利的原則下在新疆合辦企業，他說：「這種事業可能不只在新疆，不只和蘇聯和各新民主國家，在中國其他地方，也可能合辦這種工廠和企業。甚至帝國主義國家的團體和資本家也可能要求來辦這種工廠和企業。但我們如果不主動表示要蘇聯來辦，蘇聯是不會要求我

⑤　《劉少奇論新中國經濟建設》，中央文獻出版社1993年版，第148頁。

們辦這種事業的。現新疆同志則要求蘇聯來辦，我們是否向蘇聯作這種要求，請你考慮決定。此間同志認爲是可以作這種要求的」。[52] 在我方的要求下，1950年中蘇簽訂了關於在中國新疆創辦「石油股份公司」、「有色及稀有金屬股份公司」的協定，將引進外資和先進技術的設想付諸實踐。

在積極發展與蘇聯及東歐人民民主國家經濟關係的同時，中國共產黨人也沒有放棄利用西方國家資金和技術的設想。1949年4月，劉少奇即指出：「必須切實地組織好對外貿易，這是至關重要的工作，是人民的最大利益之一。」「要爭取出口，應出口的盡可能出口，不應出口的要限制出口。爲了發展生產必須進口的，應盡可能進口。」[53]朱德也曾說：今後我們不僅要同蘇聯及民主國家做生意，還要同日本、美國做生意。因爲現在一切生產都是世界化的，我們需要他們的，他們也需要我們的，要把我國由農業國變成工業國，最重要的問題就是「內外交流」，[54] 強調指出新中國的工業化建設不能離開與資本主義國家間的溝通和交通。

在朝鮮戰爭爆發前，由於新中國重視與資本主義國家的貿易，使得新中國與西方資本主義國家的貿易額增長很快。據統計，在中國1950年進出口貿易中，與資本主義國家的貿易占進口貿易額的66.2%，占出口貿易額的66.8%。[55]中外經貿關係呈現出良好的發展態勢。

1950年6月，朝鮮戰爭爆發，以美國爲首的西方資本主義

---

[52]　同上，第151頁。

[53]　同上，第64頁、第80－81頁。

[54]　顧龍生主編：《中國共產黨經濟思想發展史》，山西經濟出版社1996年版，第396－397頁。

[55]　同上，第400頁。

國家對新生的中華人民共和國進行瘋狂的「禁運」和經濟封鎖，使得新中國準備在適當條件下引進西方國家資本和技術的設想不得不暫時中斷。此後，隨著冷戰的不斷升級，中國與西方資本主義國家的關係更趨惡化，中國從西方各國那裡引進技術和資本實際上已經不可能了。戰後國際關係的新格局決定了新中國對外開放、攝取外來文化歷程的坎坷與複雜。直到1972年中美關係正常化，中國與西方資本主義世界的關係才得到重大緩解，而1978年中共十一屆三中全會提出「對外開放」思想，則標誌著中國進入了通過學習、借鑒西方先進科學技術和文化，加速實現現代化的新的歷史時期。

　　百年歷程，風雲激蕩。回顧東方文明圈中中日兩國攝取西方文化漫長的、不同的經歷，對比這兩個國家在不同階段的不同遭遇和結局，我們可以得出這樣一個結論：儘管會有一些副作用，但借鑒、學習、攝取先進的文化永遠是落後國家、民族自身無法回避的選擇，是國家強盛、進步的決定性因素之一。同時，它也是人類文明發展史上的一個永恆命題。

後　記

　　19世紀中葉，同屬儒家文化圈的中日兩國幾乎同時進入劇烈變動的歷史轉型期。日本通過明治維新步入資本主義道路，躋入列強行列，而中國卻一步步深深陷入半殖民地半封建的泥潭。第二次世界大戰後，日本大步走向「國際化」，中國卻在相當一段歷史時期依然「閉關鎖國」。中日兩國現代化的歷史進程和命運緣何如此大相徑庭？

　　自1898年戊戌變法失敗，康有爲、梁啓超等維新志士反思日本明治維新何以成功，中國維新變法何以失敗始，直到中國改革開放後學術界興起的中日現代化比較研究的浪潮，近百年來中國政治家、思想家和學術界一直沒有中斷對中日現代化不同命運的歷史探索。近年來，這一問題更成爲人們尤其是中外學者普遍關注的一個熱點問題。

　　拙著試圖以文化作爲視角，從中日兩國攝取西方文化的異同比較入手，揭示中日兩國攝取西方資本主義工業文明的動態縱向發展進程，探尋兩國現代化進程迥昇的緣由。本人採用了比較史學、計量史學、系統論等研究方法，總結中日兩國攝取西方文化的異同、成敗得失、經驗教訓和歷史規律，探尋中日兩國現代化不同歷史命運的深層原因，以爲當代中國改革開放、正確對待外來文化、在衝突融合中建設有中國特色的社會主義文化提供借鑒。本書主要討論了如下問題：(一)中日兩國攝取西方文化中「本土文化」與「外來文化」衝突與融合的比較；(二)中日兩國攝取西方文化與現代化進程的歷史比較。從

對16世紀至20世紀中日兩國攝取西方資本主義工業文明的歷史發展進程的宏觀比較，側重對自19世紀中葉至今的不同歷史時期中日兩國政府、學者、民間三個層面攝取西方文化的理念、心態、政策措施、典型事件的剖析，進行系統的比較研究；㈢中日兩國攝取西方文化的經驗教訓及對當代中國文化建設的啓示。

拙作吸取借鑒了文化學、民族學、社會心理學，及現代經濟學等學科的研究方法，試圖通過多學科交叉，以取得研究的突破。然而，作爲一個研究時段長達400多年，貫通東西，兼及中日兩國政治、經濟、外交、文化、社會各個領域的堪稱較爲複雜的研究課題，加之作者才疏學淺，本書遠未達到令人滿意的深度和廣度。伴隨時代的劇烈變遷，人類認識水平的不斷提高，史學主體之於史學客體的認識和闡釋非但不會終結，反而會理所當然地更加深化。作者誠望得到同行和讀者的批評指正，以期對這一複雜的歷史課題做進一步的深入研究。

作　　者

2001年3月3日

西風東漸──中日攝取西方文化的比較研究

西風東漸：中日攝取西方文化的比較研究／于
桂芬著. -- 初版. -- 臺北市：臺灣商務，
2003 [民92]
　　面：　　公分

ISBN 957-05-1775-1（平裝）

1. 文化—比較研究　2. 中國—文化　3. 日
本—文化

541.2　　　　　　　　　　　　　92002512

西風東漸
—— 中日攝取西方文化的比較研究

定價新臺幣 320 元

著　作　者　于　桂　芬
責 任 編 輯　李　俊　男
美 術 設 計　江　美　芳
發　行　人　王　學　哲
出　版　者
印　刷　所　臺灣商務印書館股份有限公司
　　　　　　地址：臺北市重慶南路1段37號
　　　　　　電話：(02)2311-6118・2311-5638
　　　　　　傳眞：(02)2371-0274・2370-1091
　　　　　　讀者服務專線：0800056196
　　　　　　郵政劃撥：0000165－1號
　　　　　　E-mail：ctpw@ms12.hinet.net
　　　　　　出版事業
　　　　　　登 記 證：局版北市業字第993號

・2003年4月初版第一次印刷
　本書由北京商務印書館授權出版中文繁體字本

ISBN 957-05-1775-1（平裝）　　　　　　　17530000